人民日报 名家学术思想精粹系列
中华文化复兴方阵

天人之际

任继愈学术思想精粹

任继愈◎著 李 申 李 劲◎编

RENJIYU
XUESHUSIXIANGJINGCUI

人民日报出版社

图书在版编目（CIP）数据

天人之际：任继愈学术思想精粹 / 任继愈著；李申，李劲编. — 北京：人民日报出版社，2010.8

（中华文化复兴方阵. 名家学术思想精粹系列）

ISBN 978-7-5115-0128-8

Ⅰ. ①天… Ⅱ. ①任… ②李… ③李… Ⅲ. ①任继愈（1916～2009）－学术思想 Ⅳ. ①B26

中国版本图书馆 CIP 数据核字（2010）第 134640 号

书　　名： 天人之际：任继愈学术思想精粹
作　　者： 任继愈
编　　者： 李　申　李　劲

出 版 人： 董　伟
责任编辑： 银　河　陈志明
封面设计： 博凯设计 13910295729

出版发行： 人民日报出版社
社　　址： 北京金台西路 2 号
邮政编码： 100733
发行热线：（010）65369527　65369512　65369509　65369510
邮购热线：（010）65369530
编辑热线：（010）65369521　65369533
网　　址： www.peopledailypress.com
经　　销： 新华书店
印　　刷： 北京朝阳印刷厂有限责任公司

开　　本： 16 开
字　　数： 400 千字
印　　张： 24.5
印　　数： 0，001-5，000 册
印　　次： 2010 年 8 月 第 1 版　　2010 年 8 月 第 1 次印刷

书　　号： ISBN 978-7-5115-0128-8
定　　价： 48.00 元

原版自序

一个民族的文学、史学、哲学、宗教最能体现这个民族的性格与风貌。透过人文科学的自我发展、自我实现的历程，才便于勘破其文化深层的奥秘。

人类脱离动物界，第一步是求生存、繁衍，使自己立于不败之地。人类发明用火，制止了一切外敌的侵袭，人类在世界上站稳了。第二步是求发展、创造。人类创造了文字，做了一件惊天动地的大事。古书上说，仓颉造字，“天雨粟，鬼夜哭”，神话传说中透露了文字在人类文明中的分量。有了文字，人类与其他动物界的差距拉大了。文字作为工具，经验成为信息，得以传达到直接视听以外，到达远方更多的人群。一人的智力变成众人的智力，一地之经验变成广大地区的经验。文字把千百年以前的有效经验，传递到后人，使后人减少失误。人类争取站到世界的中心，虽未做到，他的确参与了世界的重大变革。

迄今为止，人类对客观世界的认识相对较多，对人类自身的认识，在很多领域还很幼稚，以至无知。当前不论发达地区，还是不发达地区，面对政治动荡，贫富不均，政治纷争，人格残损，生态危机这类亲手制造的结果，表现为束手无策。

千百年来，多少仁人志士，哲学家、思想家，耗尽心力，不断探索走出迷津的方案，虽已见到曙光，却未走出困境。原因在于自然科学走得快，人文科学走得慢，人类呈现着文化跛足现象。文化跛足现象不消除，人类难以得到自由。

有人探索总是好事，人文科学的任务的艰巨性也在此。

任继愈

1997年10月

目 录

第一编 哲学

第二编　儒学

第三编　佛 学

第四编　道 学

第五编　杂著

第六编　生平与学术道路

第一编

哲　学

哲学的永恒主题——究天人之际

人类自从脱离动物界，进入人类社会，关心的重大而根本的问题是探索人在自然界的地位、探索人对自然界的影响以及自然界对人的影响，也就是古人所说的“究天人之际”。

人类从生活实践中，认识了有关天象、生物、化学、物理众多领域的规律，从而驾驭它，使它为人类所用。自然界广大无限，自然科学的研究、发展也没有穷尽。人类本来是自然界的一部分。随着人类文明的进步，人类对自身的认识也逐步加深，不再安心归属于自然界，听从自然界的摆布，而要参与自然界的改造。人类自从认识了自身的存在和它的独特价值，就开始了对社会、对个人的作用进行探索。人类和自然界打交道，已有二百万年以上的历史。而人类认识自己，探索社会的成因，如何在群体中生活，建立人际关系的规范，最多不过几千年，因而表现得很不成熟。认识自然、驾驭自然，有时成功，有时失败，算一算总帐，成功多于失败，才有今天的科技成就和文明生活。

人类认识社会、驾驭社会的历史比较短暂，经验很不成熟，它认识社会、驾驭社会，有时成功，有时失败，算一算总帐，成功时少，失败时多。这是当前世界苦难、政治动乱的根本原因。

研究自然界，研究者可以置身局外，对自然界进行观察、追踪、改造，有时从中切割一部分放在特殊环境内来研究。研究社会，研究历史，这是另一种对象，研究者不能站在社会之外来观察社会，更无法使历史重演以供研究者再观察一次。研究者只能作为社会成员参与社会生活，从中对它考察、认识、体验、改造。再加上每一个人所处的社会地位不同，观察的角度不同。还有，研究者个人利害关系、研究者群体利害关系不能不影响着研究者的客观性、真实性，引出结论的倾向性。面对同一个社会现象，却难取得共识，仁者见仁，智者见智。

自从人类发现了历史唯物主义，使人们找到了一个有效的工具，用它来观察历史现象，分析社会现象，比没有发现这种工具以前顿觉开朗。但这一方法在全体人群中还没有引起普遍重视，有时还遭到抵制。比如，社会发展有没有规律？历史进程有没有方向？天下大势是分久必合，合久必分，还是周而复始？对社会、对历史的无知，与科技界对自然的改造驾驭的成就形成鲜明的对比。

人类近百年来科学技术取得了飞速发展，看来没有造不出的器件。科技领域好像四通八达，能上天入地，创造新品种，新材料，并向创造生命进军，但人类对自己的能力，局限，弱点，迄今所知甚少。甚至没有能力弥合亲手给这个世界造成的创伤。管天管地，却管不了自己。手中握有上千件核武器，自称能毁灭地球有余，本来为了吓唬对手，却被这种亲手制造的武器搅得不得安宁；能培育高产优质的农作物，面临过剩产品却束手无策，不会分配。

如何对待人与自然的关系，如何认真认识人的社会作用，如何处理人类之间的交往，民族与民族，国家与国家，千百年来，聪明才智之士提出过不少方案，无数的政治家、改革家提出不少设计方案，人类为了改革社会，曾付出过极大代价，甚至为之牺牲了千万人的生命。迄今为止，还没有发现十全十美、为人人所接受的最佳模式。

建设有中国特色的社会主义，是中华民族的创举，并已付诸实行。经过四十多年的实际操作，已取得很大的成就。最重要的，第一条成就是解决了全体人民的吃饭问题。古代号称盛世无过于汉唐，这两个朝代人口最多时达五千万，都没有解决人民的冻死、饿死的问题，灾荒之年还发生过人相食的现象。其次，改变了一百多年被凌辱、被压迫的处境，中国人民站起来了，屹立于世界大国之林，受到国际的重视。第三，中国有自己最基本的现代化的手段，迈出了向现代化进军的第一步，成为唯一的、最大的社会主义大国。

哲学上的永恒主题——“究天人之际”，在全世界，在中国都是一个薄弱环节，这就是学术上、理论上，对自然界的知识较多，对社会（人）的知识却相对贫乏。社会改革、政治措施，各个民族、各个国家都有明显的地区差别和民族特性。社会科学有共同性，难处是如何把共同性与本民族的特殊性相结合。几乎没有两个国家完全相同，要各国独立探索。国家小，人口少，要学习，要改革，比较容易；出了差错，也容易纠正。像中国这样的大国，正在探索走自己的道路，没有现成榜样，前进的难度就更大。环顾世界各国，无论大国小国，强国弱国，遇到的麻烦，占首要地位的，是社会问题，是解决人们的各种关系。在人与自然的关系上，说到底，还是“天人之际”的老问题。

1994 年

宗教、哲学与人生

佛教传入中国后，大量经典译为汉文，人们看到了所描绘的世界比中国六经所涉及的要广大得多。佛书中对人的感情、意志、心理活动描述，也比中国古圣贤相传的人性论丰富、细致、复杂得多。三世因果之说，更是中土人士前所未闻，听到后，莫不爽然若失。人类知识也在不断发展。日趋复杂的生活现实强迫人们回答一些带根本性的问题：社会为什么有灾难，人们为什么有富贵贫贱，世界是什么样子，应当以什么生活态度对待这个世界，人活着为什么，等等。任何一门具体的科学都不能回答这些问题，只有哲学和宗教有兴趣来回答。回答得正确与否，是另一回事，但古今中外哲学家和宗教家都自认为有了正确的答案，只是两者所走的道路不同，哲学采取思辨的方法，宗教走的是信仰的道路；哲学从理性方面做出解释，宗教从感情方面给以满足。就理论上讲，哲学和宗教各有自己的领域，但这种清楚的领域划分，只有当人们从中世纪的长期冬眠中觉醒以后才能认识到，才能获得哲学的完全的意义。中世纪的哲学还没有从宗教中独立出来，只是宗教的附庸。人类认识水平是科学水平的反映。科学水平低下(与近代相比)，哲学无力给以合理的解释，不得不借助于宗教。哲学与宗教的界限今天也还有人没有完全划清，何况在古代？

1982 年

中国与西方的安身立命之学

五四以后的中国哲学家们，接触近代欧洲文化和哲学，他们敏锐地感到中西哲学的性格是那样差异！我的老师熊十力先生一再强调，欧洲哲学只能给人以思辨的知识、逻辑的方法，却不能教人从躬行履践中获得安身立命的精神受用。真正了解中国传统文化的学者们都感到这种差别。差别是客观存在着。现在要指出的是，西方人并不是不要安身立命的地方，每一个有文化的民族，如果没有一个安身立命的精神寄托处，将是不可想象的。西方人把安身立命的境界寄托于宗教，把认识世界的任务交给了哲学。西方经历了产业革命，科学和生产力得到现代化，使哲学、科学有条件从宗教中分离出来，中国没有经历像西方那样的产业革命，长期停留在封建社会，哲学没有条件从宗教中分离出来，宗教仍然统治着哲学，两者划不清界限，这就造成了中国封建时代的哲学与宗教浑然一体的状况。西方中世纪的哲学也是大讲安身立命的，他们也要囊括宇宙，统贯天人以成圣成贤为目标。正如西方中世纪安瑟伦（Anselnus，约 1033—1109）所主张的那样，把信仰看作理解的基础，理解则可为信仰提供论据。其时，相当于中国宋仁宗到徽宗时期，约与周敦颐、二程、张载、邵雍同时。西方的托玛斯·阿奎那（Thomas Aquinas，约1225—1274）所处年代相当于南宋理宗到度宗时期，约后于朱熹。西方的经院哲学也讲他们的“天理人欲”之辨，“身心性命”之学。真是东圣西圣若合符节。也有人喜欢把程朱陆王与近代康德、黑格尔相比，五四以来，相沿成风。不同的社会发展阶段（封建社会与资本主义社会）拿来相比，是不慎重的，不能从中得出什么可信的结果。也有人认为中国理学与印度佛教哲学相近，是由于都是东方人的思想。实际上，中印古代思想相近，是由于中国和印度的古代社会发展阶段相仿，印度和中国都没有正式进入近代资本主义社会就沦为殖民地和半殖民地。中印古代文化相近、相似，只是由于这两大民族的文化都带有“古代”特征。

1982年

中国哲学史的特点

中国社会历史大约有以下几个特点：

（一）奴隶制度不典型，但封建制度发展得相当充分而完善，封建社会维持得比较长久和稳定；近代资本主义力量则软弱，始终没有达到成熟阶段。

（二）始自奴隶社会的宗法制度，在封建社会里发展得较为完备，成为联结社会最重要的纽带，一直延续到近代，直到今天还有它的影响。

（三）中央集权下的多民族的大一统国家结构形成得早，统一的时间长，分裂不能持久。

（四）农民起义次数多、规模大；封建统治者在对付农民反抗和进行内部斗争中，积累了较丰富的统治经验。

中国社会历史的特点，给中国哲学史带来如下特点：

（一）封建社会的哲学历史最长。

（二）神学化了的儒学占有极大优势。

儒教的思想基础是孔子所创立的儒家学说。儒家学说虽然是直接继承了殷周奴隶制时期的天命神学和祖宗崇拜的宗教思想发展而来，但是在先秦它还不是宗教，只是作为一种政治伦理学说与其他各家进行争鸣。由于这种学说强调尊尊、亲亲，维护君父的绝对统治地位，巩固专制宗法的等级制度，能够对劳动人民起极大的麻醉欺骗作用，汉代开始把它推崇为占统治地位的意识形态。为了使这种意识形态有效地稳定封建社会秩序，更好地发挥控制人心的作用，汉以后的历代封建统治者及其思想家们不断地对它加工改造，用政治手段不断扩大它的影响，使它朝着宗教神学的方向发展。他们进行了儒学的造神活动，把孔子偶像化，把儒家经典神圣化，到了宋代又吸收佛教、道教的思想，将儒家学说变成了体大思精的宗教神学。它在整个中国封建社会时期一直占据着正统地位，对于巩固封建制度和延长其寿命，起了十分巨大的作用。

由儒学发展为儒教是伴随着封建统一大帝国的建立和巩固逐渐进行的，曾经历了千余年的过程。这一过程中，孔子的学说共经历了两次大的改造。第一次改造在汉代，它是汉武帝主持、由董仲舒倡导的，这就是中国历史上所谓“罢黜百家，独尊儒术”的措施。汉代大一统的中央集权封建宗法专制国家需要一套在意识形态上和它紧密配合的宗教、哲学体系。董仲舒、《白虎通》借孔子的口，宣传适合汉代统治者要求的宗教思想。第二次改造在宋代，宋代统治者从唐末五代分散割据的混乱局面中捞到了政权，鉴于前朝覆亡的教训，要求强化中央集权的封建宗法专制制度，思想文化领域里也要有与它相适应的意识形态相配合，于是产生了宋代理学。如果说汉代董仲舒和《白虎通》的神学目的论是一种比较粗糙的宗教神学，经过第二次改造后产生的宋代的理学就精致得多了。它是儒、释、道三教合一的产物。它以儒家的封建伦理为中心，吸取了佛教、道教的一些宗教修行方法，加上繁琐的逻辑思辨的论证，形成了一个体系严密、规模庞大的宗教神学结构。它既是宗教又是哲学，既是政治准则，又是道德规范，将四者融合为一体。理学的建立，标志着中国儒教的完成。

(三) 有光辉的唯物论和无神论传统。

中国哲学史上有许多伟大的唯物论者、无神论者和辩证法思想家，这是中华民族的骄傲。不过我们也不能过分夸大他们的贡献；比起资产阶级的唯物论和辩证法来说，他们的学说毕竟处在朴素、自发的水平，低了一个历史阶段。而且在儒教影响遍及全国以后，从唯物论者身上，或多或少都可以看到儒教（即中国特有的宗教神学）的烙印。这种历史的局限性，我们也要给以足够的注意。

1983 年

如何看待唯心主义

人类从没有宗教到有了宗教，表明人类已经有了一个自己异化的精神世界。这个异化的精神世界，动物就没有。从不知道有宗教，到产生了宗教，这应当看作人类的一大进步。动物没有宗教不必说，就连知识发育不成熟的儿童也没有宗教、迷信、鬼神观念。

宗教是如此，与宗教相伴而生的唯心主义也标志着人类的进步。进步不等于正确、合理，进步甚至带来新的灾难和罪恶。原始社会，不独亲其亲，不独子其子，共同劳动，共同分配劳动成果，没有剥削，没有压迫。但是这种局面不得不被新的生产关系所代替。终于由原始公社进入奴隶制。奴隶制带来了压迫、剥削、罪恶和阶级的苦难。

有些唯心主义（而不是所有的）提出的问题，是当时人类无力解答的。但能够提出这些疑难问题，标志着人类认识的前进，人类认识达到了新的水平。提问题，向唯物主义出难题，这种事实本身也反映出人类认识世界的水平的高低深浅。人类正是从生产及社会生活实践中不断发生问题，解决问题，提出问题，解答问题中不断前进着发展着。这是人类认识史上无尽头链条。唯心主义（严肃的而不是任意的）的出现，不能简单地看做故意和唯物主义捣乱，它有时是人类前进道路上必须经历的中转站。

唯心主义在历史上起的作用，有三种情况，第一种是以不符合实际的虚假的认识代替符合实际的认识，把认识引向谬误，造成倒退。这情况在哲学史上是大量存在的。第二种情况是发展了人类认识中的片面性。第三种情况是反映了先进的认识水平，提出了促使认识深化的问题，迫使唯物主义进行解答，这后一种情况，在哲学史上确实是存在的。不论哪一种情况出现的唯心主义，都不能正确地对待认识问题，他们的答案都是错误的。

也有人认为唯心主义应重视，因为唯心主义中有唯物主义因素，目的在于发掘唯心主义体系中的唯物主义因素；也有人认为唯心主义的体系中有辩证法因素，应取其辩证法，抛弃其唯心主义。以上这种看法，都认为唯心主义一无可取，应当抛弃。这种看法虽有道理，但不全面。我们要看到唯心主义出现的不可避免的必然性，更要看到唯心主义产生的客观性。我们哲学史工作者的任务，是面对一切哲学史上出现的千奇百怪的现象，分析它，解剖它，剔除其糟粕，吸取其精华。这是一个加工场，要付出创造性的劳动。我们不能把辩证唯物主义的基本原理当作驱神赶鬼的符咒，把唯心主义的鬼怪赶跑就算完成使命。何况辩证唯物主义并不是符咒，唯心主义也是赶不跑的。

1980 年

中国哲学发展历史和逻辑的统一

中国哲学史中唯物主义发展的道路，也表明是按照逻辑与历史的统一这一规律进行的。最早的唯物主义形态是元素论的朴素唯物主义，它只说明了一个万物构成的问题，是针对唯心主义的上帝创造世界说的。因为它还处于朴素唯物主义的第一阶段，它解释的范围以及解释的方式都比较简单。《易经》用阴阳说明万物的起源，据后人的解释，说它是“近取诸身，远取诸物”而产生的这种观念。“近取诸身”，就是取自男女两性的生殖机构；“远取诸物”，就是受到禽兽牝牡的生养过程的启发，而概括出来的通过阴阳产生万物的道理。后来《易传》以天地比作父母，水、火、山、泽、风、雷比作六个子女，也是较原始的朴素的思想。这些思想，只能出现于人类的认识史的初期，它和春秋以前的生产水平、科学知识发展水平相适应。用五行说、阴阳二气说，以说明世界万物起源的元素论只能出现在商周。

唯物主义有了更进一步的发展，进入精气论的朴素唯物主义阶段。这是对上帝创世说的进一步系统的驳斥，并提出了“道”、“精气”、“气”等范畴。后期墨家提出“久”（时间）“宇”（空间）。《易系辞传》提出了“乾”、“坤”，韩非提出了“理”作为“道”的范畴的补充。

精气论的朴素唯物主义不止对世界的构成有所说明，还进一步对于世界的变化，身体与精神的关系、人的本性、善恶、美丑都有所探索。在形式逻辑方面，提出了“名”、“实”、“类”、“故”、“譬”、“侔”、“援”、“推”等思辨方式。这一时期还开展了“坚白”、“同异”的辩论，这些辩论涉及概念是否可以脱离事物而单独存在等哲学和认识论的根本问题。而这一系列的哲学范畴和哲学问题，远非元素论的朴素唯物主义所能设想的。这些思想，不可能出现在春秋战国之前。它是思维发展的逻辑所规定了的，也是历史发展所规定了的，其先后不能易位而倒置。

两汉到唐末，阶级斗争的经验又丰富了，科学水平又提高了，也就是说人类认识的水平比先秦有所提高，于是出现了元气自然论的朴素唯物主义，提出了形神关系的“质”、“用”范畴。魏晋时期的唯心论被迫放弃了目的论，提出“本末”、“有无”等唯心主义本体论的范畴，硬要论证在万物之上之后还有一个永恒、超越的精神的本体。这种唯心主义的本体论只有在魏晋时期，神学目的论被打垮之后才可能提出。老子也讲到"有"、"无"，但老子的"有"不就是王弼的"末"。老子的"无"是物质性的道或气，并不是王弼讲的本体。唯心主义本体论给上帝找到一个替身。如果人格神不打倒，目的论不遭到有力的驳斥，就没有必要给上帝找替身。"本末"、"有无"这些范畴的提出，是魏晋时期唯物主义与唯心主义在新的斗争形式下的必然产物，也说明逻辑与历史的统一。

北宋以后，中国朴素唯物主义进入最后阶段，即元气本体论的阶段。于是提出了"体"和"用"，"道"和"器"，"太极"、"理"和"气"、"心"、"性"、"情"等等范畴。

到了近代中国资产阶级兴起，虽然由于他们的软弱，没有来得及形成自己的完备的唯物主义哲学体系，但是他们受到了西方近代资产阶级的哲学和科学的影响，鸦片战争以后，资产阶级唯物主义开始脱离朴素唯物主义阶段，进入机械唯物主义的阶段。当时的唯物主义者，已不再用什么"元气"作为万物的本体，而是吸取了西方近代自然科学的假说，认为"以太"、"电气"为万物构成的基础。孙中山也讲到"太极"，但他对"太极"也给予近代科学的新解释。像谭嗣同、孙中山所提出这些新范畴，绝不是封建学者在近代科学以前所能设想的。

1964 年

把问题提到一定的历史范围

历史唯物主义要求我们把所研究的问题提到一定的具体历史范围之内，努力还其本来的历史面貌。

五四以后，中国文化与西方文化有了大量广泛的接触，无疑给中国哲学史的研究打开了眼界。但是在我国学术界过去缺少现代科学方法的长期训练的传统，借鉴西方本来是件好事，搞不好，流弊所及成了依样画葫芦，生搬硬套。先是生搬西方资产阶级的，后来又生搬苏联的。实际效果证明，这种方法无助于弄清哲学史的本来面貌，反而增加了混乱。我们不能按照西方哲学史的图式来写中国哲学史。老子的"道"绝不同于黑格尔的"绝对理念"，王阳明的心学也不能与贝克莱的主观唯心论相比附。老子和王学属于封建时代的哲学体系，贝克莱和黑格尔属于资本主义时代的哲学体系。把不同时代的哲学强拉在一起机械相比，就是犯了不知类的错误。即使是时代相同或相近，中西的具体历史条件也有差异。孔子不是苏格拉底，孟子不是柏拉图，荀子也不是亚里士多德。不顾中国和西欧古代的历史特点，强行比较，不是一种科学的态度。

我们也不能强使古人穿上时装。孔子是春秋末期的思想家，他不是汉以后封建统治者塑造的孔圣人，更不是"四人帮"笔下的"孔丘"。封建时代的正统思想家，标榜尊孔，实际上他们并不尊重历史上的孔子，而把孔子任意改造打扮，名为尊孔，实则用孔。如果说封建地主阶级把孔子当成一面旗子，以此来整肃人心，那么林彪、"四人帮"则把孔子当成一个靶子，用以影射攻击革命家。他们的用意都不在研究历史，而在施展政治策略和手段。无论是正统经学的尊孔，还是影射史学的骂孔，现在都已成为历史陈迹，都不能引起研究者的兴趣。应当指出的是：一个哲学史家怀着善良愿望的借古喻今，同怀着鬼蜮动机的影射史学，作为历史研究的方法，都是不足取的。这样的做法，不可避免地要用主观的好恶去涂抹历史，既歪曲了历史的真实性，也破坏了历史科学，只会引起思想上的混乱。我们不能根据今天某种需要去塑造古代哲学家的形象，不论这种实际需要是否正当。实际需要是经常起变化的，而历史是不能改变的。历史事实是不应涂抹，也涂抹不掉的。否则，我们和实用主义就划不清界限，哲学史的研究就不成为科学。我们只有在揭示历史上客观存在的规律性的前提下，才能正确总结历史经验教训，决不是任意截取或歪曲历史资料以满足眼前的需要。还有，彻底的唯物主义者只需要老老实实地做事，明明白白地讲话，毫不含糊地表明自己的观点，不需要戴着古人的脸谱、穿着古人的服装，来演出历史的新场面。

1983 年

中国古代哲学发展的地区性和多种文化的融合过程

哲学思想和学术流派都是在特定的社会环境中产生的，不同的国家和地区有不同的社会环境，这就给哲学思想带来了国别的、民族的、地域的特点。这是哲学不同于自然科学的地方。欧洲近代哲学史，给我们提供了有益的借鉴。法德毗邻，鸡犬相闻；英法相望，一衣带水。英、法、德三国的哲学同属近代资产阶级哲学范畴，但英、法、德三国哲学却各有自己的面貌，这是因为三国的经济结构、新旧力量对比、文化传统等组成的社会历史条件之间有一定差异。

春秋战国时期，华夏民族的活动范围西从渭水流域，东至黄河下游，南到长江中下游流域，北到蓟辽地域相当广阔。哲学上出现众多学派，呈现百家争鸣。这固然反映了不同阶级不同阶层的利益和要求，同时也与各家所在地区文化传统有关。当时有四个文化区，分别产生了四种文化类型，即：邹鲁文化、荆楚文化、三晋文化、燕齐文化。

邹鲁文化对西周传统文化继承得最多。尤其是鲁国，为周公子伯禽封国，保存了丰富的西周文物典籍。鲁文化对周朝的宗法制度采取肯定和维护的态度。鲁国是儒家的发源地，儒家的经典《诗》、《书》、《礼》、《乐》，都是西周数百年文化积累形成的。

楚文化发生在江汉流域，它受西周传统文化的影响较小，有自己独特的风格，对中原文化持批判态度。在思想方面，《楚辞》、《老子》及后来受《老子》影响的庄周，都带有楚文化的鲜明特征，即偏重于探讨世界万物的构成、起源，人与自然的关系，人在自然界中的地位，对于自然事物歌颂备至。老庄哲学对于人伦日用、政治生活，采取轻蔑的态度，视社会生活为桎梏，认为它破坏了朴素的自然。所以荀子说："庄子蔽于天而不知人。"荆楚文化的遗风，至西汉时期的《淮南子》传承犹在。刘安和他的门客的活动地区仍在当年楚境。

三晋文化指韩、赵、魏一带的文化。三晋处于四战之地，地理条件不如邻近大国，缺少天然屏障和回旋余地。为了在激烈斗争中求得生存和发展，这些国家对内注意改革、练兵、储粮，对外则随时权衡国际交往的利弊，利用矛盾，争取外援。法家吴起、商鞅、韩非等，纵横家苏秦、张仪等，虽然其中有些人后来在三晋以外受到重用，但他们最初都萌发于这一地区，这是形势逼出来的。名家公孙龙为赵人。惠施学说流传于梁（魏）、宋间。荀况的思想兼有儒法两家的特点，与他曾受过三晋学风影响有关。秦国是后起的诸侯国，其地虽为姬周故乡，但平王东迁以后，文化重心随之东移，秦陇反呈空虚，所以秦的文化长期落后，缺乏自己的传统，没有实行严格的宗法制。秦孝公以后，主要受三晋文化影响，可以归到三晋文化类型。

燕齐文化，发轫于齐国稷下，后转输于燕。齐国的周礼传统不如鲁国深固，而军功新贵的势力又不如三晋强，它产生的管仲学派，对旧有的宗法制采取半保留半否定的态度，主张把法治和礼治结合起来。稷下学宫，人材辈出，以道家的势力较大。邹衍的阴阳五行学说，后来盛行于燕齐。西汉董仲舒生活在燕齐方士、道家最流行的地域，他的学说明显受到燕齐文化的影响。

秦汉以后，全国政治上统一，统治者也在努力使思想文化得到统一，车同轨，书同文，行同伦。但由于封建经济是自给自足的自然经济，由于中国地域辽阔广大，有千山万水相阻隔，加上各地文化传统具有保守性，思想文化上的地区差异性仍然长期存在着。在国家分裂、地方封建势力割据称雄的时代，文化上的地区差异性就更加突出。

三国时，魏、蜀、吴各有自己一大批文人学士。荆州地区集中了不少文学家、经学家。刘备、诸葛亮以荆州人才为基础，夺取了四川。

王弼先人王业、王粲都在荆州，如果追溯魏晋玄学思想渊源，可以上溯到荆州学派。

南北朝时，政治、经济上的分裂，使南北两地文化上的差别扩大，学术上形成迥然不同的风格。北方的门阀士族为了在少数民族中保持其封建宗法特权，主要是保持其经济特权，他们着力利用儒家传统，宣扬封建宗法道德来维系人心，于是汉儒的经学在北方得到重视。南方门阀士族不像北方处于少数民族贵族统治之下，他们享有足够的政治、经济、文化及社会地位的特权，他们才有条件尚清谈，擅名理，好庄老。北方文化比南方落后，世俗地主阶级的学风，也影响到僧侣地主阶级。因而北方佛教十分注意禅定，强调宗教实践，对于佛学理论上的发挥不甚在意。南方佛教则偏重佛教理论的探究，与唯心主义玄学清谈相配合，为门阀士族特权制度服务。例如般若学与贵无论相呼应，涅槃佛性学说为门阀士族特权作辩护。南北文化的地区性，一直影响到书法艺术，南方尚飘逸、洒脱，北方多端庄、凝重。

隋唐时期，南北统一，文化融合的趋势随之加强。但学术的地区性差别并未泯除。就拿门户林立的佛教宗派来说，它们之间的不同，既表现在经典、教义与师承传授关系上，也表现在学派的地区性上。如禅宗分为南北两宗，南宗主顿悟，北宗倡渐修，也与南朝重义解，北方重禅定的传统有关。

宋以后，儒教垄断了文化，地区性的特点进一步减弱。凡与正统思想不合的新见解，往往受到限制，甚至遭到扼杀。但是细加考察，一些具有全国影响的学派都有自己活动的中心地区或根据地。就宋代理学而言，有濂、洛、关、闽等学派，分别以江西、关中、洛阳和福建为其学派学术活动的中心。此外，还有永嘉、永康等学派。辽金学术与江南赵宋传统也有差别。北宋苏氏父子在理学上亦自成一家，号称蜀学。明朝则有王守仁学派的分化，有浙中和江右、泰州学派等。这些学派的学说是全国性学术思潮的组成部分，同时又各有自己的特色。

明中叶以后，中国有了资本主义萌芽，社会内部孳生着一种破坏封建桎梏的新生力量。明末清初之际，阶级矛盾和民族矛盾加剧，学术思想趋于活跃。黄宗羲的民主思想的提出，复社知识分子集会结社活动，与他们生活、活动的江浙地区有着深切的关系。那里工商业发达，有手工业工场的存在，受着东林党人的巨大影响。王夫之与黄宗羲同时，两人思想却很不相同，除开两人所受教育、家庭等原因外，生活环境不同也是一个重要原因。王夫之生活在湖南，又到过两广，直接接触到当时湘黔原始氏族社会生活，因此他不相信儒家关于尧舜禹三代盛世之说，提出了今胜于古的进步历史观。

过去讲哲学史，哲学发展的地区性是常常被忽视的一个环节。为了把具体问题具体分析的原则贯彻到底，在哲学史研究中，不仅要注意哲学家的阶级性、时代性、地区性，也还要分析哲学家个人经历、性格特征给哲学理论形态带来的个性差异。这些问题如不注意，就把哲学史写成千篇一律、千人一面。

既要看到哲学史上地区性的差异，而哲学的融合过程也同样值得注意。中国向来是众多民族混居杂处的国家。殷朝、周朝的诸侯，虽然各自为政，但都拥戴一个共主，是大国中的小国，彼此间有密切的经济文化联系，在黄河、长江流域，形成大范围内的华夏民族共同体。春秋战国时期，各诸侯国由奴隶社会相继过渡到封建社会，各国之间既进行着政治和军事上的激烈争夺，又进行着经济和文化上频繁的交流，并向着统一合并的方向发展。最后由秦国统一了天下。秦王朝由于压迫剥削过甚，激化了与农民的矛盾，不久即被农民起义所推翻。汉朝总结亡秦的经验教训重建和巩固了全国范围内地主阶级的中央集权，中国从此进入了较稳定的全国统一的时代。政治上的统一，促进了兄弟民族之间经济的往来、文化的交流；民族之间的通婚，加强了民族之间的融合。

在学术思想的发展上，也表现为不断融合的过程，唯物论和唯心论的发展都是这样。荀况的哲学是先秦各种唯物主义哲学的总结，其中既有邹鲁文化，也有三晋文化、燕齐文化及荆楚文化。《吕氏春秋》一书，集合众家之长，儒、墨、道、法、名、阴阳各家，兼而有之。汉初《淮南子》也是一部以老庄为主的综合诸家的著作。董仲舒号称醇儒，其实他的儒术并不醇正，是燕齐方士与儒学的混合物。董仲舒融合各家，用神学驾驭哲学，使两汉经学具有中古经院哲学的特色。西汉以后，表面上看只有儒家被尊崇，实际上在儒家这面旗帜下对许多别家的思想都有所吸收。王充的哲学，是继荀子之后对唯物论的第二次大的总结，他对于先秦《老子》、《管子》、《荀子》、《韩非子》中的积极成分都有所吸收，同时对汉以来扬雄、桓谭的思想也有直接的继承和发挥。

魏晋时期，儒家独尊的局面暂时被打破，佛教、道教大量流行。儒、释、道三家互有斗争，又互相渗透、吸收、融合，三家都在起着变化。从三国时起，汉译佛经就增加了某些儒家的传统观念。尔后，儒、释两家在义理上彼此调合、融通的做法，更加盛行。东晋慧远，在佛学内部调合大小乘之间的矛盾，在世俗哲学上则调合儒学与玄学的歧异，在儒佛关系上融合在世与出世的矛盾。南北朝时，梁武帝儒佛兼信。儒家讲的三纲五常成为佛教的善恶标准。

隋唐以后，儒、释、道三教合流的趋势相当明显。唐朝由政府明令禁佛、道两教互相攻击，三教都得到朝廷的大力支持，三教在内容上由互相诋毁而变成互相补充。

宋代理学创始者周敦颐，他的太极图说显然来自道士陈抟。朱熹与道教的关系也很深，他曾大力钻研过《参同契》、《阴符经》等道教经典。宋明理学是儒、释、道三教在理论上相结合的产物，只是以三纲五常为核心罢了。

王夫之的哲学是封建时代唯物主义哲学的最高成就，他集前人之大成，系统地总结了我国古代朴素唯物论和辩证法，吸收了各方面学术研究的优秀成果，在这个基础上，他才能够使自己的哲学有较全面的创新，代表了前资本主义社会人们认识世界一般规律的最高水平。

以上只是举例说明，中华民族的文化是各时代、各民族、各地区人民共同创造的。中国历史上重要的哲学家、思想家都善于吸收前人和同时代人的学术思想，经过消化，形成新的理论体系。经过不断的汇合、积累，逐渐形成中华民族独立的文化传统，它有较深厚的根基，较持久的影响力。当然，唯物主义哲学的融合与唯心主义哲学的融合不同：前者是融合科学的积极的成分，使真理得到发展，后者是融合非科学的消极的成分，给谬误保持了地盘。我们应当对这种文化融合的过程作深入的研究，总结出规律性的东西来。

1983 年

详细占有历史资料

对于中国哲学史的研究工作来说，从实际出发，就是从真实的中国哲学史史料出发。所以研究工作的第一步是全面地搜集资料，去伪存真，确定时代和作者。资料根据不充分就难免陷于空谈和武断；使用错误的资料，同样也得不出正确的结论。

搜集资料即使不能“竭泽而渔”，而基本的和主要的事实则不能漏掉。这些资料便是我们用以作出论断的依据，我们要尊重它，使自己的观点与之相一致；我们反对那种为了适应主观的需要去剪裁历史事实，取其一点，不及其余。有许多学术上的争论，是由于不能全面地处理资料，而是片面地引用资料引起的。历史上没有纯而不杂的哲学家，其思想资料里不同程度地存在着互相矛盾的部分，倘若我们的研究工作者各取所需，根据观点去找资料，那么持相反论点的双方，都可以从中找到自己所需要的资料，当然也都不能正视对方所掌握的资料，而结论则都不免陷入片面性。例如《老子》、《墨子》、《庄子》，它们的思想体系内部有矛盾，我们若各持一端，这笔墨官司一万年也打不清。正确的态度应当是，对资料要有一个全面的观点，承认矛盾的客观存在，历史地说明这种矛盾出现的原因及其发展趋向。情况是多种多样的。唯物主义成分和唯心主义成分在一个哲学家的头脑中同时并存，这是极常见的现象。有的“大醇而小疵”，基本倾向（或唯物或唯心）很清楚；有的在这个领域唯物，在那个领域唯心；有的本身观点模糊不清；或者一个学派的早期后期有变化，对此都不应忽略。

有些古代哲学著作不出于同一作者之手，也不是同一时代的产物，需要分开来处理。《墨子》一书，历史上学者们长期把它当作墨翟所作，根据近人的研究，我们把它分为墨子哲学和后期墨家，一个在战国初期，一个在战国中后期，这样更符合古代历史的实际。《庄子》一书也有类似的问题，若不加区别，一律作为庄周的思想，许多矛盾不好解决。我们根据古人的记载，把它分为庄周的哲学和后期庄学。这样，《庄子》书中进步性和保守性的矛盾，唯物主义体系和唯心主义体系的矛盾，也就迎刃而解了。《庄子》书中两种思想的矛盾，不同于《老子》，不是思想本身含混不清，而是存在着两种不同的论证体系，只能说明它分别出于不同时代作者之手。还有《周易》，过去把它当作一部不可分的完整著作，其实，《易经》部分属于殷周之际，《易传》部分属于战国后期，时代相距甚远。《管子》一书并不是管仲亲著，已为学者们公认，其中哪些保存了管仲的思想，哪些属于后来的管学，我们研究得还不够，但也谨慎地作了一些鉴别剔除工作，我们认为，其中大部分应被看作是战国时期齐管仲学派的集体著作。学术界经常提到先秦的“思孟学派”，我们作了一些考证，认为资料不足，“思孟学派”的存在无法得到证实。

也有些资料，写成文字的时间较迟，但有关事件发生的时代甚早。如早期的宗教、神话、传说，文字流传时期多在汉魏间。我们结合民俗学、少数民族社会调查，考古发掘资料，均可证明其事出有源，不为无据，我们也审慎地、有选择地加以使用。我们对原始社会人类思维的描述，就是以这样的资料为根据的。

辨别资料的真伪，是治哲学史必然遇到的问题。在封建时代，经书是圣人留下来的，敢怀疑的人不多。直到清代，才对《尚书》的真伪开展广泛的讨论。五四以后，《古史辨》派的学者在清人考据的基础上，进一步打破旧传统的迷古，提出更大胆的怀疑，为清除封建时代对古史的歪曲和偏见，重新用科学的眼光审查古史资料的真伪，开辟了道路。这一历史功绩，不容抹煞。今天有了更多的考古资料，看来他们当初为了“矫枉”，有时难免有“过正”的地方，不该怀疑的也怀疑起来。

解放后，我们不仅有了科学的世界观和方法论，而且得到了逐年增多的大批出土文物，其数量之多，超过以往任何时代。这就为中国哲学史史料的辨伪工作创造了更有利的条件。例如过去有人怀疑《孙膑兵法》传世，现在在同一墓地发现了《孙武兵法》和《孙膑兵法》，问题便迎刃而解。有了马王堆出土的帛书，对于黄老之学的面貌，我们就更清楚了。对于文物考古的新发现新成果，中国哲学史工作者要给予关心，把能够采用的及时吸收进来。当然，我们并不把中国哲学史研究上今后出现重大新突破的希望，寄托在新资料的发现上，而要花大力气研究在历史上发生过重大影响的学派和学说。

有些著作假托古人，如能找到真凭实据，把它作伪的时代搞清楚，那么它就可以从伪书变为该时代真实资料。如东晋的《列子》，前人不把它看作战国时期的列子的思想，因而说它是伪书，但用它来说明魏晋时期的一种思潮，则是可用的和有价值的。在这个意义上说，它一点也不伪。如果我们能善于利用科学手段来处理历史资料，把有用的资料放在它应当被放置的地位，那就有一天会做到人无弃人，物无弃物，书无伪书。当然这是一个长期努力的方向。

1983 年

中国哲学的成长期

中国哲学屹立于世界民族之林，并对人类文化作出过重要贡献，已为举世公认。

中国哲学的历史发展，大致可以分为三个时期，或称为三个历史阶段。

第一个时期是"奠基时期"或称作"奠基阶段"，即中国哲学先秦阶段。后来的哲学流派众多，追溯上去，差不多都可以在先秦哲学中找到它们的源头。正如欧洲近代文化差不多都可从古希腊哲学找到它们的源头。二者有类似的地方。

第二个时期是"成长时期"或称作"成长阶段"。这一阶段的哲学包括从秦汉到鸦片战争，长达两千多年。这一阶段的哲学已发展定型，它完整深刻地体现了中华民族文化的精华。今天世界各国、各民族议论中国哲学，或东方哲学，心目所指的也是秦汉以后到鸦片战争以前这一阶段的哲学内容。

中国哲学的开创者们，如老子、孔子，都成为有世界影响的人物。西方及国外学者对老子、孔子等人的理解，很少直接来自先秦的老子与孔子本人的思想，他们主要根据汉唐以后的诸家注释去理解老子、孔子。

孔子的哲学至少有过两次大的改造。第一次改造是汉朝的董仲舒，把孔子思想融入阴阳家；第二次改造是宋朝的朱熹，他把孔子解释为儒教，使它与佛教、道教的明心见性相结合。有些思想是孔子哲学本来没有的。

老子哲学经历秦汉以后的几千年，也有过几次大的补充和修正。两汉时有黄老思潮，老子的无为加上了汉初黄老刑名之学。东汉以后道教兴起，以老子为教主，唐以后道教盛行，及时吸收佛教的宗教修养方法，形成比较完整的中国式的宗教——道教。

治中国哲学的，很多人赞美留恋先秦哲学百家争鸣的学术繁荣局面。认为秦汉大一统以后，学术空气不及先秦活跃，为此表示遗憾。这种观点是不全面的。历史是客观摆出的实际状况。我们只要考察一下就可知道，先秦百家争鸣的热闹场面，各有一套理论，但他们争辩的主题却相当集中。争论的都是如何建立大一统的封建王朝，这样的王朝是什么规模。孔子提出孔子的模式，孟子、荀子、法家各家都对建立统一天下提出了自己的理想。墨家"尚同"的主张，有中央集权的倾向。老子号召无为，提倡“小国寡民”。这里要指出，老子主张全国的基层单位要小，但全国还须有圣人来统治。老子的“无为”，指的是圣君执行政治要无为，不要过多扰民，不要食税太多。

本文所说的中国哲学的成长期，意在指出，中国哲学之所以成为中国哲学，形成它的独特精神面貌，正是指的秦汉到鸦片战争这时期的哲学成就。

秦汉到鸦片战争，这两千多年，民族的融合、科技发展、文艺创作都达到了成熟阶段。中华民族最大的成功，也可以说是举世无双的成就，在于它很成功地协调了政治高度统一与经济极端分散（小农经济）的基本矛盾。在小农经济条件下，农业产品供生产者的消费以外，所余无几。古代的中国政治家，通过政治的协调、组织作用，充分利用广土众民的优越条件，集锱铢为丘山，把有限的财富集中使用，使其发挥更大效益。如办漕运，修边防，兴水利，从事文化建设，以丰补歉的救灾经验等，给后人留下了可贵的精神财富。

中国哲学的成长期，正是适应中国大一统的政治局面的产物。中国哲学的成长期，两千多年间还可分为两个阶段，由秦汉到唐末五代为第一阶段，由北宋到鸦片战争为第二阶段。第一阶段的历史任务在于建立巩固中央集权的专制制度，融合中华民族为一体，探索为中央集权服务的政教体系——儒、佛、道三教鼎立。为期约一千年。第二阶段的历史任务是完善、巩固中央集权制制度，建立大一统的新经学作为建国的指导思想，改善政教合一的新儒教使它更适合于协调、融洽高度统一的政治与极端分散的小农经济，使政治的集中与经济分散的矛盾可从新儒教经学中一一找到理论根据，使新儒教经学和宗教、文化、教育、政治制度互相配合，为巩固封建制度服务。在中国进入近代社会以前，封建制度下的古代社会，中国哲学建立了最完备的理论。它的最大特点是巩固了小农经济，使之在生产力极端低下的条件下发挥其最高效益。也可以说，从秦汉到清末，中国封建社会的哲学发展到了高峰。鸦片战争以后，为中国哲学发展的第三阶段，“转变时期”。这一时期中国面临着新的形势。西方文化进入中国，中国文化已走出亚洲，被卷入世界文化的大潮之中。中国文化从内到外，都发生了质的变化。鸦片战争以前的三千年，中国哲学自成体系，它主要发展趋向是逐步建立、完善、巩固中央集权的封建专制制度，从理论上给以支持，从方法上给以指导，最终建成比较完整的一套儒教思想体系，形成了具有中国特色的政教合一格局。

1992 年

唯物主义者与唯心主义者的互相转化

任何发展着的事物，都是有转化的，问题是看有没有转化的条件。

从哲学家个人来看，有从唯心主义转化为唯物主义的，也有从唯物主义转化为唯心主义的。宋朝的张载，幼年曾出入佛老，后来摆脱了唯心主义的影响，形成了自己的唯物主义体系。王守仁的弟子黄绾，原是王门信徒，后来背弃师说，转向了唯物主义。戴震早年曾服膺程朱之学，后来与程朱体系完全对立。也有从唯物主义转向唯心主义的，如章炳麟的《訄书》中有唯物主义思想，后来转为唯心主义。这种例子还多，不必一一列举。哲学家个人的思想转变，是在短短几十年中，由哲学家自己亲身去完成的。一个非马克思主义者变成一个马克思主义者，都是经过一定的革命锻炼，思想改造，放弃了非无产阶级思想意识，最后成为马克思主义者的。世界上没有天生的马克思主义者。转变要通过斗争，唯物主义战胜唯心主义，哲学家就转到唯物主义方面来；反之，则转到唯心主义方面去。

再从两种哲学体系（唯物主义与唯心主义）势力的消长盛衰的过程看，唯物主义与唯心主义的斗争中，由于内因和外因的种种条件，它们所处的地位，可以互相转化。比如，唯物主义的高潮尚未到来，这时的唯心主义是矛盾的主要方面；一旦高潮到来，唯物主义就从不重要的地位转到了重要的地位。

有没有互相转化的事实？我们说："有"。转化要不要条件？我们说："要"。

中国哲学史上具体的一些哲学流派，从唯物主义转化为唯心主义的例子是很多的。试以中国哲学史的老子为例，说明唯物主义如何转化为庄学的唯心主义的。

老子为了反对上帝创世说，反对天道有知、天道有为，他提出了天道自然无为，于是把"无为"作为观察万物、对待生活的最高原则。当他反对天道有为、有知的宗教唯心主义迷信思想时，这种"无为"思想具有战斗的意义。但是老子把天道自然无为强调得过了头，用"无为"的原则去说明一切现象，把人完全看成自然的奴隶，人对自然，只能服从，不能改造。于是人的命运不能由人们自己安排，只好听自然的摆布。老子的哲学本来是唯物主义的，并有反对有神论的战斗精神，由于这种学说包含着宿命论的消极因素，所以发展到后期庄学，没落奴隶主阶级便利用了老子的唯物主义的某些片面性，逐渐使它转化为唯心主义的宿命论。对老子的哲学来说，这个"一定的条件"，其思维本身的原因是老子唯物主义本身的缺点（唯心主义因素）；阶级的原因是没落奴隶主阶级，后期庄学对老子哲学的歪曲、篡改。

老子的天道自然无为的观点，应用到认识方面，其可取之处是他力图按照自然本来面貌去认识自然，"以身观身，以乡观乡……"但老子却由此抹杀了人在认识过程中的感性和实践的地位，因而陷于唯心主义。老子看到前一时期元素论的朴素唯物主义者用几种或一种元素说明万物的起源，有它的局限性，于是他提出"道"（或者称为"无"、"无名"、"朴"、"精气"），为万物之源。他为了强调"道"不同于具体事物这一特点，他就特别强调"道"不同于万物的这一方面。他第一个提出了道，第一个把道用作哲学范畴，因此把道强调得过分了，给人以印象："道"好像超越于万物之上的什么东西。这又埋伏了不利唯物主义的种子。所以后来的王弼等人便夸大了"道"的超越于万物之上这一意义，把唯物主义篡改为客观唯心主义建立了唯心主义本体论。老子用“道”为万物之源去打倒上帝；王弼用“无”（道）来代替了上帝。唯物主义不彻底的地方，给唯心主义留下了可乘之隙，被利用、篡改，转变了它的唯物主义的性质。

由唯物主义向唯心主义的转化，有的是由于某些唯物主义的缺点，势必导致唯心主义的结论；也有的是运用说明世界的唯物主义理论武器，超出当时的理论的能力范围，而得出唯心主义的结果。这两种原因又是有着一定的联系的。因为从理论上说，形而上学归根到底必然会脱离唯物主义。哲学史上有些唯物主义的形而上学的哲学家，也有唯物主义的辩证法思想家。这种矛盾，在某些具体的哲学家的头脑中并存着，如果不进一步发掘，这种矛盾还不会立刻暴露出来。矛盾一旦暴露，在新的形势下就有可能迫使它发生转化。

1964 年

哲学思想的继承问题

哲学史的继承问题，和一般文化知识的继承有相同的地方，也有不同的地方。一般文化知识有些是有阶级性的，有些和阶级利益没有什么关系。哲学是一定阶级的世界观，它不是中立的，不是任何人、任何阶级都能接受同一种哲学思想。哲学不是人人可吞服的“万应锭”、“仁丹”。

几年来学术界曾对哲学上的继承问题展开过争论。有些问题还待进一步讨论，也有些看法是由于认识不清而引起的争辩。有些不应属于哲学的继承的范围的，有人也把它算作哲学的继承了。

第一，有人把用以表达哲学观念的工具（语言、文字）看做哲学上的继承的东西。比如从古代到今天，我们表达哲学思想用的是汉字，于是有人把汉字的世代流传看成哲学的继承，这是不对的，这是一般文化知识方面的东西。如果说古代汉字和近代的汉字有继承关系，那仅仅是文化上的继承而不是哲学上的继承。

第二，哲学上的推论方法、辩论方法，如形式逻辑的若干规律的运用，古人使用，现代人也使用。有人认为这是哲学上的继承，其实这也不是。这仍然是属于一般文化知识的继承。

第三，一般的学习方法、生活经验，古人留传下来的一些成语，如讨论继承问题时人们常举的“学而时习之”、“温故而知新”，等等；这也不能算做哲学上的继承。因为它不属于哲学世界观方面的根本问题，它只能属于一般文化知识的范围。

第四，哲学上的范畴和一般概念，古代哲学家用它，我们也用它。如中国哲学史上历来相沿的道、仁、义、理、气、体、用、一、多、宇宙、道德，等等。有人认为这些范畴、概念是哲学上的继承范围以内的东西。如果我们对这些范畴、概念的作用加以分析，会发现这也不能算做继承。

范畴是自然和社会中最一般的、最基本的方面在人类认识中的反映。范畴不能离开一定的世界观单独表达它的意义，它只是表达一定的世界观的工具。唯物主义与唯心主义可以使用共同的范畴，表达的意思不必相同，甚至相反。如对于“道”的理解，唯心主义与唯物主义两派可以完全相反，尽管他们都用了相同的一个“道”字。在伦理方面的一些范畴也是这样，如“平等”、“自由”，资产阶级和无产阶级的理解也完全不同。

因此，范畴、概念只是哲学史的思想资料，这也属于一般文化知识方面的继承。

上述这四种所谓“继承”的东西都是为表达一定的世界观服务的工具，它本身不具有唯物主义或唯心主义的性质，它甚至不涉及世界观的倾向性。不涉及世界观的问题，就不是哲学问题。不是哲学问题，当然不是哲学史的问题，也就谈不上是哲学史的继承问题。

有些人似乎忽略了什么是哲学问题，见到前面的某些哲学家用了某一个名词，后一个哲学家也用了某一个名词，就认为他们中间有

"继承"关系。一个词，尽管先后两派都用它，但不能说他们有继承关系，比如墨子讲"义"，孟子也讲"义"，不能说孟子继承了墨子的"义"。我们也不能把讲"道"的哲学派别都算做一家，因为它们所指的"道"的内容很不相同，甚至相反。胡适的《哲学史大纲》就是把先秦一切讲到"辩"的哲学家都归为"名辩思想"，结果把唯物主义的后期墨家、荀子与唯心主义的公孙龙、惠施混为一谈，以致造成极大的混乱。稍有哲学史知识的人都能指出他的荒谬。

前些时，冯友兰先生的《四十年的回顾》一书中曾提到他的"抽象继承法"，认为他的看法"在其认识论的根源上是抓住了一些有一些事实根据的现象"。看来，冯友兰先生是"抓住了一些有一些事实根据的现象"，但这些现象似乎都不属于哲学史的继承，多半属于上述四种范围的继承。像"学而时习之"是讲的学习过程的一般方法，"杀人安人"，"以战止战"是两句精辟的成语，对它，不同的阶级可以有不同的理解，不带有阶级特点，都不能作为证明有超阶级的哲学观念可以继承的事实根据。

1959 年

继承以谁为主

继承，是以被继承的思想体系为主，还是以继承者为主；以先驱者的思想为主，还是以后继者的思想为主？

在古代，人们对这个问题的认识是模糊的。中国古代哲学家所谓"道统"、"家法"、"衣钵"的观念，都自以为以先驱者的思想体系为主继承，不过是不使"学绝道丧"，维持道统，不使中绝。正如古代把儿子的任务看做"承宗祧"、"绍箕裘"、"继先人余烈"一样。他们是恩格斯所说的让"死的拖住活的"。

我们今天以科学的态度来看继承问题，就会发现，在古代的继承中，即使以复古为号召的复古主义者也没有真正地复了古。不论什么东西，什么事情，想保持原样是办不到的。继承，从来就是以后继者为主的。

五四时期一批维护孔家店的道学先生，宣扬“孔子主义”，并不是什么真正对两千年前的孔子有所爱好，他们“爱好”的是当时在新文化冲击下，摇摇欲坠的地主阶级的一些旧制度、旧秩序。唐朝的韩愈等人的古文运动，号称“复古”，其实是文学上的“革新”。

哲学史上，这种情况也是极普通的。孟子和荀子都自称“仲尼之徒”，都以孔子的真正继承者自居。孟子是唯心主义者，他取自孔子的也是孔子思想中的唯心主义的东西或可以用来帮助孟子的唯心主义世界观的东西；荀子“继承”的孔子是孔子哲学思想中唯物主义的因素，是可以用来帮助荀子建立他的唯物主义世界观的一些思想。孟子、荀子这两位孔子的“忠实信徒”，都是以自己为主，把孔子的学说经过“改造”后以为己用的。后来儒家的许多学者，唯物主义者、唯心主义者都是以他们自己为主而把孔子的思想作为说明他们自己的思想的工具而不断发挥的。有汉儒的孔子，有宋儒的孔子，有清儒的孔子，汉、宋、清又各有他们唯物主义、唯心主义的孔子。正因为有这种情况存在，才给我们研究哲学史的人带来了繁重的工作。

不但对孔子的继承问题如此，对老子的继承问题又何尝不如此？韩非、淮南子、王充所继承的老子是唯物主义的老子。道教奉祀的老子成了太上老君，王弼笔下继承的老子，成了王弼的客观唯心主义的“助手”。《诗经》、《书经》这些古代经典，儒家用来宣传儒家的尊君、亲亲的宗法制度，墨子用来宣传墨家的“尚同”、“兼爱”学说。孔、墨都“继承”了尧、禹之道。孔子继承的禹是加强等级制度的好帝王，墨家继承的禹是能体力劳动、生活俭朴的“墨者”的“榜样”。我们也必须指出，既然是继承，当然有先后之间的根据，孔子、老子的思想体系中如果没有唯心和唯物、进步和保守这两方面，他们的后继者也就不致于发生原则的分歧，显然是“事出有因”。但是为什么会有见仁见智的不同，其原因不在于被继承者的古人，而在于继承者、后人的立场、观点的不同。

今天我们谈到继承时，如果有人真正打算在古代几千年的“哲学仓库”中找今天现成合用的东西，未免把本来相当复杂的继承的问题简单化了。

可是今天对继承问题的讨论中，有许多人把“继承”以什么为主，古服从今还是今服从古，被继承者为主还是继承者为主的关系弄颠倒了。这样就必然引向复古主义，“古已有之”、“颂古非今”，或者担心可以继承的东西少，而感到对古人有些“歉然”。

古人没有马克思主义，没有批判传统文化的科学尺度，有时会不自觉地作了前人的奴隶，但在客观上、在实践上，一切唯物主义的哲学家，进步的思想家都没有百分之百地当了古人的奴隶，他们在不同程度上都在“古人之所未及就，后世之所不可无”的方面有所贡献。即使在复古的外衣下，也不能完全掩盖住他们革新的面貌和精神。到了今天，有了马克思主义作为批判一切旧文化的尺度，如果还是以古代的东西为主，和他们相比，就更加显得不应该了。

鲁迅先生有一篇文章，讲“拿来主义”。他反对生吞活剥地在古人的余烬中寻取“好东西”，他说，对待一切外来的文化、古代的文化，要使它为我们今天所用，明确地指出不能当古人的奴隶，要善于消化外来的、过去的文化。这个意思很好，至少可以给那些“颂古非今”、墨守成规的文化“继承”者以当头棒喝。不解决以谁为主的问题，在今天全面的科学发展中，一旦对古代历史、哲学史的研究逐渐深入、加强的时候，难免不卷入浩如烟海的文献资料中不能自拔，以致迷失方向，生活在社会主义时代，竟成为“三代两汉之人”，那就不妙了。

1959 年

“微言大义”

借古说今，用“微言大义”的方式本来是今文经学派的老办法，汉代董仲舒就是借孔子的口来宣扬他的天人合一的目的论的。董仲舒为了论证君权至上，他解释“王”这一名称时，说：“王者皇也，王者方也，王者匡也，王者黄也，王者往也。是故王意不普大（而）皇，则道不能正直而方。道不能正直而方，则德不能匡运周偏。德不能匡运周偏，则美不能黄。美不能黄，则四方不能往。四方不能往，则不全于王”（《春秋繁露·深察名号》）。董仲舒把同音的几个字（王、皇、方、匡、黄、往）主观地硬拉扯在一起，其实它们之间并没有真正的内在的联系。如果有人也用这种任意编制的办法，未尝不可以拉扯另外一些同音的字做出和董仲舒尊君主张完全相反的“论证”。为什么不可以说：“王者罔也，王者妄也，王者枉也，王者诳也，王者亡也。是故王者欺罔人民则妄自尊大，妄自尊大则屈枉善良；屈枉善良则诳骗人民，诳骗人民则身死国亡。”岂不比董仲舒更能言之成理？可见今文经学的解经方法完全是主观的、任意的、没有科学根据的，当然也是最省事的。把没有的东西说成有，只能是反科学的。不但现代的马克思主义者反对这种做法，就连治学态度比较谨严的封建学者也要反对这种无中生有、望文生义的办法的。三百年前的王夫之并不懂得历史唯物主义，他还知道：“洪荒无揖让之道，唐、虞无吊伐之道，汉、唐无今日之道……未有弓矢而无射道，未有车马而无御道……”（《周易外传·系辞》上传第十二章）。古代的一些进步思想家也有人通过阐明古代的学说，宣传了当时不便宣传的新学说、新观点。如康有为用《孔子改制考》、《新学伪经考》来宣传他的变法维新思想；王夫之也曾通过对《周易》的注解来宣传他的朴素唯物主义哲学和辩证法思想；洪秀全制造了代表农民利益的天父、天兄。马克思曾指出过有一些革新者，如何利用旧的思想的形式宣传新思想的事实：“恰好在这种革命危机时代，他们战战兢兢地请出亡灵来给他们以帮助，借用他们的名字、战斗口号和衣服，以便穿着这种久受崇敬的服装，用这种借来的语言，演出世界历史的新场面。这种以旧瓶装新酒的方式，只是在反动或保守力量十分强大的时期用来偷运一些新思想，它有过积极进步作用，但是由于它的吞吞吐吐，不敢畅所欲言，它毕竟不能代替明确的、科学的语言的正面的阐述。在古人，是出于不得已。即使他们曾起过进步的作用，但是借用亡灵宣传新思想的办法毕竟是不科学的，这种方式也给他们的进步意义带来一定的消极影响。这一点，经典作者早已不止一次地指出过，这里不再多说了。

1963 年

论阴阳五行说

阴阳五行学说，认为世界上一切事物都是由金、木、水、火、土五种元素相互配合而成的。成分简单的东西，是由一种元素构成的；比较复杂的东西，像生物、人类就是由五种元素。在复杂条件之下互相配合产生的。自然界中，一切东西都不能离开这五种物质元素。这种学说并不玄妙，它是从人民日常生活中所经常接触的五种物质和它的属性中抽象出来的。这一派认为五种元素之间有相互推动、孳生的关系，就是所谓五行相生的观点。五行相生是循环无尽的，它们的次序是：

金→木→水→火→土→（金）……

五种元素之间同时具有相互克服、限制的关系，这就是所谓“五行相胜”（或相克）。这种关系也是循环无尽的，它们的次序是：

水→火→金→木→土→（水）……

阴阳五行学派，在战国末期，由于自然科学的发展，特别是天文学的发展，得到极大的发展。这一派认为自然界以及人类社会现象的一些特点都可以用阴阳五行来表示，这些现象也都是阴阳五行的表现。他们试图用自然界存在的物质的性能说明各种现象在性质上的差异，阴阳五行学派不但用阴阳五行的范畴去考察自然现象，也用这些范畴去考察人类的感情、意志、身体的机构、器官和其他现象。

阴阳五行学派（也就是太史公所说的阴阳家）的唯心主义观点，并不表现在它的自然观方面而是表现在它的社会观、历史观方面。邹衍的“五德终始”，和董仲舒用阴阳五行来宣扬他的宗教迷信的历史观，都是唯心主义的思想。这种思想的主要错误，在于它用阴阳五行的观点解释社会、历史、伦理观念等。

唯物主义的阴阳五行学派的主要贡献，就在于它力图从物质世界以内寻找万物发生发展的原因。在医学方面，《内经》就是根据阴阳五行的学说来说明人类生理现象、心理现象、疾病现象的。它是素朴的唯物主义的观点而不是唯心主义的观点。

阴阳五行的学说在战国末期，形成一套完整的素朴的唯物主义世界观的体系。这一学派的出现，标志着中国古代唯物主义哲学和科学进一步的结合，也意味着中国古代唯物主义哲学得到进一步的发展和提高。因为在这以前，中国唯物主义哲学重点在于说明宇宙万有的生成和发展的原因。中国古代的唯物主义哲学对于自然界现象的复杂性、多样性的根据涉及得很少。至于有关人类本身的生理现象、心理现象、疾病现象的说明就更加不够了。如果对这些人类切身问题不能给以科学的说明，那就等于把这些问题留给宗教迷信去随便解释。秦汉之际的医学积累了千百年的丰富的经验，因而有可能对人类切身问题做出初步的，但是全面的，符合当时科学要求的说明。医学和当时阴阳五行的学说密切结合，向宗教迷信的唯心主义思想展开了进攻。中国古代医学通过科学实践（医疗实践），唯物主义地说明人类的生理现象、心理现象、疾病现象，扩大了科学的领域，也扩大了唯物主义哲学的阵地。过去唯物主义还没有来得及涉及的许多问题，这才通过秦汉的医学而得到了比较符合事实的结论。我们说秦汉之际的阴阳五行的学派是先秦唯物主义哲学的进一步发展和提高，并不是过分夸张。但也必须指出，唯物主义哲学的发展和提高和当时的医学的巨大成就是分不开的。

事实上中国古代的自然科学部门，像古代的天文学、化学（包括炼金、制药等）、算学、音乐和医学都是在阴阳五行的学说协助之下发展起来的。如果企图理解中国任何一部门的科学史而不注意阴阳五行的学说，也是不可能的。用阴阳五行的学说来解释世界的多样性和它的内在的联系性，显然比用"道""气"更具有说服力，更能较为深刻地反映事物的矛盾对立和相互关联。

中国古代医学完全接受了阴阳五行的学说，并且通过了医学这门独特的科学道路向前发展。

我们可以毫不夸张地说，古代的阴阳五行学说是古代唯物主义哲学的原则，也是古代自然科学的原则。

1956年

重视哲学与自然科学关系的研究

自然科学对唯物主义的作用，学术界人士已引起注意，而哲学对自然科学是什么关系，学术界研究得很不够。国内外有不少自然科学史的专著，如天文、数学、医学、化学等，都作出了可观的成绩。但各种自然科学之间又是什么关系，各科学与哲学有无共同的关系，则缺少研究。自然科学中使用的一些具体的方法，如测试、观察、运算、推导等等，各学科根据自己学科的特点有所论述，而各学科的“学科观”（各学科的方法论）则很少涉及。哲学史和自然科学史各自为战，不相为谋。像这种梗阻现象已经妨碍了哲学史的前进。

我们认为哲学史是人类的认识史，中国哲学史是中华民族的认识史。人类认识世界、认识社会、认识思维发展的规律，必然要求把各个时代的哲学与自然科学的关系弄清楚。比如汉代的天人感应思潮，哲学史研究者已经给予注意和论述，而天人感应对当时自然科学起过什么作用，往往被忽略。天人感应既然是时代思潮，它必然弥漫于各个领域，在各个领域又是如何表现的，这种思潮又是如何以科学姿态出现、指导科学的，一向也缺乏研究。这些问题探索得不够，必然影响对汉代哲学史的认识。那么，中华民族的认识史关于汉代这一段，就讲不深、讲不透。这只是用汉代天人感应思潮作为一个例子，指出哲学与科学都离不开各自的时代思潮。

随着科学研究的深入，要求学科之间加强横向联系。交叉学科、边缘学科越来越引起重视。哲学与自然科学的关系的研究已提上日程。这种横向联系的研究既是一个新方面，又是一种新方法，难度较大。难是难，总得有人去干。

1987 年

古代神话传说中的唯物主义思想萌芽

人类以自己的劳动改造着自然界的面貌，在改造自然的劳动中，人类自己也得到了改造和发展。人在和自然的长期斗争中创造了神话。中国古代神话中记载了许多“神”的活动，它们基本上都是人类征服自然、造福人群的能手，而不是宣传人在自然面前无能为力。在古代神话中有开天辟地的盘古（见《太平御览》引《三五历记》），炼石补天的女娲（见《淮南子·览冥训》），有从远方带来火种给人的燧人氏（见《路史发挥》引《拾遗记》），有发明弓矢、房屋、衣服的黄帝，有发明医药、中毒不死的神农（见《淮南子·修务训》），有射落九个太阳、为人类铲除长蛇猛兽的羿（见《淮南子·本经训》），有窃天上神土、消灭人间水患的鲧和禹（见《山海经·海内经》），有开发交通、搬走两座大山的愚公（见《列子·汤问》篇）。

“在远古时代，人们还完全不知道自己身体的构造，并且受梦中景象的影响，于是就产生一种观念：他们的思维和感觉不是他们身体的活动，而是一种独特的、寓于这个身体之中而在人死亡时就离开身体的灵魂的活动。”（恩格斯：《路德维希·费尔巴哈和德国古典哲学的终结》）因此就产生了灵魂不死的观念。沿着这一方向继续发展，就产生了宗教里的神。古代神话的传播是在“不切实际的意识形态的领域”中进行的。但是，在另一方面，在一定的程度上，它对人类社会发展起过积极作用。恩格斯指出：“这些关于自然界、关于人本身的本质，关于灵魂、魔力等等的形形色色的虚假观念，大都只有否定性的经济基础；史前时期的低级经济发展有关于自然界的虚假观念作为自己的补充，但是有时也作为条件，甚至作为原因”（《致康·施米特〔1890年10月27日〕》）。

可见原始公社时期的神话传说包含着古代的文学、艺术、历史、科学的萌芽。史前时代的“神”不具有镇压人民、保护少数人利益的特点。他们都是人们爱戴的“劳动英雄”。神话“是以劳动为基础的，是改善劳动，把劳动奉为‘神圣’的，是幻想着完全控制物质和自然力的”（高尔基：《给阿·阿·苏尔科夫的信》）。

神话传说通过曲折的道路反映了世界的被改变和事物的互相转化。“这种神话中所说的矛盾的互相变化，乃是无数复杂的现实矛盾的互相变化对于人们所引起的一种幼稚的、想象的、主观幻想的变化，并不是具体的矛盾所表现出来的具体的变化”（毛泽东：《矛盾论》）。

随着生产的发展，出现了家庭私有制，人群分化为劳动者与指挥者，随着出现了阶级社会，有了国家组织，有了带有强制性的禁令和惩罚。天上的统治者——上帝，实际上是地面上的统治者的影子。阶级社会里带有两种性格：一种性格是继续带有古代劳动者的性质、造福人类；一种性格是为巩固神的不合法的权能”（高尔基：《给阿·阿·苏尔科夫的信》）。

在尚未出现阶级分化时期的神话传说中保存了一些素朴的、现实主义的思想。它表现出天才的智力和精细的观察力。古代神话中有些表现出自发的唯物主义思想，相信世界上事物是独立于人们以外而不是依赖于人们而存在的。

史前时期的神话就它的幻想和不切实际这一方面说，它有些和后来的宗教思想相似；但是史前神话不排斥科学，不是为剥削者辩护的武器。史前神话不是劳动者的敌人，不是科学的对立物。像古代各原始部族的图腾，就是保护本族的神，而不带有压迫本族劳动者的作用。但是神话中既然有同宗教唯心主义互相纠缠的地方，它必然与它的自发的唯物主义倾向发生内在的矛盾。因为它一方面反映了史前人类生产劳动的实践，一方面也反映了人在和自然作斗争时，在自然力和自然灾害面前的软弱无力。随着阶级社会的发展，原始神话的“神”的性质起了变化。神本来是自然力的化身，到了阶级社会里，神也具有了阶级的性格，变成社会力量的化身。神成了人间的统治者。

因此，当人类与自然斗争中开始运用思维和想象的能力时，出现了神话。神话素朴地反映了人类战胜自然的现实，也夹杂着不切实际的幻想。它本身孕育着唯物主义和唯心主义两种思想倾向的萌芽。

生产进一步的发展，阶级出现了，神话对人们的影响逐渐缩小，系统的哲学思想开始形成。在奴隶制以及封建制初期，神话虽然还起着一些作用，终于“随着这些自然力之实际上被支配，神话也就消失了”（马克思：《〈政治经济学批判〉导言》）。

1961 年

"文化影响衰减"现象

历史遗留下来的文学、艺术中的精品都有永久的魅力，后代人无法仿制。像《诗经》、《楚辞》都是被誉为不朽的作品。说它们不朽，无非是说它有比一般文学、艺术作品享有更长的寿命，在较长的时间里能继续发生影响。"不朽"并不具有哲学概念的"永恒存在"的意思。有生就有灭，有存就有亡，任何作品都不是万古长新的，"花长好，月长圆，人长寿"不过是谀词，不能当真看待。

拿屈原的作品来说，汉朝初年青年的贾谊读屈原的赋，被感动得痛哭流涕，后来政治上不得志，竟抑郁成疾。屈原的作品今天还存在，试找一位大学中文系的学习古典文学的青年来读屈原的作品，他的感受总难以达到汉朝贾谊所感受的那样强烈。即使这位青年也有深沉的苦闷，满腹牢骚，总不会由于读了屈原的作品而抑郁成疾。古人中也有读《诗经》中某些篇章而产生强烈激动的，这种现象在现代人身上就少见。离我们时代不像《诗经》、《楚辞》那么远的《红楼梦》也是一部不朽名著，这部书和《诗经》、《楚辞》一样，产生过广泛影响。五四前后，青年男女知识分子没有读过《红楼梦》的占少数。现在的青年男女知识分子读《红楼梦》的比例显然比五四前后的人数要少得多。

以上的现象，这里借用电讯通讯的概念。可以称为"文化影响衰减"现象。远距离的通讯联络，讯号逐渐衰减，距离越远，衰减现象越明显，为了防止衰减，中间设有接力站，使衰减的讯号得到增益，可以收到需要的效果。太远的距离，中间还要增加多处的接力站。

古代思想流传到后世，也有这衰减现象，上述的《诗经》、《楚辞》、《红楼梦》都不例外。这是指古代有价值的作品，至于那些劣质产品，一出世就被遗忘，不在我们讨论范围之内。

衰减现象之所以出现，是因为古人的处境与今人不同，古人的思想感受有与今人相同处，也有与今人不同处，世代相去越远，古今人之间的感受的差别越大。所以今人读古人作品不及古人的感受的深刻而激动。

翻译文学作品也有类似的情况，原文的某些特色在译文中会有所损失，这也是一种衰减现象。

中国面临改革开放的新局面。

中国哲学有极丰富的文化遗产，像孔子、老子等思想流派到今天还有影响。我们经常听到人们谈论，说孔子思想影响了中国二千多年，要恢复中华民族的优良传统，首先要发扬孔子的哲学。也有人认为孔子思想对今天的新中国的现代化关系不大，倒是有些保守思想是孔子哲学造成的。这两种看法的评价都有根据，我不在这里谈。现在从文化产品的衰减现象来看，难以使人相信世界上有一种文化现象二千多年永远长寿而不衰减的。拿孔子思想来说，孔子生前是诸多学派中一个有势力的学派。与孔子学派相抗衡的还有墨家，孔子自己也不曾宣称他的学派是唯一的。

秦汉统一后，开始有六、七十年间孔子的思想并不时行，受到冷落。汉武帝以后儒家才成为唯一的学派。三国魏晋隋唐时期，儒家思想影响又呈下降趋势，当时最大的流派是佛教，其次是道教，三教之中儒家排在最末尾。到宋朝儒家又得到振兴，这种势头一直维持到鸦片战争。

认为孔子思想影响了中国二千多年，这个说法不对，因为影响中国的思想不只孔子一家；说孔子的影响二千多年不断壮大，势力越来越大，这个说法也不对，因为与历史实际不符。

孔子的思想在当时及后世都有影响，按文化思想影响衰减的现象来考察，单凭孔子思想自身力量只会越来越小，不能越来越大。

1991 年

文化遗产的增益现象

孔子为代表的儒家影响长久不衰，完全凭借了两次的接力站的补充，使它避免衰减，得到增益的结果。

第一次增益，使孔子思想避免衰减是在西汉时期，得力于董仲舒。董仲舒抬出孔子为号召，他增加了汉朝流行的天人感应，阴阳五行学说，建立了宗教神学，在董仲舒的带动下，中国哲学史出现了全国性的第一个高潮，他用阴阳五行、天人感应新说，解释了（不是解决）当时人们关心的天时、地利、历法、农业生产、行政措施、战争等自然现象和社会现象。这种解释可以满足当时的需要，建立了历史性的功绩。这种哲学体系配合汉代大一统的新形势，对于加强民族融合，促进民族的凝聚力，形成中华民族的共同意识起了积极作用。这一个体系进一步巩固中国传统的纲常名教观念，强化了忠孝观念。

思想是随着社会生活的变革而变革的，如董仲舒的神学经学也曾出现衰减现象。董仲舒的哲学不能应付佛教、道教的冲击。孔子的独尊地位保不住了。正如韩愈在他的《原道》中所说的“黄老于汉，佛于晋魏梁隋之间”。

宋朝的朱熹对儒家的衰减现象起了第二次的接力作用，把魏晋隋唐时期已趋于衰减的儒家振兴起来，把儒家变成儒教，形成了儒教经学。因为它出现在佛教、道教盛行以后，为了壮大自己，它吸取了佛教、道教的心性修养内容，把入世的伦理实践，与出世宗教修养结合起来，吸收了魏晋玄学本体论的理论成果，从而大大丰富了儒家经学内容，推出适应封建社会后期的经典，用《四书》替代了《五经》，对儒家经典（《大学》、《中庸》、《论语》、《孟子》本来就分散保存在儒家的典籍里，朱熹把它们集中在一处）给予新的解释，使它系统化，建成中国式的政教合一体系，从形式到内容都比欧洲中世纪的政教合一完善。朱熹儒教经学的政教合一，使政教之间更加协调，不是互争，而是互相融合在一起的天人合一的结构。

朱熹一生从事《四书》的传授解释工作，他取得了最有权威的解释权。《四书》经过朱熹及其学派的提倡，被后来历代朝廷列为国家教科书，《四书集注》被后来历代朝廷定为国家考试标准答案。一套精密完整的政教合一思想体系得到政府用行政命令的支持，它就更有效地发挥其政教合一的职能。

经典文句是凝固的，它的影响会随着时移世变而衰减，这是历史事实所表明的。但对经典的解释权却可以随时改变着，充实着，不断填充新内容（这种情况，佛教、道教、儒教都有，其他宗教也有，这里不列举），使它免于衰减。孔子言行记载可靠的经典是《论语》，这部书不过一万字（“六经”中没有它的地位），它对后世的影响主要来自各家的解释、阐发。解释、阐发孔子学说的著作。有的可以在经典中找到文字根据，也有的找不到根据，还有抛开原来的经典直抒胸臆的。像朱熹的《四书集注》就是用注解的形式阐发朱熹的思想的一例，为了取得权威性的理论依据，不得不抬出孔子作为招牌。从朱子到康有为的《新学伪经考》用的都是这种手法。以述为作，是古代学者通用的办法。文艺复兴时期提出“回到希腊去”，其实也是借古希腊为掩护，发展新兴阶级的新思想。古希腊和文艺复兴时期标榜的希腊是两回事。

辨明这个事实，就不难看清董仲舒的孔子是汉代的孔子，朱熹的孔子是宋代的孔子，和鲁国的孔丘的思想很不一样。后来的被抬出来作为幌子的孔子的思想要比原来的孔子的思想复杂得多。五四时代提出“打倒孔家店”（曾有人考证过，五四时期没有人提出过“打倒孔家店”这个口号。这五个字即使没有作为口号出现过，但五四时代确有反孔的思潮，攻击孔子的文章确实不少），要打的不是鲁国孔丘，而是经过朱熹改造过的，巩固封建社会的儒教。按照思想衰减现象，孔子的言行不可能长久不衰。戴震提出“以理杀人”，禁止寡妇再嫁，干涉子女婚姻，家长绝对统治，族权武断乡曲，孔子对此毫无责任。鲁迅笔下的“四铭”、“鲁四老爷”之类人物是儒教铸成的典型，与孔子思想无关。

儒家影响连绵不绝，不是儒家本身不衰，而是衰减后，得到接力站的增益，添加了新解释，注入后来的新内容，它又发展了。长久不衰的不只孔子一家。道家老子和孔子同样长寿，也活了二千多年。道家老子也是一个招牌，它中间得到魏晋玄学的增益，隋唐以后又吸收佛教心性学和道教养生学。

文化遗产有影响大的、影响小的，寿命也有长有短，但没有永久存在、永不衰减的。

1991 年

先秦两汉的哲学探索

中华民族的认识史即中国哲学发展史。先秦时期，人们关心的是天道问题，讨论关于世界构成问题。这相当于人类认识的幼年时期，董仲舒的神学目的论也未超出这一认识阶段的水平。处于宇宙论（Cosmology）的阶段，还没有达到本体论（Ontolosy）的阶段。经历了几次社会大变乱，政治上的大变革，人们对天道观的兴趣逐渐被更复杂的社会矛盾所吸引，兴趣由对世界是什么构成，进而追问社会现象中人们自身的问题，人的本性是怎么构成的。人性论在春秋战国时期已被提出，那仅仅是开始，从孔子的“性相近也，习相远也”到孟子的性善说，荀子的性恶说，董仲舒的“性三品”说，扬雄的“善恶混”说，虽说在认识上不断前进，但在理论上还不深入。像人性善恶的根源，人性与社会关系，人性与生理机能，个人的行为与人性有什么关系，人性有没有变化，规律是什么等问题，都还来不及探索。

1982 年

《易经》本义与后人的解说

《易》为六经之首，主要一个原因是它出现最早。其他五经都是有了文字以后的产物，唯独《易》这部书出现在有文字之前，是从画卦开始的。最初只有画，没有说明，因而给后代人留下了多方解释和尽量阐发的余地。数千年来解《易》之书，汗牛充栋，不可胜计。解《易》的著作之多，说明这部书引起古今研究者和使用（占卜）者重视的程度非同一般。还可以说明各种注释者（或阐发者）都有新的见解，至少对前人的注释（或阐发）不满意，认为没讲到关键处，或者没讲透，才不得不另行加工。经过历代多次、多人、多方面的加工，《周易》这部经典包涵的内容越来越广泛，它包涵的道理也越来越复杂。到了近代，中西方学术交流渐多，开始互相了解。《易经》传到了西方，欧洲人看到这部书，他们从欧洲人的角度看这部书，《易经》从此走向世界，成为国际研究者共同关心的古籍。

生当现代，我们要用现代人的文明和智慧来研究它。不难看出，历代的图象的解释者，包括对卦辞、爻辞以及系辞，都是后人代表前人写出的关于图象的说明。后人的解释可以言之成理，持之有故，但是总归是后人的，不能保证它能完全表达了古人画卦的本来意图和设想。它可以基本符合，也许未必符合。古人已逝，去圣时遥，后人的解说，前人无从辩解。禅宗自称得释迦的“心传”，朱熹自称得尧、舜、禹的“心传”，“心传”说明得道者见到或达到的造诣，完全可以表明得“心传”者的思想境界。其境界可以很高明，也可以很深奥，但无法证明他们所说的都能得到释迦和尧、舜、禹的认可。伏羲画卦，最初是“—”和“- -”，阴阳两画是指天地、男女、正负，都是出自后来人解释义，伏羲没有留下任何解释，连倾向性的暗示也没有留下。这些情况后人把它说死了，认定伏羲的原意是什么或不是什么，解释的越详明，越具体，附加的主观臆测越多。

《系辞》出现后，有了文字的说明。这些说明见解深刻，说理透辟，是中华民族宝贵的精神财富。如果断定出自孔子之手，用它说明孔子的哲学思想，将是极有价值的资料，古人早有用系辞来讲孔子易学见解的；如果不是出于孔子，另有来历，就要从另外的途径来考虑。

今天的研究者与古人相比，人们接受了社会进化观点，承认今天的社会比原始社会进步，人们脱离蒙昧时代，不再穴居野处，不再茹毛饮血，有了家庭，不再群婚杂交，从部落进入国家组织，人类除了语言还有文字。有文字比有语言是一大进步。在这个公认的前提下，我们研究《易经》要借助于考古学、民族学、民俗学、宗教学，借助于我们掌握的社会历史发展观点，借助于这些工具，我们有了观察世界，考察历史的工具。

南宋时期，陆九渊与朱熹发生过一次大辩论。朱熹用大量经典文献资料为自己的论据作证，陆九渊反驳说，尧舜读过什么书？他们都是儒家公认的“圣人”，能为群众造福，是两位德高望重的领袖（圣王），其言行世代相传，他们可能不识字，却不妨碍他们在中国历史上享有崇高的地位。

尧舜不识字，或识字不多，尧舜以前的伏羲可以断言更不可能识字。从伏羲到尧舜的确切年代无从推算得准确，按司马迁的《五帝本纪》，应属传说中的历史。从社会发展学的原则推断，先从渔猎到驯养家畜（伏羲），从采集到种植谷物（神农），然后建立定居点（黄帝造宫室，制衣服，造舟车，创文字），这是合乎历史进步的轨迹的。尧、舜、禹三代相传，史料较多，年代也比较明确（这三代约在 B.C. 1695—1106），大约五六百年。

伏羲画卦，到文王演《周易》约千年。文王演《易》，应当看作文王对《易》的理解，文王把伏羲的画卦纳入自己的体系。从文王演《易》到春秋战国时期诸家论《易》，又过了好几百年，关于《易》的议论、运用逐渐增多。这些议论可以看作是春秋研《易》者对《易》的理解。没有根据证明春秋人的《易》学能代文王立言，更难设想，春秋时人能说清楚二千年前伏羲画《易》的最初设想。

文化、思想以至哲学，都是按照不断积累，不断增加新内容，不断增加新解说的方式，逐渐丰富，逐渐完善的。春秋时人的《易》学，按照当时学术思维所能达到的水平把问题讲清楚，就是对文化的贡献。没有必要论证春秋人对《易》的解释是文王《易》的原义，更没有必要论证春秋人对《易》的解释是恢复了伏羲《易》的原义，因为这是做不到的，也无法证实，无助于研究。

1994 年

《周易》特点和研《易》原则

"图文先出"，是《易》的第一特点。

《易》经开始于图像，图像在先，说明在后。写成的说明逐年增益，常常在图像出现千年以后，且不断增加新的说明。图像是《易》的胎芽，或叫做"初易"或"原始易"。

历史长久，是《易》的第二特点。图像的解说者非一人，时间跨度极大，参与者的地区遍布大江南北、黄河两岸。众说纷纭，不是出于一次讨论。时间先后可以持续二千年之久。

讲解繁富，是《易》的第三特点。历代讲解者，都以为得到了《易》的真髓，力图说明前人说《易》的失误，至少弥补前人的不足。所以注解、诠释《易经》的多大数以千计。

由于以上这三个特点，给今天的研究者带来了困难。

《易》学研究虽属不易，不可能求得一个最后定论。但《易》经不是天书，是人类社会的产物，它涉及的也是人类日常生活实践中的现象。我们只要尊重历史，不任意妄加比附，我们就能把研究推进一步。

历史是进步的，不是倒退的。我们在现实中不断发现新经验、新事物，以至过去不知道的新原理，新事物是在旧事物的基础上萌发的，文化不能割断，也无法割断。前人不知利用原子能，现在懂了；前人不知道有电子计算机，现在有了。原子理论，可以涉及正负电子对立关系，《易经》中也有阴阳对立。有了电子对撞机以后，回过头来看，发现《易》经中有阴阳对立的观念，有类似之处；有了电子计算机（电脑），运用了二进位制，发现《易》的阴阳对立，与二进位制有相似处，这种现象正可以说明人类文明是前进的，不断积累、增加的。人类社会创造的文明是由简到繁，由低到高，由粗疏到精密的过程。试看历代关于《易》的注解（及阐发），《易》学研究，都经历了由简到繁这样的过程。

保持严肃的学术性，才能推动《易》学研究的健康发展。贯彻百家争鸣的精神，才能推动《易》学研究的不断前进。

企图利用《易》学解决个人的某些需求（如用占卦算一算股票涨落，用占卦算一次军事行动的胜负），是使《易》学回到伏羲、文王时代的要求，既无助于行为决策的实效，又不利于《易》经的研究，是走不通的。

文化现象总是后代的成果包容了前代的成果。因而它的含义越到后来越丰富，有些是前代成果所引发的，更多情况下是前代所没有发现的新成果。这种现象表现在《易》学研究中，也表现在一切文化领域中。

清初王夫之说过：

> 唐、虞以前，无得而详考也，然衣裳未正，五品未清，婚姻未别，丧祭未修，狉狉榛榛，人之异于禽兽者无几也。
>
> 春秋之民无异于三代之始。帝王经理之余，孔子垂训之后，民固不乏败类，而视诸唐虞三代帝王初兴，政教未孚之日，其愈也多矣。（《读通鉴论》）
>
> 三代之时，国小而君多……而暴君横取，无异今川广之土司。吮龅其部民，使鹄面鸠形，衣百结而食草木。（同上）

上述情景在抗日战争时期，我曾在黔、滇少数民族地区亲见。尧、舜时期（三代）文化如此低下，尧、舜以前的伏羲、神农时代的文化生活只能比尧、舜低，不可能比尧、舜更高。上古时代人类全力以赴对付自然灾害，又要防止外来部落的掠夺，能有多少时间坐下来从容研究二进位制？老子、孔子对社会、历史、文化的见解的深度、广度断然超过尧舜，他们读书之多也超过尧舜。

今天人们看到的《易》经包罗万象，这个现象是历代研究者逐渐增加诠释的结果。从伏羲画卦的图象中，“—”、“- -”或八卦的图像并不包含像后人所阐述的这些内容。“三代无揖让之道，尧舜无吊伐之道”，应是历史事实。

这里丝毫没有贬低中华民族博大精深的意思，恰恰说明中华民族善于利用前人的成果，开创新文化，不断前进，永远进取的伟大，从而增强人们的自信心，中华民族不是吃祖宗遗产的“纨绔子弟”，而是富有开拓精神的伟大民族。

1994 年

《周易》研究的方法

近年来，在国内外兴起一股研究《周易》的热潮。研究《周易》的人逐渐多起来了，队伍扩大了；研究《周易》的著作和文章也多起来了。其中有的是探讨《周易》同中华民族文化的关系；有的是企图从《周易》的思维方式中寻觅智慧、索求启迪，去管理经济、发展科技文化。这是个好现象。但是，我们还应该看到，在这股热潮中，在研究《周易》的目的、方向和方法等方面，仍存在着不少问题。诸如有的人借弘扬民族优秀传统文化之名，打着“《周易》预测学”、“科学算命”、“《周易》应用学”等旗号，宣扬神学迷信，卜卦、算命、看相、测字之风相当盛行。这不是弘扬优秀传统文化，而是弘扬《周易》中的糟粕；有的人则把《周易》扩大化、现代化，把现代的科技文化的新成果、理论，都说成"《周易》早已有之"、"《周易》早已说尽"。这种把一切事物都代入《周易》之中，把今人的东西强加在古人身上的研究，无论在方向还是在方法上都是不可取的；还有，从近年发表的有关《周易》研究的著作和文章来看，用平面直观的方法比较常见，直抒胸臆的多，客观研究、有分量的文章较少。有些研究者受语言文字的局限，下结论有时不严谨，自以为破译了千古不传之秘，实际上经不起别人的推敲。运用民族学、宗教学、语言学、文化人类学、考古学的成果来研究《周易》的著作和文章还不多。为了《周易》研究的健康发展，为了《周易》研究能沿着科学的轨道不断深入，解决《周易》研究的方法问题是重要的，应当把这个问题提到日程上来。

《周易》的研究，几千年来从未间断，它是难度最大，注释最多的经典。我们的前人对《周易》的研究曾采用过各种各样的方法，如义理、象数、考据，等等，各有所见，又各有其局限性，效果都不理想。我们今天研究《周易》必须坚持历史唯物主义的方法。由于《周易》距今年代久远、文字不多而难懂，在坚持历史唯物主义的观点和方法的同时，还应该考虑吸取现代多学科成果，驳斥那些"以艰深文其浅陋"的江湖术士行径。

1992年

儒道两家思想何以影响深远

春秋战国时期孔子、老子以外还有许多学派，如管子、孟子、荀子、商鞅、韩非、宋钘、尹文、墨子等人都有各自的体系。秦汉以后，经过历史的选择，只有孔子、老子两家的学说影响最为长远。

孔子、老子体系不同。孔子提出治国的蓝图是建立以血缘关系为纽带的等级制的国家，从天子到庶人，一级管一级。老子的治国蓝图是建立小国寡民、无为而治的小农经济制度。孔、老两家有差异，也有共同的地方，两家都主张以家长为中心的自然经济制度，都认为父慈、子孝、君仁、臣忠是应当的。孔子到处奔波，推行他的主张，没有被采纳。老子一生埋没在农村，生年也无从详考。孔、老两家在先秦都提出过各自的主张，都没有得到实施的机会。孔、老两家思想得以在中国流行二千年之久，主要在秦汉以后。

秦汉开始，中国建立了大一统的封建专制国家，从此奠定了中国二千多年的政治格局。后来的十几个王朝都是沿着秦汉铺设的轨道向前推进的。历代王朝根据当时形势，随时变易，有所因革，目的在于使之完善，不是废除大一统的制度。即使在大一统遭到破坏，不能维持时，割据、分散的统治者也认为统一是正常的，分散、割据是不正常的。历史表明，秦汉以来建立的大一统制度是历史的选择，是中国古代社会的需要，绝不是历史的失误。历史是客观的，不会失误的。

秦汉到鸦片战争，二千年间中国贯穿着一对基本矛盾：政治的高度集中与经济的极端分散。强化集中，是中央政府的职能；要求自给自足，不要政府过多干预，是自然经济的本性。政府要权力集中，农民要分散，正是在这样一对矛盾中，儒道两家充分发挥了他们的作用。

孔、老思想的影响，维持、发挥了二千年，是指全过程说的，实际上这两家的思想影响、社会作用并不是都处在高峰期，它们有时高涨，有时沉寂，有时受到外力限制而衰减。衰减后，得到新的力量的补充，又继续发展了。我们看到的古今中外的哲学思想，都有它的兴、衰、起、伏。

儒家在西汉初期，约有半个世纪处在受压制的地位。汉武帝当政后，重用了董仲舒，政府用行政手段推动儒家思想，儒家得到前所未有的发展，儒家势力大大超过孔子在世时。两汉儒家与孔子原来的儒家不尽相同，汉代儒家吸收了社会上流行的阴阳五行、天人感应思想，建立了以孔子为标帜的神学经学体系。用这种新的儒家体系解释当时人们关心的天时、地利、历法、农业生产、行政措施、战争等自然现象与社会现象，可以满足当时社会各方面的理论需要。董仲舒的儒学配合汉朝大一统的政权，促进了中华民族的思想统一，增强了民族的凝聚力，建立了历史的功绩。

东汉末年，大一统局面失去控制，国家陷于分裂，佛教、道教乘机得到发展。魏晋到南北朝，儒家的集中统一，严格的君臣上下等级遭到破坏，儒家思想也处于低潮达四百年之久。隋唐时期，儒家处境比南北朝时略好，得与佛教、道教并称“三教”。三教之中，佛教势力最大，道教第二，儒居最末。到了宋朝，朱熹等理学家吸收佛教、道教有关心性修养等宗教内容，补充到儒家体系中去，形成新儒家。儒家兴起，道家退到次要地位。朱熹的新儒家用佛、道两教的有关心性修养理论解释儒家思想，同时建立了新的经学，用《四书》代替《五经》。朱熹的儒家经学对巩固中国封建社会，延缓封建社会的解体，起了重要作用，朱熹的儒家经学直到五四时期才终结了它的使命。韩愈说过，儒家思想不是一帆风顺地发展的，它“黄老于汉，佛于晋魏梁隋之间”，到宋朝得到新思想的补充，才得以复振。

道家思想盛于战国中期，它随着楚文化势力的扩大，影响到中原地区。儒家文化以邹鲁文化为中心，注重人事；老庄思想反映荆楚文化的特点，注重天道、自然，轻视人事。秦统一前夕，《吕氏春秋》已吸取了老庄重生、重己的思想。汉初黄老流行，以稷下齐学为主干，有老子思想，也有法家思想。刘安封于淮南，招纳宾客著书。淮南为荆楚旧疆，其门客多治楚学，《淮南子》一书保存《老子》思想较多。西汉全国推行儒家思想，老庄思想在淮南一隅较为流行。

汉末天下大乱，儒家势力衰退，道家势力上升。魏晋时期，《老》、《庄》、《周易》号称“三玄”。《周易》本是儒家典籍，魏晋人以老庄解《易》，认为《周易》和老庄思想差不多。玄学思想流行范围只在上层贵族知识分子中有一定市场，社会一般群众与“三玄”没有什么缘分。三国时，《老子》借一种特殊机会，影响到社会下层，它与当时的五斗米道有关。张鲁割据巴蜀汉中，传五斗米教，令教徒诵《老子》五千文以消灾免罪。张鲁降曹操，曹操怕他在汉中的势力复活，把张鲁的部属迁到中原。五斗米道随着也在内地传播流行，《老子》五千文成为道教徒众的基本经典，当初伴随黄巾起义的《太平经》反倒退居次要地位。

南北朝三、四百年间，佛道两教互争阵地，竞争中刺激了道教的发展。唐朝统治者有意扶持道教，用朝廷势力推广《老子》，《道德经》石刻碑碣经幢遍及天下名山道观。道教与佛教长期辩论中，吸取佛教的教理、教义以充实自己。宋代的道教比唐代有所发展，道教发展了当时流行的心性修炼的内丹学，其传播的工具（雕版印刷）的进步，刊刻道教全集（《道藏》），扩大了道教的影响。明代有的帝王妄求长生，也提倡道教。由于宋儒建立了儒教，佛教与道教只能依附于儒教，三教中的地位，儒居先，佛居次，道最后。

儒道两家起源于先秦，汉以后才得到广泛传播、影响深远。两家互有消长，却又长期共存。这种现象值得引起注意。其他学派也有其兴盛时期，但都不及儒道两家寿命长久。物无妄然，必由其理。探究其所以然，还要从秦汉大一统的总形势来考虑。

儒道两家的长期流传，是大一统的中国封建政治体制的产物。秦汉统一，是中国历史上的一件大事，值得好好研究。常听到学者们抱怨秦汉统一，认为统一以后，限制了学术自由发展，容易出现僵化、停滞。研究历史应当从中国事实出发。事实上已形成了大一统的局面，没有必要设想它“如果不是大一统”。分析、评价事实已经存在的历史，不能以推测、假想为依据。

还要看到，儒、道两家的全部历史有二千多年，这样长的历史，不是一成不变的，儒家思想从孔子开创到五四前后，至少有两次大的变革（汉朝及宋朝），变革以后的儒与原来的孔子的儒很不相同。有人说孔子的思想影响，甚至支配了中国思想界二千多年，这不是事实。老子的思想也有变化，从老子的本来面貌到张鲁的《老子》，河上公注的《老子》，《老子想尔注》，到魏源、严复理解的《老子》，有很大的差异，《老子》书与炼丹成神仙也毫无关系。这两家寿命长久，主要在于不断随着时代的变化不断补充新的内容。

还应指出，只有秦汉统一后的大一统国家才有可能维持孔子、老子两家长期并存的可能。因为政府要集中统一，这一理想先秦时各家都提出过，由于条件不具备，未能办到。秦汉办到了。农民小生产者是古代农业社会主要承载者，他们有自己的愿望，老子早已提出过农民的理想，有远见的哲学家也提醒过统治者，不要忽视农民的愿望和要求，“水则载舟，水则覆舟”，但没有引起统治者足够的重视。秦末农民大起义，一群衣衫褴褛的农民，揭竿而起，居然掀翻了坚甲利兵的秦朝。汉初的统治者深刻懂得了与民休息的重要性。

不集中统一，没有有效的统治手段，就不能把广土众民的大国管好，国家将陷于分裂。过于集中，不顾农民小生产的特点，超过农民承受的限度，也不能使中央集权巩固，达不到集中统一的目的。回顾中国历史，不难看出，凡是善于把政治高度集中与经济极端分散这一对矛盾关系协调得好的朝代，天下就太平，国家就繁荣。协调不好，就造成天下大乱。政治集中与经济分散的矛盾对立关系，表现在思想方面就是孔子（儒）与老子（道）的矛盾对立关系。

秦汉统一奠定后来二千多年的总格局。有大一统的中央政府，才使得中华民族屹立于天壤间，壮大自己，靠自己的力量克服困难，对世界文化做出许多贡献。像抵御外部侵略，救灾度荒，修文治史，伟大工程，重大发明，都是在大一统国家主持下，发挥大国的综合国力优势得以实现的。鸦片战争以来，如果没有几千年形成的民族凝聚力，自强自豪的民族意识，旧中国也许灭亡，沦为殖民地了。

1992 年

已具备了研究孔子的条件

孔子生于鲁国，他的影响和名声遍及全世界。中国出了孔子，是中国人的骄傲。

孔子一生想行周道于东方，没有办到；他不曾想到要当“万世师表”，却被后人尊奉为“万世师表”。这样的“历史的诡谲”，正是历史学家发挥才智，施展手段的地方。

孔子没有成为第一流名人的时候，没有要想假借他的名义去推销什么主张。他成了第一流名人以后，麻烦也跟着来了。有许多儒者，都自称得到了孔子的“真传”，代表孔子发言，贬斥他人为伪学。

孔子后来被捧为“圣人”，高与天齐，不可逾越。甚至有人扬言以“半部《论语》治天下”。这是孔子的悲剧，当然这不是孔子的责任。

五四以后，孔子才算安放到合理的地位，从“神”还原到人。科学地研究孔子，才有可能。因为，研究某一对象，总要先对它进行了解、观察、分析，提出怀疑。任何被崇拜的对象是谈不上作科学研究的，只能顶礼膜拜。怀疑“圣人”那是大逆不道，这是封建时代无法对孔子进行研究的根本原因。

除了历史上遗留的、堆积的许多思想上的条条框框以外，还有各个不同时代的政治要求和限制，也妨碍了对孔子的研究。“古为今用”是现代人提出的，实际上古人早已这样办了。从汉朝开始，到五四以前，又有哪一个朝代的统治者不是为他们各自的“今用”来发挥孔子的学说呢？历代所谓《春秋》“微言大义”，都是历代的“古为今用”。

我们学术界对古代的社会、历史以及古代的文化了解和考察得还很不全面。对大环境了解得不深不透，限制了人们的视野，影响了对局部的了解。反过来，对局部问题研究得不深不透，对全局也难以做出合乎实际的判断。局部和整体的关系本来是相制约、相促进、相补充、相渗透的。人类的认识史就是这样走过来的。

对孔子思想的科学研究，只有在今天才具备了起步的条件，社会科学界今天才是最好的时候，我感到我们赶上了科学研究的黄金季节，目前已有了“百家争鸣”的环境。国内的各家各派可以畅所欲言，国外的学者也能参加辩论。春秋战国时的“百家”还只限于“九州”之内，现在的“百家”扩充到“四海”之外，作为中国的马克思主义者，在研究孔子这个领域里，已经找到了一条道路，那就是以马克思主义的普遍原理与中国社会历史发展的实际相结合，必将带来巨大的收获，两者结合得越好，收获也将越大。过去三十多年，学者们做了大量的工作，有成功的尝试，也有失败的尝试。不论成败，都可以从中得到教益，可供参考，可供借鉴。

对于孔子的研究，不光是中国人的事，也是全世界关心文化事业的学者的事。孔子生于中国，其影响却不仅限于中国。作为中国学者，我们负有更重的责任，因为孔子对中国的影响，到今天还起作用。当然，我们不应当“包打天下”，学术乃天下之公器，真理是客观的，不能随行就市，任意抑扬。我们的研究成果要经得起后人的考验，也要经得起全世界学人的考验。

看来，任务是艰巨的，也是长期的。科学研究没有平坦的道路，但总得由人来走。

1992年

汉以后的孔子

任何上层建筑，总归要为它的基础服务。上层建筑不是搬来就能用的，也不是可以移植或焊接在基础上的，它是统治阶级按照自己的阶级需要制造出来的。汉以后的孔子和春秋时期的孔子已经不是一个人了。汉代董仲舒把孔子装塑成为神学家，教主。宋明理学家把孔子改装成一个存天理、去人欲的僧侣主义的理学家。好像演双簧，面向观众的是孔子的偶像，躲在孔子身后说话的，在汉代是董仲舒这一派人，在宋、明是朱熹这一派人。当少数民族入侵，民族危机加深的时期，中国统治者就强调孔子尊王攘夷、保卫传统文化的方面。当少数民族统治了中国，政权巩固后，他们又强调孔子学说中的定于一尊、君臣大义不可违抗这一方面。至于孔子学说中唯心主义、宗教思想、宣扬天命鬼神，都是一切剥削阶级取得统治地位后共同需要的。正如中世纪的基督教到了资本主义社会仍然被利用是同样道理。辛亥革命后，袁世凯也很尊奉孔子，军阀张宗昌也尊奉孔子，抗日战争时期，日寇汉奸也尊奉孔子。我们又怎能由于这些现象得出结论说：如果孔子的学说不符合封建军阀卖国贼袁世凯、张宗昌和汉奸的需要，他们为什么尊奉孔子呢？如果由于封建社会尊奉孔子，就说奴隶社会的孔子为封建社会预先制定了一套上层建筑。不论在事实上、在理论上都是讲不通的。上层建筑只有在一定基础上形成，而不能预先订制。不论后人把孔子这个偶像如何改塑，春秋时代的孔丘对此不负责任。

1962 年

孔子的贡献和被后代的尊奉

孔子对于传统文化有过整理传播的功劳，后来流行的六经多半是经过孔子和他的学派加工整理的，孔子为了培养为统治阶级服务的人才，曾扩大了受教育面，客观上起了积极作用；孔子在哲学思想方面，初步地提出质和量的内在辩证关系，如他讲的“过犹不及”、“欲速则不达”，都包含着实践的真理；在文化问题上，他提出了文与质的辩证关系；他的“以德报怨”的原则，也体现了我们民族反抗外来侵略的正义精神，孔子对《易经》也曾进行系统的阐发，只是由于他的唯心主义世界观的局限，使他最后不得不落脚于形而上学，他的失误也足以为后人借鉴的。

本文不是全面地评价孔子，只是想从孔子的政治立场看孔子的哲学体系是唯物主义的还是唯心主义的，没有抹煞孔子的历史地位的意思。作为伟大的教育家、历史家、博学的学者，孔子在中国古代历史上占有极重要的地位，他的学说对中国封建文化教育起过积极作用。但伟大的教育家、历史家不一定同时在政治上就是进步的，世界观也不一定是唯物主义者。本来很难要求一个古人，是处处都好的“完人”。

也许有人会问，如果孔子的学说不代表封建地主阶级，为什么孔子在封建社会里能够“俎豆千秋”，成为封建帝王的“万世师表”？

奴隶制和封建制的意识形态、经济基础有许多很接近的地方，它比封建社会和资本主义社会的差别要小得多。资本主义也还继承了许多封建社会所遗留下来的一部分意识形态。奴隶社会与封建社会之间可以继承的就更多一些。所谓继承，当然不是说现成的拿来就用。而是说有些思想意识基本可用。比如说，结合中国古代的社会历史特点来看，宗法制度、等级制度、维护宗教制度的孝的伦理规范（纲常名教、片面服从关系），奴隶制到封建制虽有所损益，但基本精神差别不大。历代封建统治阶级所尊奉孔子的，不外是纲常名教，忠君孝亲的教条。其中，有些是孔子的话，有些是经过后代的思想家加工改造，不能完全看做孔子个人的东西。

古代历史上曾经流行过、并很有势力的学说、思想，并不只在于某种学说思想本身有特殊价值，更主要的是当时社会历史的需要。比如，基督教曾经笼罩了中古的欧洲，直到今天它还在资本主义社会中继续传播。基督教纵贯了欧洲的奴隶制、封建制和资本主义制度三个历史阶段。佛教也是导源于奴隶制的印度、风行于封建制的中国南北朝及隋唐。考查基督教和佛教的历史，他们的创始人都不是预先为后来的封建社会的上层建筑作好准备的，而是后来的封建统治者把它改造、加工后才发出封建社会的“神光”、“佛力”的。

也许可以说，封建社会所尊奉的是孔子而不是别人，足见孔子思想中有封建性的东西。不然，为什么老子、墨子没有被“俎豆千秋”呢？

这种疑问已有现成的答案。因为孔子代表的是奴隶主贵族，封建剥削者与奴隶剥削者在意识形态上有可以继承的，而老子、墨子不代表奴隶主贵族的利益，他们反对世卿世禄，反对宗法制、等级制，甚至主张自食其力，责难剥削，当然封建贵族不需要这样的偶像。

总之，认为中国封建统治者既然信奉孔子，所以孔子应代表封建地主阶级这样的推论的根据是很薄弱的。只能说封建统治阶级按照他们的阶级利益的需要去塑造他们的圣人，正如上古的奴隶主按照他们的阶级利益塑造“上帝”的形象一样。当然，塑造孔子的“圣人”形象和塑造上帝那种无中生有的形象还是有所区别的。从哲学史上看，汉代的孔子确与先秦的孔子不同，朱熹塑造的孔子又与汉代的孔子有所差异。中世纪的基督教和原始基督教、中国的佛教和印度原始佛教也有很大的差别。这些事实都值得作为评价孔子的借鉴。

1961 年

天文学与老子

天文学的研究，一方面靠观测，一方面靠计算。春秋后期的天文学的计算方法比过去进了一步，像日食、朔望的测算，历法的精确，都是天文学发展的证明，所以《老子》说“不窥牖，见天道”（四十七章）。当时的天文学的成就已可以完全通过计算推知星辰运行的规律，不必趴着窗洞看星辰就会知道日月星辰的运行的度数。这和孟子的“千岁之日至可坐而致”（《孟子·离娄》下）的说法有一致的地方。老子用这种办法推算星辰运行的躔度，本来没有什么不可以，但老子不适当地滥用这一天文学计算的方法，并把它当作一般认识的方法，说“不出户，知天下”，势必走向唯心主义，这就错了。

《老子》书中还说“天门开阖，能为雌乎”（十章），也是说人对待自然只能顺从它（雌即有顺、驯的意义），不能违抗它。下文接着说，“生而不有，为而不恃，长而不宰”，固然说的是“道”，却不难看出“道”的这些特点从天道运行引申出来的迹象。至于《老子》第二十五章：

有物混成，先天地生。寂兮寥兮，独立不改，周行而不殆，可以为天下母。吾不知其名，字之曰道，强为之名曰大。大曰逝，逝曰远，远曰反。

这里所说的“独立不改，周行而不殆”，显然是从“天道”的运行联系到“道”。“独立”（不以人的意志为转移）、“周行”（黄道、赤道上星辰的运行）都表明他从星辰的运行讲到道的运行的。下文的“大曰逝，逝曰远，远曰反”，更和天上星辰运行有关系了。春秋时代所用的岁星纪年法，约十二年一度移“次”，天上其他星辰的出没的轨道，一般说来总是高远的，有时消逝，到了一定的时期又回到原来状态的。当然，老子讲的是“道”是老子的哲学，不是讲的天文学，也不是讲的岁星和天象，但老子从天体运行的有规律可循，周而复始、不以人的意志为转移这些特点对“道”做了种种描绘，不能不使人想到当时的天文学对一个像老子这样的史官出身的思想家所起的影响。

也许有人可以说，《老子》书中这些现象只能用来说明老子的哲学词句曾借助于春秋时期的天文学知识，但老子的唯物主义思想是否也受了天文学的影响呢？这一疑问不难答复。上文举出的许多例子都可以证明老子的哲学的基本观念——道——是从“天道”发展来的。老子用当时天文学的知识对宇宙的奥秘进行了探索，根据天文学的知识（当时科学成就）以反对有人格的上帝支配一切，这是春秋时期唯物主义哲学的主要使命。这一使命老子完成得很好。只有掌握了当时足够的天文学知识，才会有效地说明天变不足畏，天道不神秘，有客观规律可循。也只有具备了一定的天文学知识，才会使人相信天不能对人类降祸、降福（天地不仁）。有了天文学的知识，就能有效地说明天象的变化、天道的运行有周期，有规律，是客观存在的，它不以人的意志为转移。天文学的知识开阔了人类的眼界，人们开始懂得一个人的人生是短促的，宇宙的存在是无穷的。客观世界存在在先，人及万物发生在后，这样得出唯物主义的结论就不会是偶然的了。

1959年

王夫之反对“道生天地”

天夫之认为脱离了个别的一般，事实上是不存在的，一般只能寓于个别之中。这也是唯物主义的基本观点。道在天地之先，不但理论上说不通，实际上也不可能。他用人身体的生存来作比喻：

今夫水谷之化为清浊之气以育荣卫，其化也合同，其分也纤悉，不然则病。道有留滞于阴阳未判之先而混成者，则道病矣，而恶乎其生天地也？（《周易外传》卷一）

这分明是反对老子的“有物混成，先天地生”的观点的。

王夫之这种见解，作为他自己的哲学见解是卓越的，但用它来反对老子的道生天地之说仍然是有问题的。因为老子的“道”即混沌状态的物质。如果要指出“道”或“无”的性质，它的性质就是混沌。而且老子指出，天地也是物质的。春秋以前，“天”一向被宗教家说成神或上帝，老子把它还原为与大地相对待的天空。老子说天地有开始，不能认为是错误的，天地本来是万物中的一物。只有那些说宇宙有开始才是唯心主义的。天地既然是物质性的东西，它必然由于气的聚散而有成有毁。从老子的唯物主义体系，论证未有天地之前已有物质性的道（混沌未分的元气），这是我国古代朴素唯物主义传统的见解，在理论上没有错误。

老子在中国哲学史上的贡献正在于他提出道生天地、道在万物之先的唯物主义命题以反对上帝在万物之先，上帝创造万物的宗教唯心主义观点。老子的时代与王夫之的时代相差一两千年，唯物主义的老子所反对的是春秋末期的宗教唯心主义上帝创造世界说。老子抬出了道，打击有人格的上帝的权威，理论是粗糙了些。但是这种粗糙的唯物主义与当时比较粗糙的唯心主义作战时，它还是最锐利的武器。因为在朴素唯物主义的第一和第二阶段，所争论的问题是：世界是怎么构成的，是由什么构成的问题。是上帝还是世界自己？是神，还是物质？老子对当时的哲学界争论的问题，作出了卓越的唯物主义的解答，对于人类的认识起了积极作用，这是无可否认的。

王夫之面临的哲学问题，已不再是春秋末期，人类幼年时期那么天真的问题了，他面临的是比较精致的唯心主义：有陆王的主观唯心主义；有程朱的客观唯心主义。他要回答有没有器外之道，物外之理？有没有超于万物之上的太极？他还要回答的是人们能不能通过事物的现象以认识事物的本质？规律在事物之中还是在事物之上？“个别”在“一般”之中，还是在“一般”之外？也就是说，用老子那样的早期的朴素唯物主义已打不倒后来的比较精致的唯心主义了。王夫之对老子哲学的批判，应当看作是后期的朴素唯物主义对前一时期朴素唯物主义的缺点的指摘。

1962 年

不可替古人讲清楚

回顾 20 年来关于老子的研究文章、著作，没有讲透的地方固然不少，但更多的失误，不是没有讲透，而是讲得太“透”，以至超出了

《老子》本书及其时代所可能达到的认识水平。因而讲得越清楚，离开《老子》本来面目越远。例如，主张老子是唯物主义的人们，把“道”解释为“物质实体”，就不对，至少不确切。春秋时期，不可能有近代哲学的“物质实体”的观念。《老子》不可能有这样明确的唯物主义观点。例如，主张老子是唯心主义的人们，把“道”说成“绝对观念”或“超时空”的观念。“物质实体”或“绝对观念”不仅老子本人没有，先秦任何一个哲学家都没有。我们哲学史工作者的任务在于把古代哲学思想用现代语言讲清楚，既不增加也不减少。我们替古人讲了他们还没有认识到的一些观念，这就造成了方法上的失误。历史唯物主义者要把古人所不大清楚的观念、范畴，如实地、准确地把他们的“不太清楚”的地方讲出来就对了。我们过去，往往失去了分寸，替古人讲清楚，反而造成了混乱，主观上要求有科学性，客观上造成不科学的结果。这个毛病不止表现在老子的研究方面，而在老子研究中所暴露的问题最明显。

1981年

发展观与老子研究

用全局观点来看局部的问题，就比较容易公平地对待古人。寻章摘句，深入分析，容易讲得很有条理，给人的印象也深刻，这是今人胜过古人的地方。讲哲学史必须牢牢抓住发展观，缺少发展观，往往只看见个别哲学家的言论，而忽略了哲学家所起的作用。30年来，我们牢记着必须用唯物主义与唯心主义的斗争作为哲学史发展的主要线索，贯串古今，我们取得了巨大成绩。但是没有真正理解马克思主义的哲学史的精神实质。唯心主义与唯物主义清清楚楚地分成两大阵营，应当是近代哲学的特点。在古代，有唯物主义与唯心主义的阵营，但不像近代哲学这样壁垒森严。这两大阵营各有各的体系，如自然观、认识论、方法论、逻辑学，在各自的体系内占有一定的位置，它们之间基本上是协调的，不协调的是例外。而在古代，更多的情况是不协调，比如认识论和自然观有时不一致，这方面是唯物主义的，另外方面则是唯心主义的。同一个哲学家的思想体系里，自己和自己矛盾的情形也是有的，这就是我们常说的“不彻底”性。不彻底的唯心主义哲学家，随处都是，这就要求哲学史工作者慎重地来划分阵营，“一刀切”的办法，不但不能搞好当前的生产管理，处理古代的哲学家也不能这么办。

老子研究也容易犯“一刀切”的毛病，一刀切在唯物主义一边，往往给唯心主义那一边造成困难；反过来也是一样。这也是长期双方争论不得很好解决的一个原因。有的句子，老子自己没有讲清楚，更多的情况下，连老子自己也没有想到过，我们一定要把它分类、归档，就难免生硬处理。老子书中有些话，一望就知是唯心主义或唯物主义的，这个好办；但是确有一些话，可以这样理解，也可以那样理解，而这一类的话在《老子》中占有相当数量，远不止一句两句。如果这类的话恰恰是关键性的、结论性的，那就更增加了研究中的麻烦。过去我的处理办法是看它的基本倾向性来定它的唯物主义或唯心主义。这么办，自己运用时不失为一个办法，也能言之成理，但用来说服对方，往往无效。因为基本倾向性毕竟不能代替确凿的结论。

如果把哲学史看做人类认识发展史，按照马克思主义的研究哲学史的指导原则，我们就有了较多的主动权。衡量某哲学家或某学派的作用、地位，主要看它在认识发展中所起的作用，提出了什么新的范畴，解决了什么新问题，在人类认识世界的过程中有没有贡献，贡献是大是小。那么，即使遇到像老子这样难以划分唯物主义或唯心主义的哲学家，也不难给他安排一个适当的历史地位。在认识史上有贡献，该肯定就大胆肯定，不必因为他有唯心主义的观点，就缩手缩脚。没有贡献，只是重复前人的结论，又不能推动认识的前进，即使是唯物主义者，也不能在哲学史上把他摆在重要的地位。

从哲学史的发展来衡量老子，看他提出的命题，如无神论的天道观，如强调自然规律必然性，第一次提出“无”作为万物之本的负概念——无的范畴，都是人类认识前进的重要里程碑，这就用不着被唯物主义和唯心主义的长期纷争所困扰而不能前进。

当然，对老子的哲学是唯心或唯物，还可继续探讨，可以在不同部门中（如自然观、认识论……）分别定性；也可以根据它的总倾向概括定性。只要不再像过去那样，替古人说他还没有可能想到的话，不拔高古人来为今人论证，老子研究还大有潜力可挖。

成功的经验固然是知识的财富；亲身走过的弯路，只要认真总结，往往可以更有利于指导人们迅猛前进。

1981 年

《孙子兵法》中的哲学

由于《孙子兵法》规模宏远，它不同于一般的兵书，其思想方法已进入哲学领域。1961 年，我们编写大学用的中国哲学史教科书时，为《孙子兵法》一书设有专章，集中讨论该书的军事辩证法思想，《孙子兵法》开始引进大学哲学的课堂。书中指出《孙子兵法》中的朴素唯物论和军事辩证法思想的丰富内容不局限于战争这一社会现象，在认识论、方法论上也具有一般哲学意义。它自觉地运用辩证法思想和从唯物主义观点去观察战争，是在哲学世界观指导下进行的。它是辩证法的发展、深化，涵摄范围比老子狭窄，但精密和明确程度则有所提高。老子认为柔弱胜刚强是无条件的，《孙子兵法》进一步指出，在没有转化的条件之前，弱还是弱，不是强；在没有转化的条件之下，弱不能胜强。因此，在战争中，要避免“以少合众，以弱击强”（《地形篇》），否则就会招致失败。《孙子兵法》提出“兵无常势，水无常形，能因敌变化而取胜者谓之神”（《虚实篇》）。此外，发挥主动性、争取主动的思想也有胜过老子消极被动的地方，如“善战者致人而不致于人”（《虚实篇》）。“善攻者，敌不知其所守；善守者，敌不知其所攻”（《虚实篇》）。充分发挥人的能动作用，才会“以迂为直，以患为利”（《军争篇》），变不利条件为有利。他避免了老子辩证法哲学看不到主观能动作用的缺点，达到比较深刻的结论。

《孙子兵法》说：“知己知彼，百战不殆；知地知天，胜乃可全”（《地形篇》），不但是用兵作战的真理，体现了唯物主义认识论反映论的精神，也体现了从矛盾双方的特点去认识事物的辩证法思想。还要指出，古人的认识论，不可避免地受到历史和阶级的局限，所达到的高度不能不受朴素的自发的辩证法可能达到的高度的局限。他看到战争与政治、经济有密切关系，但没有分清战争与经济是什么关系，比如“战争是政治的继续”这样深刻的认识，《孙子兵法》是无法企及的。儒、墨两家都指出战争有正义与非正义的原则区别，正义的战争应当支持，不正义的战争应当反对。《孙子兵法》看不出有这样的认识。由于剥削阶级的局限，孔子、老子都有愚民政策，孔子的“民可使由之，不可使知之”，老子的“民之难治以其智多”，《孙子兵法》也有愚兵政策，如“置之死地而后生”，对兵士采取迫胁手段。他看到战争不宜旷日持久，主张速决，这与当时侵略、兼并的形势有关，却不能理解战役的速决和战略的持久的辩证关系。它只看到将帅在战争中的作用，看不到人民群众对战争的作用。这一点，比他稍后的孟子、荀子都比《孙子兵法》有更深刻的见解。如孟子、荀子都提出过，正义的战争，得到人民的支持，以落后的武器装备可以战胜有先进装备的军队等有价值的理论。

正是因为《孙子兵法》没有深层次地认识战争，不能区分正义战争与非正义战争，才有战国时期受聘用的职业兵家专门为人带兵打仗。当代人不但用《孙子兵法》的一些原则指导用兵，还有用来指导商业竞争和企业管理，指导体育比赛，也经常收到奇效。

我国用历史唯物主义观点来研究《孙子兵法》，是在新中国建立以后的事。这一领域有待于进一步开发的问题还很多，大有发展的余地。

1992 年

庄周的“回到原始”

庄周反对有剥削、有压迫的文化，指出统治者满口仁义道德的虚伪性，并指出了“至德之世”素朴无文的可贵。他没有认识到给人类带来阶级压迫痛苦灾难的不是“文化”和“知识”本身，而是剥削制度。庄周当然更不懂得剥削制度，在一定的历史时期把原始公社的发展，推向更高历史阶段，它是有利于历史发展的；他的错误在于他在反对阶级剥削和压迫的同时，对一切文化制度一律反对。好像文化本身给人类带来无穷的灾难，因而希望回到蒙昧时期，这是十分错误的，是反历史的。但是人类社会在很长的远古时期内是没有阶级压迫的，在今后的更长的时期内也将是没有阶级压迫的社会。庄周指出阶级剥削和压迫应当消灭，这种要求完全是合理的，也是可以理解的。正是由于庄周这些人从劳动者、小生产者的愿望出发，才提出消灭剥削的理想，他和站在剥削者立场的孟子主张“劳心者治人，劳力者治于人”形成了尖锐的对比。

庄周这种“回到原始”的号召，也可以反映出古代农民大同思想、平均思想、自给自足的小生产者的美好理想的萌芽。这种“向后看”的倒退观，却包含着打破现状，要求前进的合理内核。庄周以后，如《礼运》中的大同思想，南北朝鲍敬言的无君论思想，以及历代的平均主义、农业社会主义思想，都是在不满于现状的条件下，以缅怀往古的形式，透露出瞻望未来的信念。

小农思想本来就有其落后面，在没有得到先进的阶级领导的历史条件下，落后面时常起着作用。但落后思想还不能说就是反动的。庄周的复古主义，和五四时代抗拒新文化的彻底反动的复古主义性质上有所不同。

1961 年

后期庄学：从天道自然无为到宿命论

为了反对有一个万能的上帝，老子开始提出了物质性的道。道是事物的最后物质根源，又是事物的总规律，因为它具有不同于任何具体事物的特点。老子提出了道，并强调了道之区别于具体的、个别事物的特点，但老子讲得不够明确。后期庄学从唯心主义观点歪曲了老子的学说。《大宗师》说："大道有情有信，无为无形。可传而不可受，可得而不可见。自本自根，未有天地，自古以固存。神鬼神帝，生天生地。在太极之先而不为高，在六极之下而不为深，先天地生而不为久，长于上古而不为老。"这都是对老子的道所作的唯心主义的解释，强调了道是脱离一切事物的神秘的精神。在《齐物论》中又说："有始也者，有未始有始也者，有未始有夫未始有始也者；有有也者，有无也者，有未始有无也者，有未始有夫未始有无也者。俄而有无矣，而未知有无之果孰有孰无也。"意思是说，世界有它的没有开始，推上去，还有它的未开始的未开始。这就是一种神秘主义的答案了。又说，世界有"有"，有"无"，再推上去有"没有有和无"，再推上去连"没有有和无"也没有。这就陷入虚无、神秘主义的深渊。但后期庄学并没有到此止步，它说，究竟世界是真有还是真无，也无从知道（"未知有无之果孰有孰无也"），这就是彻底的唯心主义了。老子也讲到世界最后的根源是物质性的道，是混沌状态的气，说不上固定的形象，叫做无，所以认为无比有更根本。但老子有时混淆了无形无象的无和空无的无的区别。他说房子不止是有墙壁门窗，有了墙壁门窗中间的空虚部分，才起了房子的作用，器皿有了中间的空虚地方，才可以盛东西，起了器皿的作用。老子这里说的房子、器皿中间的空虚部分的“无”是空隙，是空无而不是处于混沌状态的无定形的物质。老子在这里把“虚无”说成比“有”更根本，造成了理论上的漏洞。后期庄学却利用了老子哲学中这一错误观点，并沿着这一错误方向继续前进。他说：“古之人其知有所至矣，恶乎至？有以为未始有物者，至矣，尽矣，不可以加矣；其次以为有物矣，而未始有封也；其次以为有封矣，而未始有是非也；是非之彰也，道之所以亏也。”（《齐物论》）后期庄学所谓“古之人”就是他认为认识正确的人，“古之人”认为世界最初未始有物，后来有了事物，后来有了名词、概念，后来有了是非。是非观念的明确化，意味着道的完整性遭到破坏。后期庄学把无、无名理解为超越认识范围之外，不可言说的神秘的本体了。

《齐物论》用形象化的语言论述大风的声音时，说“夫吹万不同而使其自已也。咸其自取，怒者其谁邪？”这是说风是自己在吹的，是“自取”，并不是有什么外在怒者使它发出不同的声音。只就它反对有一个所谓造物者、上帝这一点说，它不是没有积极意义的。但是它完全排斥人对于自然界的作用，所以在讲到人在自然界的地位时，陷入唯心主义、宿命论的错误。它说：“日月出矣，而爝火不息，其于光也，不亦难乎？时雨降矣，而犹浸灌，其于泽也，不亦劳乎？”（《逍遥游》）意思是说，自然界最崇高，人力是不能超越的，人类只能当自然的俘虏。在道或自然面前，人只有听它的安排、摆布，完全无法掌握自己的命运：“一受其成形，不忘以待尽，与物相刃相靡，其行尽如驰而莫之能止，不亦悲乎？终身役役而不见其成功，苶然疲役而不知其所归，可不哀邪？”（《齐物论》）

当它反对上帝有意志、神的“能动”作用时，强调了道的自然无为、无知的特点，不失为一种反对宗教目的论斗争的方式。但这种宣扬天道自然无为的主张，摆脱了目的论，立刻陷入了宿命论。它说：“知其不可奈何而安之若命，德之至也。”（《人间世》）又说：“死生、存亡、穷达、贫富、贤与不肖、毁誉、饥渴、寒暑，是事之变，命之行也”（《德充符》）。后期庄学宣称，“命”（冥冥中决定一切的主宰者）是定数难逃的。他们认为寒暑、死生、饥渴这些自然现象和由阶级压迫所造成的穷达、富贵、毁誉等社会现象都是人力无法改变的（当然社会上阶级的出现，也是必然的，它的规律也是不以人的主观意志为转移的，这是更深一层的意思，战国末期还谈不到有这样的认识）。他们赶走了上帝，请来命运之神，“命”对于自然和社会现象成了人们无法驾驭甚至无法理解的神物了。荀子评论庄子的哲学时说它“蔽于天而不知人”（《荀子·解蔽》），荀子并据此指出“蔽于天而不知人”将导致只能因循，不能创造的后果（“由天谓之，道尽因矣”）。荀子的这个批评是有道理的。

后期庄学认为道既然普遍存在于“一切”，它就不应当存在于一物。把道看做超于一切物之外的实体。这样的实体，正是唯心主义的精神实体。《齐物论》自设问答论述了这种唯心主义观点。它说，道被什么所隐没才产生了真和伪？是由于局部事物的形成，才造成道的亏损的（“道恶乎隐而有真伪？”“道隐于小成”）；对于任何具体事物的完成（或形成），同时对于道的全体来说反而是一种破坏。《齐物论》中说：“有成与亏，故昭氏之鼓琴也；无成与亏，故昭氏之不鼓琴也。”鼓琴不论奏出什么调子，比如表现了悲伤的曲调是“成”，但对于表现喜悦以及其他感情的曲调来说，就是“亏”。照这样的逻辑，不要音乐才是最丰富的音乐。《齐物论》正是把老子的“大音希声”，“大象无形”，作了唯心主义抽象的理解。把全体与局部的关系对立起来。只要全体，不要局部，结果既失去了真正的全体，也否认了局部。离开局部也就没有全体，后期庄学所说的超乎一切东西之上的道，也是不存在的。这样的道只能存在于他们的头脑里。

1962 年

后期庄学：从相对主义到虚无主义

《齐物论》关于认识论的相对主义观点，表现在以下三个方面：

第一，《齐物论》认为认识的对象的性质是相对的，是没有分别的，因而它的性质是无法认识的。它说："故为是举莛与楹，厉与西施，恢、诡、谲、怪，道通为一。其分也成也，其成也毁也，凡物无成与毁，复通为一。"不论是细小的莛和粗大的楹，丑的、美的，宽大与狡诈，奇怪与妖异，它们最后总是一样。一个东西的分散也就是合成，合成也就是毁灭；无论成与毁，结果总是一样。后期庄学首先抓住事物有相对性这一个方面，把它夸大、绝对化之后，又进一步取消了认识对象的质的规定性。它指出事物的成和毁，是有相对的一方面，是对的，但"成"毕竟不就是"毁"，因为它有相对的稳定性。美与丑有主观的因素，对个别事物也有时难以划出美丑的绝对界限。但是美和丑毕竟不能因此完全混淆、等同。在这里利用事物的某些特殊现象，做出了违反科学，不合常识的结论。

《德充符》篇也说，"自其异者视之，肝胆楚越也；自其同者视之，万物皆一也"。照它的意思，肝胆之间是否像楚越那样相去千里，是很难判断的，只看认识者用什么观点去看它；万物是不是真有差别，也难肯定，只看认识者用什么观点去衡量它。事物的差别，后期庄学认为，不在事物本身，而在于认识者的态度、看法。由此他们必然得出结论：事物没有客观的性质，一切性质全是被主观方面的认识者加上去的。现在再回头考察《秋水》篇所谓"以……观之……"的那些重重叠叠的所谓观察事物的角度，好像十分"客观"，毫无成见和偏见，实际上，他们是有意列举各种观察角度以论证客观事物本身没有固有的特点、性质，性质是人给它们加上的。结果，只能得到对象无法认识的结论，最好是不去认识。

第二，对于主观认识能力，《齐物论》认为也是相对的，没有客观标准，因而得出认识不可能的结论。

《齐物论》说："啮缺问乎王倪曰：'子知物之所同是乎？'曰：'吾恶乎知之？''子知子之所不知邪？'曰：'吾恶乎知之？''然则物无知邪？'曰：'吾恶乎知之？'"这段近似离奇的问答很能代表《齐物论》对待知识的态度。王倪对于啮缺的问题给他一个一问三不知。不过最后他还是申明了他对人类认识能力的看法，他说："虽然，尝试言之。庸讵知吾所谓知之非不知邪？庸讵知吾所谓不知之非知邪？"《齐物论》认为如果一定要讲认识的问题，实在无法判定所知的是不是真正的知。《齐物论》说：人睡在潮湿的地方会得腰痛病，泥鳅也这样吗？人爬到高树上感到胆怯，猿猴也这样吗？这三者（人、泥鳅、猿猴）究竟算谁知道正当的住处呢？毛嫱、丽姬，人以为是美人，鱼见了她们吓得深入水底，鸟见了她们吓得高飞，麋鹿见了她们赶快跑开，美不美，究竟以谁（人、鱼、鸟、麋鹿）的尺度作为衡量的标准呢？由此，《齐物论》的作者得出结论说，"自我观之，仁义之端，是非之涂，樊然殽乱，吾恶能知其辩？"这就是说认识者没有认识的能力，无法取得所谓正确的认识。

《齐物论》不但怀疑一般正常认识的不可能，并由此进而对于认识者究竟是不是在认识，也进行怀疑；再进而对于"怀疑认识者的怀疑"也提出了怀疑。它说："梦饮酒者，旦而哭泣，梦哭泣者，旦而田猎。方其梦也，不知其梦也，梦之中又占其梦焉，觉而后知其梦也。且有大觉而后知此其大梦也；而愚者自以为觉，窃窃然知之！"只有它所谓"大觉者"才能以怀疑一切的态度对待认识问题，把醒与梦看得无所谓差别：从梦的立场看醒，醒也是梦；从醒的立场看梦，梦也是醒。《齐物论》还用了一个寓言式的故事说明这种不可知论的观点：有一次庄周梦为蝴蝶，他难于搞清楚，是庄周做梦，梦中变为蝴蝶呢，还是现在的庄周的活动是蝴蝶所做的梦？《齐物论》最后的结论是，不但一般人没有认识事物的能力，就是最高智慧的"至人"也不能解答这个问题。只是"至人"比一般人高明的地方不在于他能正确地认识什么，而在于他根本放弃认识，以"不进行认识"作为"认识"。《养生主》说，

"吾生也有涯而知也无涯，以有涯随无涯，殆已。"这句话的上半句是说生命是有限的，知识是无限的，这半句话原不算错。他们错在如何对待有限的生命和无限的知识的关系。人类正是经历了世世代代的努力，不断地从认识世界、改造世界的实践中不断前进，才取得今天的成就，才不断地从必然王国向自由王国飞跃，根本不存在什么"殆已"的后果。后期庄学为了避免"殆已"，最好是不进行认识活动。这是一种彻底的以"不能知"来论证的不可知论。

第三，对于真理的标准问题，有没有是非、真假，《齐物论》也做了不可知论的论证。

《齐物论》提出关于判别是非有没有标准的问题，用什么作为标准的问题。最后提出，探求关于事物的是非、真假有没有意义，应该不应该的问题。他们能够提出这些问题，无疑地对于中国哲学史上认识论的发展有刺激作用，但是它的答案都是错的。它所犯的错误，作为反面教材，很值得借鉴。

《齐物论》认为当时儒墨各派互相争论，乃"以是其所非而非其所是；欲是其所非而非其所是，则莫若以明"。这是说儒墨各自都用自己所认为是错误的去互相批评对方所认为是对的，他们这样做，那就不能搞清楚是非。《齐物论》认为谁也没有能力判断别人的是非。它说：假使我和你进行辩论，你胜了我，我辩不赢你，难道你果真就对，我果真就错了吗？我胜了你，你辩不赢我，难道我果真就对，你果真就错了吗？还是有一个对另一个错了呢，还是两人全对丁或全错了呢？我们两人无法决定谁对谁错，那么请谁来决定呢？使跟你意见相同的人决定，他既然和你的意见一样，又怎能决定呢？使跟我意见相同的人决定，他既然和我的意见一样，又怎能决定呢？使和我两人意见都不同的人决定，他既然和我两人的意见都不一样，又怎能决定呢？使和我两人意见相同的人决定，他既然和我两人的意见相同，又怎能决定呢？那末我和你和第三者都不能知道谁对谁不对还等谁来决定是非呢？照《齐物论》的逻辑决定是非是不可能的，因为没有一个客观的、共同的标准。

《齐物论》这种否认是非有客观标准的不可知论的观点和它的唯心主义、神秘主义世界观是密切联系着的。因为它认为道是不可知的，世界本身是不可以用感觉、用理性以及任何认识的方法可以认识的。它认为“道隐于小成；言隐于荣华”。就是说，持有局部的见解（小成）的人才看不见道。持有辩才的人才不了解真正的言。因为“大言炎炎，小言詹詹”，是非总归是讲不清楚的，你有你的是非，他有他的是非。不但对不同的意见难于判定谁是谁非，甚至连你、我，彼、此，也难于分别得清楚，“是亦彼也，彼亦是也。彼亦一是非，此亦一是非，果且有彼是乎哉？果且无彼是乎哉？彼是莫得其偶，谓之道枢”。这是说是与非，彼与此，根本说不上有什么对立面的关系（“莫得其偶”），没有对立，自然也不需要对它们进行分别。所以说，“枢始得其环中以应无穷”。环是无端（开始）的，环的任何一部分都可以说是起点，也都可以说是终点。取消了对立面，就可以“应无穷”。应无穷的方法是以不辩为辩，以不说为说，以不认识作为认识。它认为仅仅停留在分别是非的阶段，是非总是说不清楚的，“是亦一无穷，非亦一无穷也，故曰莫若以明”，又是一个“搞不清楚”（“莫若以明”）！

既然“莫若以明”照《齐物论》的体系，是以不分别代替分别，从根本上取消了认识。他说：“以指喻指之非指，不若以非指喻指之非指也。以马喻马之非马，不若以非马喻马之非马也。天地一指也，万物一马也。”（关于“指”与“马”，学术界有不同的解释，今采郭沫若《十批判书》的解释）这是说，天地、万物并不真正是客观存在着的实物，不过是个符号。任何概念都不能反映事物，既然不能反映，就不如干脆连这些符号也一并取消。不表示，倒是最完全的表示。这和他所讲的不鼓琴反而能表达最完整的曲调，是同样的神秘主义的思想方法。

《齐物论》的认识论的相对主义有它的特点。它看到了人们任何时候，认识都不免带有局限性、片面性这一事实。指出并承认这一点，无疑对于取得正确认识是有好处的。它自觉地、反复地提醒人们注意到这一点，是有它的积极意义的。仅就这一点来说，后期庄学对中国哲学史上的认识论有促进的意义，至少它从认识的主观能力，对象，是非标准各方面深刻地提出了问题，深刻的程度超过了以前和同时代的哲学家。就这一意义说，后期庄学丰富了中国哲学史上的认识论。但是，他们对于所提出的问题完全做了唯心主义的错误解答。他们不仅论证知识不可靠，对象不能知，而且通过相对主义的认识论，引导人们走向虚无主义，用取消一切的态度来对待认识、对待现实世界、对待生活。

1962 年

后期庄学：无条件的精神自由

庄子自己辞却楚王的礼聘，不肯为相，他的理由是“无污我”，“无为有国者所羁，终身不仕，以快吾志焉”（《史记·老子韩非列传》）。庄子所要求的是个人的精神自由（“以快吾志”）。这里有某些消极反抗的因素，但后期庄学在《逍遥游》中却只从消极方面着眼。后期庄学把这种逃避现实的倾向形成为哲学，提出所谓追求精神自由的理论。他面对现实世界与个人的主观希望的矛盾，设想出许多所谓解决的办法。《逍遥游》说，大鹏飞翔，要靠大风和长翼的帮助；行千里的人，要带着三月之粮。这是一般生活的规律，这样的生活，说不上自由。列子能轻妙地乘风飞行，并能达半月之久，比起一般人，总算自由了（可以不走路），但是他还要有风才行；没有风，列子也将失去“免于行”的自由，而且，他所能去的地方仍然是有限的（据《逍遥游》意译）。《逍遥游》认为，这些所谓自由，都是有条件（“有待”）的，不算真正的自由；真正的自由是“乘天地之正而御六气之辩（变），以游无穷者，彼且恶乎待哉？”《逍遥游》认为一切有待的自由都不能离开客观条件（“有待”）；可是任何条件都是对自由的限制；要求绝对的自由，又要绝对地离开条件限制，后期庄学把问题提得十分突出，并对这个问题给了答案。

《逍遥游》认为一般人所以不自由，是由于他“有己”；受条件限制的是每个要求自由的“自己”。它说“至人无己，神人无功，圣人无名”,“至人”、“神人”、“圣人”是庄子认为理想的人格的不同的称谓，三者都是一种人。像这样的圣人，他不感到自己的存在（无己），自然也不会有所积极建树（无功），他可以不顾别人对自己的毁誉（无名），因而精神上是自由的。《大宗师》所描绘的“真人”是“其寝不梦，其觉无忧，其食不甘，其息深深。真人之息以踵，众人之息以喉”。“真人”还“不知说（悦）生，不知恶死。其出不欣，其入不距，翛然而往，翛自然而来而已矣”。“真人”和一般人不一样，他不仅生活与众不同；更主要的是对待生活的态度与一般人不同，他对待生，也说不上特别高兴，对待死，也说不上特别不喜欢。自然地生下来，又自然地死去。后期庄学所描绘的这种圣人（或真人、至人），现实世界里是不存在的，只能存在于虚构的精神世界里。在《德充符》，后期庄学故意把它歌颂自由理想人物说成肢体残缺、形貌支离的怪人，但这些人物的精神状态又被描绘成完美无缺的典型，“德有所长，而形有所忘”。

后期庄学又分析了人们通常所感到的现实生活的不自由，不外生死寿夭、富贵贫贱、得失、毁誉这些客观原因。这些原因有的属于自然现象，有的是阶级社会的社会现象。后期庄学对自然界，采取了虚无主义的态度，以精神性的道代替物质性的道，陷入唯心主义；对社会现象，不敢抗议，不敢诅咒，而是一再宣扬无条件的精神解脱法。他们的原则是引导人们“忘”却那些不合理，心里就痛快了，自由了。但是它却倒转来，故意说成现实社会本来就适合于人们的生活，一切苦恼，都是自寻出来的。关于死生的问题，《大宗师》说：“死生命也，其有夜旦之常，天也。”《人间世》说：“知其不可奈何而安之若命，德之至也”。把死生问题归结为命运的安排，就不会苦恼。关于得失的问题，《大宗师》说，有所藏即有所失，无所藏即无所失。“藏舟于壑，藏山于泽，谓之固矣，然而夜半有力者负之而走，昧者不知也”，最安全避免损失的办法是“藏天下于天下”，无所得，也就不会失了。

关于毁誉的问题，《大宗师》认为“与其誉尧而非桀也，不如两忘而化其道”。用“忘”的办法对待毁誉，毁誉对自己就不发生干扰了。关于富贵贫贱的问题，《大宗师》也教人不要追究造成贫困的原因，如果处于贫困的地位，不但不是坏事，还应感激造物者，认为这是出于它的善意的关怀。《大宗师》记载子桑在贫困中，穷得吃不上饭，他却自己安慰自己说：“吾思夫使我至此极者而弗得也。父母（把造化比做父母）岂欲吾贫哉？天无私覆，地无私载，天地岂私贫我哉？”使他陷于贫贱的是“命”。找到了仁慈的“命”，他心安理得了。

《大宗师》提出的精神解脱法，是“堕肢体，黜聪明，离形去知，同于大通，此谓坐忘”。坐忘，是彻底的，无目的的“忘”，它把“坐忘”看做获得精神自由的总原则。坐忘，就可以达到与天地万物混然一体的神秘精神境界。陶醉在这样的神秘精神境界里，从思想上泯除了人与人之间、人与物之间的差别界限。

后期庄学追求所谓绝对的个人的自由，不是有所不为，而是无所谓“为”或“不为”。《大宗师》认为人们之所以应当忘了自己，因为本来就没有一个自己，它说“夫大块载我以形，劳我以生，佚我以老，息我以死，故善吾生者乃所以善吾死也”。这就是说世界对每个人都是最合适的，如果有人以为不合适（不自由），那是他自己的认识不正确；认识方面之所以不正确是由于他没有忘了“自己”。它认为所谓“自己”本来是不存在的。《大宗师》说“今之大冶铸金，金踊跃曰：‘我且必为镆铘’。大冶必以为不祥之金。今一犯人之形，而曰：‘人耳人耳’，夫造化者必以为不祥之人。今一以天地为大铲，以造化为大冶，恶乎往而不可哉”？

表面看来，后期庄学力图论证“无己”，宣扬坐忘。实际上，它的无己，并不是真正的无己，而正是为了“己”，“坐忘”也不是真正忘了一切，而是为了在幻想中满足他们的精神自由。这正如它在认识中一再宣扬排除主观，甚至连什么“观”也不要，实际上正是为了引导人们走向主观主义的道路。

后期庄学自由思想，是沿着老子的唯物主义哲学中的薄弱环节和错误的观点发展的必然结果。这种思想反映了奴隶主阶级在封建势力强大后，没有前途、失去信心的失败主义精神状态。他们认为，即使在极端恶劣的环境中和危险的人物相处，也要尽量设法保全自己。它说："彼且为婴儿，亦与之为婴儿；彼且为无町畦，亦与之为无町畦；彼且为无崖，亦与之为无崖；达之入于无疵"（《人间世》）。这是说，随声附和，随大流，就可免于灾害。他像婴儿那样无知，自己也跟着学他那样无知；他不守规矩，你也跟着学他那样不守规矩；他随随便便，你也跟着学他那样随随便便。

1962 年

庄周的绝对运动观

庄子特别强调运动绝对性，而不承认有相对静止。在《田子方》中有这样一个寓言，是颜渊和孔子讨论为什么颜渊追不上孔子的。颜渊说，你走我也走，你跑我也跑，为什么你飞快地跑在前边，我永远追不上你呢？孔子说，日出于东方而入于西方，世界上万事万物都随着它变化、生死。我自从出生之后也在这变化的大流中，日夜不停地变动。"吾终身与汝，交一臂而失之，可不哀与！女殆著乎吾所以著也。彼已尽矣，而女求之以为有，是求马于唐肆也。"我终身赞许你，手把着手，终于失落了。这恐怕是因为你总想在我曾经落脚地方落脚，那个地方已经变化，不再存在，你认为它还存在，拼命寻找，这正像到马跑过的地方找马一样，是永远找不到的。庄子是说一切皆变，而且变到这种程度，一个人所走过的路，别人永远不能再走。

庄子从运动绝对性出发，批判了认为社会制度、仁义礼知等等永远不变的观点。他说："仁义，先王之蘧庐也，止可一宿而不可多处，觏而多责。"（《天运》）仁义是先王的旅馆，只可住一宿，不可多住，住久了就要出毛病，受责难。他又说：“故礼义法度者，应时而变者也。今取猨狙而衣以周公之服，彼必龁啮挽裂，尽去而后慊。观古今之异，犹猨狙之异乎周公也。”礼义法度不是永远不变的，要根据时代的变化而变化。古今之不同，正如猴子和周公不同，不能强令一致。这个批判是对孔子主张周礼百世不变形而上学思想的冲击，有很重要理论意义。

但是庄子否定相对静止则是错误的。绝对运动与相对静止是相互联系相互依存的。没有相对静止，运动就没有衡量的依据，以最简单的机械运动为例，在一个系统中如不把某一点看作相对静止的，其他任何点的位置移动都无从考察。当然相对静止不是为了观察的方便假设的，它是客观的、真实的。任何事物的运动、发展总有相对稳定、相对平衡的状态，这就是相对静止。事物在相对静止阶段上为未来的质变准备条件。恩格斯说：“物体相对静止的可能性，暂时的平衡状态的可能性，是物质分化的根本条件，因而也是生命的根本条件。”(《自然辩证法》) 不言而喻，也是社会存在的基本条件。庄子把存在着生命和社会的地球，描写得和太阳表面一样瞬息万变，他的目的还是为了贬低当时的社会，把它看作过眼云烟。

庄子曾经用运动变化的观点，思考生物界的发展问题。

> 种有几，得水则为㡭，得水土之际则为蛙蠙之衣，生于陵屯则为陵舄……羊奚比乎不箰，久竹生青宁，青宁生程，程生马，马生人，人又反入于机。万物皆出于机，皆入于机。(《至乐》)

“种有几”是说物种中具有万物的朕兆，种在水中生成 㡭(有人注为“续断”)，在水土之间变为青苔（“蛙蠙之衣”)，在陆上变为车前(“陵舄”)。经过一系列希奇古怪的演变之后，终于生出了人类。人类还要回到“机”即运动着的天地阴阳中去。因为古人缺乏生物学的知识（包括生物分类学的知识)，错误地把种属关系极远的生物，甚至动物和植物之间都看作互相产生的，这当然是错误的，与近代的生物进化论不可同日而语。但是他试图用一个发展的纽带把生物界统一、联系起来，并且猜测生物由水生到陆生的发展，在当时是难能可贵的。

庄子发展观的根本弱点是最终逃不脱循环论。古代社会进步缓慢，小生产落后的狭隘性不能产生科学的发展观。人们看到日之升落，月之圆缺，四时之嬗递，形成了循环的观念。庄子也不例外。他说："万物皆种也，以不同形相禅，始卒若环，莫得其伦，是谓天均，天均者天倪也。"（《寓言》）万物的发展如"程生马，马生人"那样，是不同事物的更迭。发展的起点与终点一样，"出于机"又"入于机"，因此整个进程是循环，找不到先后的次序，世界在不停地旋转，像陶工用的均（使陶器成型的旋转工具），所以叫作天均，它没有端倪可寻，是无倪之倪，所以叫作天倪。发展有这样的特点：在发展的高级阶段似乎重复着低级阶段的某些特点，新东西仿佛向旧东西复归。但是决不能把发展归结为单纯地重复或循环。发展是无限的螺旋式上升的过程，其中包含着内容或本质的提高和进步。庄子不能摆脱循环论，看不到这个提高和进步，因而看不到人类社会的前途。这是他复古思想的认识论根源。

1963 年

虚静和游世

在否定名利欲望和庸俗生活的同时，人们应该怎样建立符合自然本性的生活呢？庄子认为最重要的是求得心灵的虚静，提出他的养神之道："故曰纯粹而不杂，静一而不变，淡而无为，动而以天行，此养神之道也。"（《刻意》）养神的结果是与神合而为一，并且与天合而为一。他说："纯素之道，唯神是守，守而无失，与神为一，一之精通，合于天伦。”（《刻意》）达到这种境界，可以长生久视，游于天地之间。但是要达到虚静，条件是非常苛刻的。庄子在《庚桑楚》中要求，人们不仅要去掉贵、富、显、严、名、利六种欲望，而且要去掉容、动、色、理、气、意、恶、欲、喜、怒、哀、乐等情绪，甚至要去掉去、就、取、与、知、能（即知识）、能力和行动的意向。庄子用“形若槁骸，心若死灰”（《知北游》）来形容这种精神境界，行动时就像灌园老人一样，宁愿用瓦罐跑上跑下地打水，而决不用桔槔，据说有了桔槔这种“机事”，便会有不可测的“机心”，虚静的心境，古朴的生活，将遭到破坏。

这种虚静要求消除人的感情、知识、能力、行动的意向，取消先进的物质文明哪怕是桔槔那种提水工具，因而是无论如何行不通的。

避世得不到自由，迫使隐者游世，就是不离开社会，但又不陷在社会的灾难之中。庄子对游世也做了理论的说明。他说：“唯至人乃能游于世而不僻，顺人而不失己。”（《外物》）所谓僻即淫僻之行。他曾说：“夫适人之适而不自适其适，虽盗跖与伯夷，是同为淫僻也。”（《骈拇》）可见庄子认为仁义或货财而残生损性都是淫僻之行。至人能游于世而不为仁义货财所动，能顺着别人而不丧失自己的根本主张。在另一个地方庄子又把游世称作“乘道德而浮游”，那情形是“无誉无訾，一龙一蛇，与时俱化，而无肯专为；一上一下，以和为量，浮游乎万物之祖……”（《山木》）这就是说，世人抱瓮而灌，我也不妨抱瓮而灌，世人用桔槔提水，我也不妨用桔槔提水，在这些方面无可无不可。这是一种与时敷衍的处世态度。

庄子认为，从精神状态看这便是“忘己”、“无己”的境界。达到这种境界便可以与天为一，与道为一，能够物物而不物于物的妙用。他说：“无不知也，无不有也，澹然无极而众美从之”，这是说忘了一切便有了一切，一切的美都汇集到自己这里来了。一个遭受社会力量无情打击的人，感到再也不能无视社会了，认为只有不对社会采取硬抗的办法即顺着社会的风气才能得到自由。然而这个社会又是他所痛恨的，于是便想象自己与天或道合而为一，要找一个精神解脱的办法。

这些思想有精神胜利的成分，但不能完全归结为精神胜利。在客观必然性和人的主观愿望这两者的关系中，庄子看到只有使后者服从前者才能有自由。庄子《达生》篇有个很好的寓言，是说孔子向一位游泳术极高明的人求教。他问道："……请问，蹈水有道乎？"那人答道："亡，吾无道。吾始乎故，长乎性，成乎命。与齐俱入，与汨偕出，从水之道而不为私焉。此吾所以蹈之也。"他完全顺着水之道，一点不存个人主观的因素，这就使他的游泳本领达到惊人地步。庄子看到自由不是对客观必然性的否定，而是对它的了解和适应，这在当时观察和处理个人和社会的关系的问题上，有它深刻的地方。但是他做过了头，以为遵循客观规律就是把个人主观能动性全部否定，甚至连人所要追求的生活目的也一齐摒弃。实际上人是为了达到一定目的而运用客观规律的，如果取消目的，完全随波逐流，也无所谓自由。庄子赞美忘己而自适的生活态度："忘足，屦之适也；忘要（腰），带之适也；知忘是非，心之适也；不内变，不外从，事会之适也。始乎适而未尝不适者，忘适之适也。"其实这样做是没有适，没有自由的。庄子产生这种思想，是农民小生产者在社会重压下的一种感受。

荀子认为，庄子"蔽于天而不知人"。这个评价是非常正确的。凡是存在自然和社会对立的地方，他都肯定自然，否定社会。在社会历史观方面，他肯定人的自然本性，反对仁义礼知等社会属性，甚至要取消人类的文明。在自然观方面，他抬高无形的道、绝对、无限的地位，赞美自然，压低具体事物、相对、有限的地位，贬斥社会生活和文化生活。在认识论中，他肯定符合天均的相对真理，反对人为的绝对真理。在人生哲学中，提出符合自然本性的生活理想和道德标准，反对殉仁义、财货的名利观念。这种思想在历史上是有进步意义的，与调和名教与自然的魏晋玄学家郭象之流在方向上根本相反，不可混为一谈。

1963 年

释《庄子·齐物论》篇的“以明”

古人解庄者，多以为《庄子》的“以明”是一种思想方法。

其实这是一句普通的话，不是专门的哲学术语，说穿了，平常得很。

“若”、“乃”两字声母相通。如《孟子·公孙丑》：“今言王若易然，则文王不足法与?”《管子·海王》：“一女必有一鍼一刀，若其事立；耕者必有一耒一耜一铫，若其事立；行服连轺辇者，必有一斤一锯一锥一凿，若其事立。”《尚书》称“王若曰”，“周公若曰”，“微子若曰”，“若曰”即“乃曰”。《尚书·秦誓》的“日月逾迈，若弗云来”，若字同乃字。

又“乃”字与“能”字也是同声母字，可互训。如《左传》襄公三十年，“子产曰：岂为我徒，国之祸难，谁知所儆，或主强直，难乃不生，姑成吾所”。杜预注：“言能强能直，则可弭难，今三家未能，伯有方争。”

《庄子》这里的“莫若以明”，就是“莫能以明”。《旦子》用取消问题作为答案，以否认认识作为认识。照它的思想方法，他不可能主张双方“反复相明”（像郭象解释的那样），而是说：儒墨的争吵毫无意义，他们的是非，根本不能搞清楚。照这样的理解，《齐物论》这一段可试译作：

> 所以有儒家和墨家的是和非，他们（儒家和墨家）都互相肯定对方所认为非的，并互相否认对方所认为是的。要想肯定对方所认为非的，并否认对方所认为是的，就不能把问题搞清楚。

《齐物论》另一段可试译作：

> 彼有彼的是非，此有此的是非。果真有彼此的区别呢，还是没有彼此的区别呢？彼此之间没有它的对立面，这就叫做道枢。道枢的没有固定的对立面，就像圆环一样，从它任何一点都可以作为中央（或起点），没有对立面，也可以说有无穷的对立面。是也是无穷的，非也是无穷的。所以说不能把问题搞清楚。

照以上的理解，《齐物论》的第三次出现的“以明”的这一段的译文可试译作：

> ……如果（像上面所说的昭氏鼓琴那样）可以算做完成，那么（不止万物都得到了完成）连我在内也得到了完成；如果说（像上面所说的昭氏鼓琴那样）不算做完成，万物和我都不算做完成。因此，混乱的（滑，同汩，混乱）不可信的小聪明（耀，刺眼的光芒。《老子》说，有智慧的人，“光而不耀”，耀是聪明外露，不是真聪明。《庄子》取《老子》义），是圣人所鄙弃的（图，据闻一多校，图应是鄙字之误，古人鄙字作图）。因此，不用智慧正是（庸，即用）用了智慧，这才算搞清楚了问题。

《齐物论》认为人们的认识是极不可靠的，掌握了一些知识，必定遗漏了更多的知识，就像昭氏鼓琴那样，他演奏了欢乐的曲调，就遗漏了悲哀的、平静的、鼓舞斗志的以及表达各种感情的许多曲调；一个曲调的完成，同时正是全部曲调的亏欠。他们以为人类的认识也是一样，它说：“道隐于小成。”道被局部的认识所蒙蔽了。《齐物论》鄙弃人的认识能力，它认为用智慧，勉强去认识，反而不能取得认识（“莫若以明”）；如不去认识，反而能认识。这是一种彻底的不可知论。因此，“以明”不能理解为积极认识事物的方法，因为照庄子的体系，他反对作任何认识的努力。

先秦哲学家所用的基本概念，如道、气、德、理、无、有、仁、义，形上形下，《庄子》的天倪、天钧、两行、环中、道枢都是用的肯定的意义字。从语法方面来看，如果“以明”真是一个词，“莫若以明”这句话是不完整的，照郭象的解释，《齐物论》应该是“莫若”用“以明”，不应该说“莫若以明”。如果把“莫若以明”解释为“莫能以明”倒是平易合理，不必绕弯子，反而更能符合《庄子》的原义。

1962 年

韩非的参验

韩非认为认识事物，判断是非，不能根据主观的意图，而应当根据客观事实作为标准。这就是韩非的参验的方法，参是比较，验是证实。参验就是用考查比较得到证实的方法。韩非又称“参伍之验”（《备内》），又称“参伍比事”（《扬权》）。他说，比如判断刀剑的利钝，只凭金属原料的颜色，即使善铸剑专家也不能肯定刀剑是否合乎标准，只要用铸成的刀剑试宰杀动物，随便什么人都能分别出利钝（“夫视锻锡而察青黄，区冶不能以必剑，水击鹄雁，陆断驹马，则臧获不疑钝利”）（《显学》）。只看马的形状、年龄，即使善相马的专家也不能肯定马的优劣，只要驾上车跑一次，随便什么人都能分别出马的优劣（“发齿吻形容，伯乐不能以必马，授车就驾而观其末涂，则臧获不疑驽良”）（《显学》）。韩非又说，大家都在睡觉时，无法分别出谁是瞎子；都在静默时，无法分别出谁是哑子。醒后使他看，提出问题叫他回答，瞎子，哑子就无法掩饰了（《六反》）。所以判断言行是否正确，不是只凭争论就可以解决的，一定要从言行的实际效果来判断它的正确性。“不听其言也，则无术者不知，不任其身也，则不肖者不知；听其言而求其当，任其身而责其功，则无术不肖者穷矣。夫欲得力士而听其自

言，虽庸人与乌获不可别也。授之以鼎俎，则罢健效矣。故官职者，能士之鼎俎也。任之以事，而愚智分矣。”（《六反》）

韩非提出参验的方法来反对空谈理论的一些学派。像儒家墨家都自称根据尧舜的学说，争论不休，韩非认为他们的学说都缺乏证据。“欲审尧舜之道于三千岁之前，意者其不可必乎！无参验而必之者，愚也；弗能必而据之者，诬也。故明据先王，必定尧舜者，非愚则诬也。”（《显学》）

知识的真假须凭参验，言行的是非也不能离开参验。韩非说，判断言行的是非，必须看这种言行在政治上所起的实际效果。“言”的标准就是“令”，“行”的标准就是“法”。违反法令的言行都是错的，合乎法令的言行就是对的。“明主之国，令者，言最贵者也，法者，事最适者也。言‘令’无二贵，‘法’不两适，故言行而不轨于法令者必禁。”（《问辩》）

韩非的参验方法，用于考查一般的知识的真假，是有客观效果的。

1955 年

先秦哲学无“六家”

自从司马谈著《论六家要旨》后，学者多以此为根据，认为先秦有“六家”。只要细读司马谈原文，这恐怕是出于误会。有些“家”在先秦根本不存在，也有些家，有其名而未必有其实——像司马谈所列举的那样的内容。现在试作以下的辨析。

司马谈是这样说的：

> ……“天下一致而百虑，同归而殊途”。夫阴阳、儒、墨名、法、道德，此务为治者也，直所从言之异路，有省不省耳！

太史公提出六家的次序，不是按学派产生的先后提出的，可能是按他认为重要的程度的顺序排列的，把最重要的排在最后。他还说，这六家“皆务为治”，各有优缺点。这在先秦，无论站在哪一家的立场，都是认为不能接受的。且不用说孟子与杨墨势不两立，庄子对孔墨极尽挖苦之能事，就连同属孔子于之徒的荀子也是不承认孟子的学说也能“为治”的。法家的韩非对儒墨“显学”都有所批判，也是有明文记载的。这种调和观点，是汉初的情况，不是先秦原来的情况。

且看他所论述的“道家”：

> 道家使人精神专一，动合无形，赡足万物。其为术也，因阴阳之大顺，采儒墨之善，撮名法之要……

这一段话，古人习而不察，认为讲的是老庄思想。我想这种看法是不对的。

如果他所谓道家指的是老子，老子在儒墨之前，司马谈当然知道，阴阳家如邹衍、名家如公孙龙、法家如韩非更在战国后期。老子早已死去多年，如何能死而复生，“采儒墨之善，撮名法之要”呢？如果他所谓道家指的是庄子，庄子“剽剥儒墨”（见《史记·庄子列传》），对儒墨抱着敌视的态度，对辩论（名家所注重的）也采取反对的态度，如《齐物论》就是反对辩论的，对严刑峻法（法家）君臣之序一向反对，又怎能说他能“采儒墨之善，撮名法之要”呢？

如果说有所谓既不包括老子，又不包括庄子的道家，那就是另有所指，那么就更奇怪了。把老庄思想除外，还有什么“道家”？

儒家，倒是先秦有这样的学派的，《韩非·显学》就说过“儒分为八”。但是其中有唯心主义的孔子、孟子，有唯物主义的荀子。即使孔子是否是唯心主义现在还有争论，但是孟子是唯心主义、荀子是唯物主义似乎已有定论。那么，孟子、荀子有什么共同之处就很难说了。首先在世界观上是对立的。他们两人都自称以孔子为师，都讲“仁义”，如果从表面看问题，未尝不可以归为一类。但是师承不能代替派别，讲仁义也有不同的讲法。是不是可以把讲仁义的、自称孔子弟子的都归为一派呢？我想是不可以的。司马谈自己认为儒家的标志是“博而寡要，劳而少功”，这是孟子、荀子都难以承认的。至于“序君臣父子之礼，列夫妇长幼之别”，更不止是儒家为然。在孔子以前，周公所制定的“礼”就是这样规定的；以后“法家”和“墨家”也不是不讲君臣父子之礼和夫妇长幼之别的。可见用这个标志以区别先秦的“儒家”也是不够妥当的。

再看“墨家”。墨家也是先秦已有的学派。但是，早期的墨家是唯心主义的，后期墨家是唯物主义的。在世界观上是根本对立的。根本对立的两派，合为一家，不分早期、后期的差别，看来，也失之含混。

再看名家。司马谈说名家“使人俭而善失真，然其正名实，不可不察也”。司马谈把讲到名实关系的都列为“名家”。先秦讲到名实问题，并进行深入辨析的，有公孙龙，有后期墨家，有荀子等人。这里面有唯物主义的名实论，也有唯心主义的名实论。事实上不是一家，而是不同的学派对于名实问题发表的意见。这怎能列为一家呢？

法家，倒是体系比较完整，首尾一贯的学派。阴阳家，先秦有唯物主义的阴阳学派，也有唯心主义的阴阳学派。

总起来看，“六家”之说，不是讲的先秦的学术流派。如果勉强说先秦有所谓“家”，也只能说有“法家”。至于儒家、墨家，那只是从师承方面分派的，这是表面的划分的办法，是十分勉强的。先秦有的只是老子学派、庄子学派、公孙龙学派等。道家、名家、阴阳家，先秦根本没有过。

1963 年

司马迁论历史动力

对于社会历史发展的动力，司马迁曾提出过极有意义的见解。他继承了先秦唯物主义哲学家的优良传统，企图从人类经济生活方面寻求原因。他认为人们关心自己的生活的幸福，谋取个人的利益是人的“天性”。这种天性的要求是不能遏止的：

> 夫神农以前，吾不知已。至若《诗》《书》所述虞、夏以来，耳目欲极声色之好，口欲穷刍豢之味，身安逸乐，而心夸矜执能之荣使。俗之渐民久矣，虽户说以眇论，终不能化。故善者因之，其次利道之，其次教诲之，其次整齐之，最下者与之争。（《史记·货殖列传》）

司马迁这种说法，确实触到了正统派的思想家的隐痛所在，因而惹起他们的不满，说他离经叛道：“序游侠，则退处士而进奸雄；述货殖，则崇势利而羞贱贫”（《汉书·司马迁传》）。我们今天看来，这些卫道者的不满，不但不足以贬损司马迁的价值，相反地倒是更可以见出司马迁的伟大。

司马迁把每一个人对生活利益的要求放在第一位，并认为，“天下熙熙，皆为利来；天下攘攘，皆为利往”（《史记·货殖列传》）。这不是无的放矢，正是对那些荒淫无耻、唯利是图，但又“口不言利”的统治者们有力的打击。以董仲舒为代表的汉代儒家正统派，秉承了汉武帝的意旨，教导人们不要讲什么利，只要讲明“道”、“义”就够了。这就是汉代统治者向人民标榜的“正其谊，不谋其利；明其道，不计其功”（董仲舒对策）的可耻的实质。统治者只要自己广收天下人之利，反而自称为“清高”；他们要扼杀人们生存权利的要求，却宣扬什么

“正义”！这真是最自私、最贪婪、最无耻的道德教条。司马迁在这里从根本上给以揭露，他公开宣称，统治者和被统治者都是一样的为了“利”。为利并不是什么错误。要求生活过得好，这是每一个人起码的要求。这种要求是出自天性，无法制止的，只有最愚蠢的统治者才与民争利，只许自己得利，而不许别人提出同样的要求。

1956 年

从汉代的神学经学到魏晋的思想解放

魏晋南北朝时期的思想大解放，是对东汉以来的神学经学说的。

神学经学以天意附会人事，把一些本来明确的科学概念，附会为天意，汉代神学经学的出现，在当时可以说是事出有因，为了巩固封建大一统的汉王朝，在思想上建造一种无所不包的神学体系，这是可以理解的。一个极度分散的小农经济的封建大国，如果不在政治上高度统一，就很难维持大一统的国家。从小生产、小农经济的本性来说，他们不要求有过多的政治干预；但由于小农经济本身的脆弱，经不起天灾人祸的摧残，他们又自发地要求上面有一个开明的、仁慈的皇帝为民作主。东汉以后，中央集权的格局被打破了，晋以后，长期陷于分散割据的坞堡经济，江南江北的大姓、士族自身有经济、军事、社会声望的实力，他们无需有更强大的中央集权政府。如果真正有了这样的中央政府，它将要求直接控制属下的个体农民，对门阀士族不利。

政治形式发生了变革，中央集权的封建大一统王朝不复存在，与那种政治要求相适应的思想统一也没有存在的必要。所谓思想解放，只是说从汉代绝对统一、定于一尊的神学经学中解放出来。忠、孝从来是我国封建宗法社会的两大思想支柱，魏晋南北朝时期，这两大支柱的“忠”退到第二位，“孝”被推到第一位。因为门阀士族所需要的一切，不必向国君乞讨，士族自己就可以创造；相反，国君的统治地位能否稳固，还得靠地方上门阀大姓的支持。这就不难理解南北朝时期，国君不断更换，而门阀士族并不热心于殉国赴难，往往充当新王朝登基的赞礼官。

对汉代神学经学的解放，并不等于从封建宗法制度下解放出来，封建宗法社会必需的社会秩序还是不能打破，维护封建社会的纲常名教，仍然是所有地主阶级要共同遵守的教条。

即使有这样的局限，魏晋南北朝思想解放的业绩还是不能低估，约略说起，可有以下数端。

(一) 神学经学从此结束，三国以后人说经，具有理性主义的精神。

(二) 从认识过程看，两汉的宇宙论关心于宇宙构成，魏晋玄学则进入本体论，关心于宇宙万物之所以然。

(三) 打破儒家一尊的地位，老、庄等经典著作的地位可与孔子并列，学术思想比较活跃。

(四) 打破中华传统文化独霸地位，外来佛教经过中国思想家的改造，佛教哲学、佛教宗教成为中国传统文化的一部分。

(五) 科学发达生产进步。

以上五点，综合考察可以看出魏晋南北朝是我国思想史空前解放的伟大时代，其根本契机是中央集权的削弱，不再干预那些本来管不了、又管不好的过度统一，文化专制主义为殊途同归、兼容并包的文化政策所代替。

1988 年

魏晋南北朝的玄学、佛学

习惯看法，往往认为魏晋南北朝的思想就是玄学，事实并非完全这样。因为魏晋玄学流行于魏晋之际，它的兴盛时期不过几十年。东晋以后，玄学逐渐衰退。社会条件变了，人们对玄学的兴趣也发生了变化。

魏晋南北朝这一段历史约为三百多年，魏晋玄学流行、鼎盛时期约为四十年，以后还有一些影响，那是玄学的余波。其余的约三百年间，佛教思潮占了主流。而过去我们的学术界没有把佛教思想放到应当放置的地位上，因而魏晋南北朝这漫长的后一段哲学思想显得如“架漏过时，牵补度日”，有些空荡荡的，给人们的印象由魏晋一下子跳到了隋唐。

历史不曾停顿，人类认识不曾停顿，哲学思想发展当然也不曾停滞不前。魏晋南北朝这一段哲学思想，南北朝时期的佛教哲学，对后来隋唐佛教的宗派建立，起着直接的影响。

1988年

玄学简论

魏晋玄学的出现，是汉代经学的终结，思辨哲学的开始。从汉代的宇宙论进入本体论，是中国哲学史发展的新阶段。

随着人类认识的深化，哲学家所讨论的问题，已不再停留在探索天地万物的构成，进而探索现象世界之后、之上有没有更根本的实体。他们追问世界万物存在的最后根据，即当时所谓本末、有无等问题。万有诸现象是“有”，“有”为什么会“有”，应当追问它的“所以”有。纷然杂陈的现象界变化万端，有没有一个比变化更根本的不变的实体作为变化的根据？这是魏晋玄学所关心的大问题。神学经学早有过解释，说成是“天”的意志、上帝的安排。经历了汉末理性主义的批判思潮的冲刷，魏晋玄学没有求助于上帝或天意，而是通过哲学思辨的途径去寻求答案。

哲学问题，看似玄远，讲的都是抽象命题，号称“清谈”，魏晋玄学在这方面的特点尤为突出。实际上，任何抽象命题，都扎根在现实的土地上，须受阶级与社会的制约，决不会无因而起。魏晋之际的社会面临着前所未有的政治危机与社会危机。这是东汉以来政治腐败，儒家礼教的虚伪说教造成的。欺世盗名，名不符实，口号与行为脱节，造成了信任危机。像“孝廉”不孝，“秀才”无学，这种讽刺性的现实普遍存在，名与实完全脱节。当时“名教”与“自然”的关系的讨论，就是当时社会矛盾的反映。“名教”指与封建秩序相适应的各种名分，如君臣父子，按照封建名分，规定每个人应有自己的位置，这种社会义务属于“名教”管辖的范围，也可以叫做社会本性。当时社会提倡的社会本性，如忠君、孝亲，往往与实际情况不符，于是有人提出君臣之间的忠、父子之间的孝，是否出于人类自然本性。按照人类的本性，任其自然发展，能否自然地产生忠、孝等观念？当时有不少哲学家探讨了这类问题，如嵇康、阮籍等人提出的顺应自然的主张。上古之世没有君主的社会，人们生活得很幸福，有了君主，有了国家，给人类带来了不幸、不自由。这种思想《庄子》早已讲过，不是嵇康、阮籍等人最先提出的，魏晋哲学家重新提出来讨论，不能看作复古，它是当时社会矛盾的反映，是与本末、有无等本体论同时出现的重要问题。关于“名教”与“自然”的讨论，这是魏晋玄学探讨社会、人生的重要题目。名教是维护封建宗法制的必要保证，封建地主阶级（包括门阀士族）不能废除“名教”，名教不能完全抛弃，但社会上对它已发生了信任危机，带头败坏名教的，往往是名教中实权人物。按照人的自然本性，在现实生活中应当怎么办？在传统哲学思想，儒家重名教，道家尚自然，两家主张不同，玄学家力图探求二家的共同点。玄学家的理论兴趣与门阀士族的政治利益有密切关系。如果完全顺应自然，忽视名教，那就要否定封建社会的存在，门阀士族的特权也被否定，这是不行的；如果完全按照名教规定办事，已享特权放任自由的门阀士族也不能接受。他们需要在名教与自然之间探寻一种融通的途径。阮瞻与司徒王戎有一段对话：

戎问曰："圣人贵名教，老庄明自然，其旨同异？"瞻曰："将无同。"戎咨嗟良久，即命辟之。时人谓之"三语掾"。(《晋书·阮瞻传》)

本末、有无、名教自然所讨论的问题，看来好像很抽象、不着边际，实际上玄学并不玄虚，它是应门阀士族的需要而出现的哲学。儒家失去汉代的独尊地位，而道家的思想资料对本体论的创建有帮助，因而儒道融通，形成魏晋玄学的总趋势。魏晋玄学形成和发展，完全是中国封建社会的产物。它与现实政治关系密切，在玄学的风气下，佛教传入才有了一个立足的地方。

1988年

魏晋南北朝哲学概说

魏晋南北朝近四百年的哲学发展史，可以分为三阶段。第一阶段为玄学时期；第二阶段为玄学与佛教般若学时期；第三阶段为佛教经学形成时期。

玄学阶段时间不长，极盛时期在正始年间，晋室南渡，玄学思想也带到江南，这时已经与佛教般若学合流。东晋后期，直到南北朝结束，都是佛教经学形成时期。由于玄学的产生在中国哲学史上起着划时代的作用，过去的中国哲学史只讲玄学，对儒教的经学，道教的思想，尤其是佛教思想阐述得不够。这些方面应有所加强。

中国佛教思想经历几百年的传播与中国传统文化相融合，已成为中国封建社会上层建筑的一部分。佛教哲学思想不应再被看作外来文化，它已是中国文化的一部分。佛教哲学与当时中国社会、历史文化息息相关。佛教经学所涉及的问题，是接着中国哲学史讲的，应当看作中国哲学史的一部分，而不是中国哲学史以外的体系。

南北朝时期形成佛教经学，是接着魏晋玄学讲的，它沿着玄学开创的道路继续发展。

东晋以后，佛教传播较从前更加广泛，经过晋、南北朝僧众的翻译，汉译佛经基本上完成了介绍外来佛教著作的任务。中国人的著作比重增加，先后创立了许多学派，为后来隋唐佛教宗派奠立了基础。

这一时期佛教作为宗教哲学讨论的中心问题是佛性问题。佛教界关心的“佛性论”，实际上就是人世间“人性论”的屈光折射。佛性论（心性论）的提出并受到思想界的普遍关注，它标志着玄学本体论向纵深的发展。由本体论进而探讨心性论，是中华民族认识史上的深化。

南北朝时期，社会上流行的主要佛教经典有《维摩经》、《法华经》、《涅槃经》、《华严经》，流行的主要佛教经论有《摄大乘论》、《十地经论》、《大乘起信论》，表面上众说纷纭，但中心问题不出心性论范围。它涉及众生有无成佛的可能；人性是善是恶；如果是善，恶从何来；如果是恶，通过什么途径使人弃恶向善；成佛有无捷径；有无佛国净土；佛国净土在心性之外还是在心性之内，等等。这些众多的关于心性论的问题被提出来了，却没有一个令人满意的答案。因为有些问题是佛教自己制造出来的假问题，他们当然无法做出正确的回答。也有些问题受历史的局限，当时任何人也回答不全。总之，当时关于心性论这个范围提出的许多问题，可以促使后人进一步去思考、去寻求答案，这在人类认识史上是一个进步。

伟大的中华民族，经历了魏晋南北朝几百年的磨炼，变得比过去更加成熟了。哲学抽象思维的水平更加提高了。中国哲学发展史比过去更加璀璨夺目。这是在新的历史条件下涌现的新成果。这里所说的新的历史条件和新成果，可以从以下四个方面来考察，即：民族大融合、地区大开发、文化大交流、思想大开放。这四个方面的变革，其深度和广度都远远超过了以前任何时期。后来隋唐社会及其哲学思想就是沿着魏晋南北朝所走的道路继续前进的。

1988 年

王弼的"崇本息末"

在中国哲学史上，王弼是第一个把本末作为一对哲学范畴提出来加以探讨的。他不满意于过去的唯心主义者所达到的水平，他在西汉唯心主义目的论的基础上，又深入了一步。他为了进一步答复唯物主义元气自然论（如王充所达到的理论高度）所提出的万物自然而生的观点，他提出了"本"、"末"的范畴。他从唯心主义的本体论向唯物主义展开了攻势。他说，万物在变化着，存在着，它有形，有声，可以感触（这是唯心主义也难于硬不承认的），但是这都是现象（"末"），好像树上的枝叶、末梢一样，而不是事物的本；事物的本，并不是物质性的可以感受得到的，它"听之不可得而闻，视之不可得而彰，体之不可得而知，味之不可得而尝"（《老子略例》）。它不具有任何物质属性，"其为物也混成，其为象也无形"(同上)。

王弼抓住认识过程的一个片断，他只看到要认识事物的本体，不能为表面五光十色的现象所迷惑，要透过现象，掌握本体。这点，正是王充以来唯物主义自然论所忽视的。王充的自然论只讲到万物是自己产生的，由于元气聚合、分散而形成万物，但是王充等人没有系统地阐明这些众多的事物之间有没有总的变化的规律，有没有比分散的、零碎的现象更本质的东西。王弼抓住了对方这一薄弱环节，他反对自然论的理由是：如果说万物仅仅是分散的、不相统属的现象，那就无法对世界取得更深刻、更全面的认识。因此，王弼提出了现象之后，还有更本质的东西。只有先掌握了这个"本"，才能够以简驭繁，不为纷杂的表面现象所迷惑。他说："法自然者，在方而法方，在圆而法圆，于自然无所违也”（《老子》二十五章注）。前一个“方”是方的东西，后一个“方”是方的原理。方的东西是“末”，它要以方的原理为准则，才能成其为方。圆的东西对于圆的原理的关系也是一样。王弼认为，只有掌握了方的原理（方的本），才可以认识天下无限的方的东西（末），如果不从方的东西（末）提高到方的原理，见一件认识一件，穷年累月也无法认识天下之方的东西。王弼由此上推，认为天下必有一个总的原理，这个总的原理是天地万物之“本”。这就是他的“崇本息末”的理论根据。

1963 年

隋唐哲学概说

我们现在打破传统习惯，不抱儒家为正统的偏见，按历史实际情况考察隋唐哲学思潮，儒家以外还有佛、道两家。佛、道两家的社会影响及理论造诣均超过儒家。佛经、道经的数量也多于儒经。佛、道两家，特别是佛教，在哲学理论上更有其独到处。

魏晋玄学把中国哲学从元气自然论推进到本体论的阶段，南北朝时期，中国哲学已由本体论发展为心性论。这一认识过程体现了人类认识规律。汉代哲学致力于宇宙万物生成的探索，魏晋玄学进而探索世界的本体。由本体论再进一步探索，即进入心性论的领域。隋唐佛教讨论的心性问题，其范围至广，钻研功力也极深。它涉及人类心理活动、感觉经验、道德观、认识论（认识能力、认识限度、认识的真实性等）、社会观、本体论、宗教实践（修养方法）等诸多方面，都有创造性的见解。隋唐哲学最突出的贡献在于把心性论研究推向新的高度。

后绝无人，或有之而非醇儒。”方子曰：“岂为无人，亦有过孟子者。”安石曰：“何人？”方子曰：“马祖、汾阳、雪峰、岩头、丹霞、云门。”安石意未解。方平曰：“儒门淡泊，收拾不住，皆归释氏。”安石欣然叹服。后以语张商英，商英抚几赏之曰：“至哉此论也！”（《辅教篇·广原教》）

张方平服膺佛教禅宗，王安石是儒门信徒，也信仰佛教，他们有共同语言。张方平列举的一批胜过孟子的圣贤，都是禅宗大师。如果把佛教其他宗派的大师和道教学者都列举出来，唐朝的哲学界实在是一个群星灿烂的时代，比过去任何一个朝代都丰富、充实。张方平说“儒门淡泊，收拾不住”，道出了问题的关键。唐朝儒家哲学确实还没有进入时代思潮的主旋律——心性论——的大合唱。当时哲学界普遍关心的心性论这一领域，儒教还没有取得多少发言权。所谓“儒门淡泊”，指的是缺少哲学味道。

1994年

李贽思想的进步性

李贽以激进姿态、激烈言辞抨击当时社会混乱、政治腐败、道德虚伪的风气，以他犀利的笔锋、挥洒自如的文风向社会大声疾呼。李贽吸取王守仁学派的教育方法，从心理、情感上启发学者的自觉性。他利用当时流行于社会的小说《水浒》、戏曲《西厢记》的影响，用批注的方式宣传自己的观点，从而形成社会的轰动效应。李贽抨击的范围，直指朝廷达官贵人、名流学者，揭露当时一批假道学的虚伪性，批评他们行为与口号相脱节：平日讲的不去做，平时做的又和他们讲的全不相干。

李贽的学术活动，正当嘉靖、隆庆、万历时期。明朝统治集团的衰败、腐朽现象已十分严重。隆庆时期经过张居正的整饬、振作，有了一些起色。张居正死后，立刻又回到了老样子。统治阶层荒淫、贪婪、迷信神仙，政府实权由一群太监掌握。嘉靖、万历当皇帝，几十年不见朝臣。国家民穷财匮，而官僚宗室的禄米比明初开国时增加到几十倍。

当时学术界，充斥着靠背诵宋儒朱熹《四书集注》作八股文的知识分子，这些人为应付考试做官，只会抄录、模仿，没有治国安民的真本领。有识之士对此早已不满。社会上到处弥漫着虚伪、欺诈、媚俗、颟顸、苟安、说假话的污浊风气。

李贽对当时腐败的政治和学术界的虚伪、浮华风气进行了猛烈的抨击。他这种激烈反抗正统思想的态度，在某些方面与魏晋时期稽康、阮籍反对当时封建礼教的动机和心态相似。李贽并非根本抛弃礼教，而是反对当时说教者的虚伪性。那些御用学者们天天口诵圣人之言，侈谈仁义，实际上追求的却是一己的私利。这些道学家们平时只知“打恭作揖”,“同于泥塑”(指朱子教人习静坐和闭目反思的训练)，而当国家“一旦有警，则面面相觑，绝无人色”，以至“临时无人可用”。

湖北黄安大官僚耿定向以卫道者自居，李贽去函，揭露他欺世盗名：

试观公之行事，殊无甚异于人者……读书而求科第，居官而求尊显，博求风水以求福荫子孙。种种日用，皆为自己身家计虑，无一厘为人谋者。及乎开口谈学，便讲尔为自己，我为他人；尔为自私，我欲利他……以此而观，所讲者未必公之所行，所行者又公之所不讲，其与言顾行，行顾言何异乎？(《焚书》卷一《答耿司寇》)

李贽在《忠义水浒传序》中说：

若以小贤役人，而以大贤役于人，其肯甘心服役而不耻乎？是犹以小力缚人，而使大力者缚于人，其肯束手就缚而不辞乎？其势必至驱天下大力、大贤而尽纳之水浒矣。则谓水浒之众，皆大力、大贤，有忠有义之人可也。（《焚书》卷三）

这是说，按照合理的社会秩序，应当让贤者有德者在高位，不贤无德者在下位，天下可以相安，社会得以安定。由于政治黑暗，是非颠倒，才把一些忠义之士逼上梁山。

当时有海盗林道乾，率众出没海上，劫夺财物，官兵不能制。李贽认为，像林道乾这类有才干的人士不受重用，才铤而走险。如果使林道乾这样的人才"当郡守二千石之任，则虽海上再出一林道乾，亦决不敢肆"。"唯举世颠倒，故使豪杰抱不平之恨，英雄怀罔措之戚，直驱之使为盗也。"（《焚书》卷四《因记往事》）

明朝建国到崇祯亡国，共二百七十六年，李贽的政治、学术活动时期，正当明王朝中叶，比起开国时期的盛世，显然走下坡路，但离明朝亡国还有一百多年。开国时期的思想家，如宋濂、刘基、方孝孺、姚广孝等人，对新建的统一王朝充满了信心，如提倡关心人民疾苦，减少农民赋役，惩治贪官污吏等，主张不是停留在口头上、文字上，而能见诸行动。明中叶以后，一方面，政治腐败，宦官弄权，但也有一批忠贞之士支撑其间，有王守仁、张居正等人整顿人心，振刷吏治，有戚继光等安边武将，有况钟、海瑞等临民廉吏，使得濒临亡国的明朝政权才没有很快败落。李贽看到了当时的社会危机，但仍对明王朝寄予希望，尚未完全绝望，对封建专制制度没有发生怀疑。

等到明朝彻底灭亡后，黄宗羲撰《明夷待访录》，才从根本上怀疑集权的君主制度，指出："为天下之大害者，君而已矣。"（《原君》）又说："天下之治乱，不在一姓之兴亡，而在万民之忧乐。"（《原臣》）黄宗羲反对君主制的思想是李贽当时看不到、也不敢触及的。

总之，李贽哲学还属于王守仁学派的体系，是王学在新条件下萌发的具有革新精神的正统主张。如李贽的《藏书》评论历史人物，把黄巢列入《盗贼传》，把张角、张鲁列入《妖贼传》。在《昆仑奴》文中说："自古忠臣孝子，义夫节妇，同一侠耳。"评论戏曲《拜月亭》时说："详试读之，当使人有兄兄、妹妹、义夫节妇之思焉……事出无奈，犹必对天盟誓，愿始终不相背负，可谓贞正之极矣。"（《焚书》卷四）

把李贽的批判言论估价过了头，提高到反封建的高度，是不符合李贽的思想实际的。李贽以孤臣孽子之心，深刻揭露明代社会弊端，揭露是深刻的，提出解决问题的方案则是无力的。李贽的遭遇既是他个人的悲剧，也是当时有进步要求的知识分子的悲剧性遭遇。

1994 年

如何看待中国古代哲学中的民族哲学家

研究中国哲学史，不可避免地要遇到民族问题。近年来学术界提出要大力开展我国少数民族哲学史的研究，北方和南方都已先后有了群众性的学术团体。这是十分必要的，我也全力支持这一工作。因为中国是一个多民族的大国，虽说汉族人数众多，而少数民族是中华民族大家庭中的成员，少数民族的哲学应当成为中华民族的哲学的组成部分。

现在的问题不是要不要开展这一工作，而是如何开展这一工作。

中华民族历数千年之久，克服无数艰难险阻，融合了多种民族优秀文化，如百川汇归大海，最后形成中华民族文化。中国哲学史是中华民族的认识史。中国哲学是中华民族优良精神文明集中表现。中华民族中汉族占多数，实际上，汉族是许多兄弟民族长期融合的结果，历史上并不存在"纯汉族"。

中国哲学史上的优秀哲学家、思想家，不应当只看作汉族的，他们也属于所有兄弟民族的哲学家和思想家。比如，春秋战国时期的荆楚文化对中华民族的文化有过重大的贡献，荆楚文化的代表人物屈原、宋玉，哲学家的老子，是什么民族，现在还查不清楚，但可以断定，楚国贵族（屈氏、熊氏）不是汉族的前身。但是中国文学史、中国哲学史都把屈原、宋玉、老子写上去，因为他们都是中华民族的文学家、思想家。由此上溯，仰韶文化、龙山文化、大汶口文化、南方的河姆渡文化已被公认是中华民族文化的基础，但这些文化的创造者是什么民族？至少可以断言这些古老的文化属于中华民族，而不仅属于汉族。

从春秋战国以后的历史也表明，社会在前进，历史在进步，而推动历史前进的力量决不止是汉族，而是中华民族的全体。秦汉时期四五百年间，六国贵族及边区牧主贵族的大迁徙、大融合，才形成了今天的汉族。南北朝时期北方的汉族地主阶级与北方少数民族贵族共同组成封建政权，史称北朝。南迁汉族与当地土著大姓相结合，共同组成封建政权，史称南朝。南北朝统治时间约三百年。这是一次更大规模的民族融合，无论南朝或北朝，都不存在有所谓纯汉族政权或纯拓拔氏、鲜卑等政权。

隋唐皇室是汉族与北方少数民族混血的后裔。唐王朝实际上是我国多民族地主阶级共同专政的封建政权。李氏王朝自称为老聃的后裔，是受了门阀士族的社会习惯势力的影响，攀援老子以抬高身价。其实老子是什么族，出身如何，还难于找到历史凭据。

宋元明清四朝的哲学史，也是多民族不断融合，共同进步的历史。北宋时期，同时存在的还有辽与西夏。南宋时与金朝对峙。元代最高统治者为蒙古贵族，但共同统治中国的是广大汉族地主阶级。统治中国的思想工具是孔、孟为代表的儒教宗法制度。元代的哲学家不一定出身于蒙古贵族。许衡、吴澄、苏天爵、姚枢、孙安、郝经都是汉族儒者，但他们代表了蒙古贵族地主阶级的利益。耶律楚材，非蒙古族，他是元代的开国功臣，可以而且必须列入蒙古哲学史。清代的哲学家，如李光地、张伯行、陆陇其，陆稼书也都是汉族，但他们代表了满洲贵族地主阶级的利益，可以列入满族哲学史。同样的道理，元朝诗人萨都剌的《金陵怀古》表达的是当时知识分子的发思古之幽情，并不特别代表蒙古民族的特点，其性质在思想感情上和刘禹锡《西塞山怀古》差不多。纳兰容若的《饮水词》在中国文学史上有一定的地位，但不能说他的作品体现了满族的特色。

看一个哲学家代表什么阶级、什么民族，最基本的标志是看他的作品反映哪个阶级的利益，对哪个民族有利。而不是看这个哲学家个人的出身和民族血统。马克思是德国犹太人，他的哲学并不是德国犹太民族的利益的反映。恩格斯出身资本家，并经管过工厂，但他的哲学不代表日耳曼民族，也不代表英国曼彻斯特资本家的利益，马、恩的哲学代表全世界无产阶级的利益，也是全世界被压迫民族的代言人。中国工人阶级经历了几十年的革命实践，逐渐形成具有中国特色的马克思主义、毛泽东思想。毛泽东同志是湖南人，他的革命战友多为湘、鄂、赣等地区农民、工人、知识分子，但毛泽东思想已成为中华民族的共同精神财富，决不能把毛泽东思想看作湖南汉族的哲学体系，这也是不言而喻的。

再以欧洲哲学史为例，欧洲大陆有荷兰的斯宾诺莎、法国的笛卡儿、德国的莱布尼茨，人们研究欧洲哲学史，并不因为他们分属于不同的民族就否认他们各自代表的时代精神和当时欧洲各族人民共同达到的先进认识水平。

中国哲学史，实际上是历史上中华民族精神文明的一面镜子，它以逻辑范畴的形式记录了中华民族认识世界的经历。哲学史上重要人物和学派的贡献，就在于他们曾经站在当时人类认识世界的最前列，体现了当时的思想高度，他们把当时人类认识推进到了一个新水平，无愧于他们各自的时代。有贡献的哲学家们建立的哲学体系，不应仅仅看作他们个人的见解，他们是阶级的代言人、集体的代言人。他们代表着当时先进的阶级、先进的政治集团的集体智慧。每个具体的哲学家虽然属于一定的民族，但我们研究哲学史，却不应把他看做仅仅属于某一民族的哲学家，同时也要看到它代表着全人类的先进思想。上面我们所列举的马克思、恩格斯、毛泽东、斯宾诺莎、笛卡儿、莱布尼茨等哲学家，都足以说明凡是有贡献的哲学思想家都代表着他们的时代精神，而不只限于他们自己的一个民族。

后人看前人的理论，不难发现他们有这样那样的缺点和错误，但更应当去发现他们比前人提出了哪些新的命题，进行了哪些有意义的探索，揭示了哪些范畴。这样，哲学史就不是一系列的错误观念的积累。而是人类认识世界、解释世界前进道路上连绵不断的里程碑。先进的哲学家或哲学流派所以称为先进，就在于他们站在当时人类认识的尖端，给后人提供了精神财富。

这里并不是说不要注意各民族的哲学家。不论兄弟民族的哲学家或汉族的哲学家，只要是有贡献的，都要重视。我们要指出的是哲学是阶级社会里的产物。哲学家的民族性与阶级性要结合考虑。民族性不能混同于血统论，不能光看哲学家的民族出身，还要看他代表哪个阶级、哪个集团，及其文化传统源流。哲学史不是从古到今的流水帐，有闻必录，而是讲明人类认识前进的轨迹，中国哲学史即中华民族的认识史，只要是反映当时先进的认识水平的，不论是出身于哪个民族的哲学家，都要把他写上。他们都是中华民族的代表人物。正是由于这个理由，我们的中国哲学史，不去追究屈原、老子是否属于汉族，那是没有意义的。如果不是这样，我们五十六个民族，每一个民族专立一个户头，从古到今往下写。其结果，势将出现许多空白，或者雷同的思想，对于中华民族的融合、团结、前进的光荣历程反而看不清楚，找不到规律性的东西，失去研究中国哲学史的意义。

1982 年

文化发展诸现象

文化的精华部分，集中表现为哲学。我们撰写的《中国哲学发展史》给中国哲学史定义为“中国哲学史是中华民族的认识史”，这个看法提出已有十年，现在仍然没有改变。

根据多年来从事中国哲学研究的经验和走过的曲折道路，深感考察中国哲学不能仅限于哲学本身，如果能把视野扩大，从民族文化发展的广度来考察中国哲学，可能看得更清楚些。

结合中国及外国的文化历史，纵向及横向考察，有以下几种现象：

（一）文化发展的连续现象

中华民族的文化，从原始蒙昧中摆脱出来，不断前进，走着从低级到高级的路程，不断丰富其内容，由古朴到雕饰，由质到文。哲学的发展也是这样走过来的。中华人民共和国的历史才四十多年，但说到中国文化、中国哲学史有几千年而不是四十年。新旧政权之间可以一刀两断，新老文化是不能一刀两断的。“文革”中有些人宣称要打烂一切传统，事实证明这是愚昧的，也是做不到的。真正的革命者要对人类负责，对历史负责，要吸收全人类一切有价值的文化，不能随意地割断历史。哲学的发展也是有连续性的。正是因为有连续性，研究哲学史才有意义。

（二）文化发展的积累现象

文化有连续现象，必然产生新旧文化积累现象。文学史上从《诗经》、《楚辞》讲起。汉有汉赋，以后有骈文、五言诗、七言诗、律诗、词、曲，不断出现新的形式。人们发现，不是有了五言诗就抛弃了赋，有了词曲，五言诗、七言诗就不再流行，有了古文就不要骈文。文体越到后来越丰富，后期包容了前期。有了白话文，古文还在使用。抗战时期，毛泽东同志有一篇声讨国民党不积极抗战的通电，就是用文言写的，道理讲得很透彻，也很有气势。哲学发展也有类似现象，不是有了后来的流派，就不要以前的流派，有了汉魏就抛弃先秦。正是由于这种积累现象。才使得中国哲学的内容随着时代的推移而日趋丰富，古老的传统中包含着新鲜的内容。

（三）文化思潮的衰减现象

这里借用电讯通讯的概念，远距离的通讯联络，讯号逐渐衰减。为了防止衰减，中间设有接力站，使衰减讯号得到增益。有价值的文学作品、艺术作品，有永久的魅力，能使千百万后人为之感动。《诗经》、《楚辞》是中国不朽的作品，西方荷马的史诗、莎士比亚的戏剧也感动了千千万万的读者。随着时代的推移，它们的影响在逐渐减弱。比如五四前后，青年男女要求从封建束缚中求得解放，《红楼梦》的影响很大。《红楼梦》这部小说对现在的青年男女的影响比五四前后要小得多。

这种现象在中国哲学史上也存在。同一种思想流派在前一个时期有过广泛影响，在后一个时期影响有所减弱。如孟子在世时，用全力辟杨墨，韩非时代认为天下之显学为儒墨两大派，汉初杨、墨、儒的影响都减弱了。

有人说孔子的思想影响了中国两千多年，其影响越来越大。这种看法与实况不符。孔子的思想有影响，单凭孔子思想本身，不可能越来越大，只能越来越小。孔子的影响久远和中途得到接力站补充有关。汉代有董仲舒的补充，振兴了几百年；宋朝得到朱熹的补充，又振兴了几百年，得到振兴的是董仲舒的孔子、朱熹的孔子，不能简单地说成是原来的孔子的思想永不衰减。

（四）文化交流的融会现象

不同的文化思想的体系相接触，有时互相吸引，有时互相排斥。无论吸引还是排斥，最终总会发生融会。即使互相攻击的双方也经常从对方吸收自己有用的东西。显著的例子如佛教与道教两种宗教相互争论了一千多年，为了战胜对方，不惜借用政治手段来打击对方。结果表明，中国的佛、道两教都吸收过对方的思想甚至教义、教理。儒、佛、道三教的关系也是这样。

正因为融会普遍存在着，我们治中国哲学史，除了探究思想的传授关系，还要注意它的融会关系。过去研究佛教、道教、儒家的历史往往是单线的，各自为战，这不符合历史的实际。写佛教专史，也要兼治道教、儒家，写儒家专史，也要兼顾佛教、道教，写道教专史也要兼顾佛、儒，固不待言。

（五）文化接触的势差现象

两种文化体系，发生接触，会产生影响。文化形成于一定的社会结构、民族传统。社会在进步，由原始朴素状态走向科学文明。应当承认社会由低级向高级转化这一事实。

文化水平有高低，征诸历史事实，总是文化高的一方（或民族、或集团、或思想流派）去影响文化低的一方，而不能倒转过来。中原封建的文化，秦汉以后的二千年间，不断与四邻不同的民族接触。接触的结果总是中原封建主义文化思想体系起着主导作用，带动了临近的众多尚未进入封建文化的民族，使它们很快地进入封建文化的发展层次，接受中国传统的忠、孝观念，汇入中华民族文化的主流。两晋以后，南北朝，以及辽、金、元、清，统治者接受、继承了中华民族的封建主义文化，并在原来的基础上继续推行和发展。元朝的统治者占领了中原地区，有些爱国志士如文天祥为保存天地正气献出了生命。宋朝的政权结束了，而元朝的统治者接过儒教（儒学）这面旗子，继续扩大它的影响。宋元政权截然对立，宋元哲学思想体系是直接继承的。云南在宋朝是儒教影响不到的地区，元朝在云南兴建了文庙，把儒教的影响扩大到比宋朝更远的地区（明、清的思想继承关系也类似）。

原因是中华民族封建文化高于奴隶制，更高于部落联盟制。高层次的文化必然影响低层次的文化。秦汉建国到1840年，中原文化与周围少数民族的文化相比较，基本上处在较高的文化层次上。

鸦片战争打破了中华民族封建文化的旧格局，从海上来了殖民者，他们早已进入了资本主义阶段，资本主义与封建主义相接触，西方资本主义文化比封建主义文化又高出一个发展阶段。这两者相撞击，封建主义处于劣势。从文化发展的势差现象来看，中国只能处于被动地位。

1991年

中国哲学的前途

不言而喻，今天“中国哲学”的范围，比中国历史上任何时期的内容都要广泛。它不但继承传统中国哲学的主流，中、外、古、今，凡对当代中国发生影响的重要哲学流派、学说、思潮，今天都要从“中国哲学”的角度予以关注。

今天，马克思主义已在中国哲学中占指导地位，马克思主义是如何与中国传统文化相衔接的任务，已摆在中国哲学史研究者的面前。西方（如欧美）、东方（如日本）的其他哲学流派，也将与中国本土文化有更多的接触，其中有价值的东西也将被吸收、消化，成为中国哲学新体系的一部分。

博采众长，吸收一切先进的文化成果，是中国哲学的好传统，也是中华民族不断发展壮大的成功经验。中华民族素有吸收人类一切先进文化成果的魄力，也素有吸收一切有价值的中外哲学遗产构建新哲学体系的胸襟。我们现在面临着前所未有改革开放的新局面，全国人民正满怀信心地为建设具有中国特色的社会主义而奋进。我们更要有海洋般的心胸，容纳新学科、新知识、新系统，贯串古今，融通中外，继承人类一切优秀文化遗产，创建社会主义的新的哲学体系。

新的哲学体系尚在形成中，我们现在只能创造条件、积蓄力量，为新哲学的诞生铺路。但可以预料，它将是以马克思主义的立场、观点、方法为指导，融会贯通中外古今一切有价值的精神成果所构成的，具有中国特色的哲学体系。

体现一个时代思潮，并形成完整的体系，远非短期可以急就，往往要经历几代人、上百年不断努力，才能完成。我们既不能急于求成、粗制滥造，也不应坐待天降福音。建立新世界靠革命者自己和他们所属的群体，建立新的哲学，同样靠哲学家自己和他们所属的学派群体。

1992 年

中国哲学的远景

回顾过去中国哲学发展的经过及诸多现象，有助于我们约略地估计现在的道路和将来的远景。

哲学是回答关于宇宙、人生的根本问题的学问。中国传统哲学认为它是关于“天人之际、性命之原”的学问。它要高度概括、结合、吸收当时的人类认识的最高成果，提出问题，作出答复。提出问题，作出答复，并不难，多数哲学家都作出不同的努力，但真正做到有权威性，对国家、民族、个人产生深刻影响的哲学家或哲学流派却不多。秦汉到鸦片战争的二千年间，有深刻影响的只有两家。第一家是西汉的董仲舒建立的天人感应、阴阳五行思想体系的神学经学。在这个庞大的“神学经学”体系里，用阴阳五行说，解释（不是解决）人们关心的天时、地利、历法、农业生产、行政措施、战争等自然和社会现象。这种解释在当时可以满足社会上下各阶层的需要，它建立了历史性的功绩。这种哲学体系配合汉代大一统的客观形势，对于加强、促进中华民族的凝聚力也起着积极的作用。

隋唐时期是汉以后中国封建社会政治、经济的又一个繁荣时代，文学、艺术都达到时代的高峰，唯独在哲学方面，唐朝没有形成一个完整、宏伟的哲学体系，不能完全解释当时人们心中的天人之际、性命之原的根本问题。当时，佛、道、儒三教鼎立，各有建树，自成体系，有时三教之间发生矛盾，抵消了精力。这一任务在北宋开始，到了南宋朱熹才完成。朱熹是中国传统哲学的第二次高峰时期的代表，他建立的理学体系对后世的影响比董仲舒更长（董仲舒影响了约四百年，朱熹影响了约八百年）。宋代理学对自然现象、社会现象、行为规范、心性修养都有理论说明，它满足了当时社会上下各阶层的需要，朱熹也建立了历史的功绩。朱熹的哲学体系，对于巩固中国封建社会，延缓封建社会的瓦解起了巨大的作用。朱熹的哲学体系引发了后来各朝代众多流派，有的补充它，有的反对它，有的修正它，直到五四运动，这个体系才停止活动。董仲舒的“神学经学”比较粗糙，朱熹的经学可称为“儒教经学”。他把儒家变成了儒教。在朱子的大力推动下，把儒家神学化，儒教是中国式的政教合一，比欧洲中世纪的政教合一从形式到内容都得到比较完善的结合。

回顾二千多年来中国哲学史的两次高潮，汉代的神学经学与宋代的儒教经学，是沿着同一个方向前进的。第一次高潮，奠定了中国哲学与封建社会集中统一的思想格局，中华民族形成了共同的民族意识，为后来加强国家的统一的意识形态，打下了坚实的基础；这就是建立了以忠、孝为核心的思想权威。后来的中国哲学，无论属于什么流派，都不能绕过“忠”、“孝”这两个关口，只能对它补充、加强，不能削弱、更不能与之抵触。

第二次高潮，朱熹为首的儒教经学，汲取、消化了佛教、道教心性修养内容，使之世俗化，把入世实践与出世修养结合起来，从而丰富了经学内容。推出了新的经典，用《四书》代替了《五经》，并且对新经典给予适合时代要求的解释。《四书》原文早已存在，朱熹一生从事《四书》的讲授和注释，他取得了最权威的《四书》的解释权。《四书》被后来历代政府列为国家教科书，《四书集注》被后来政府定为国家考试的标准答案。哲学思想得到行政命令的帮助推行。它更具有中世纪政教合一的特色。

鸦片战争以前，中国是一个大一统的封建国家，中国哲学要解决的是在封建大一统制度下产生的根本问题。秦汉以后的中国社会存在着中央政权高度集中与小农经济极端分散这一对矛盾。中央政府必须强调集中统一，小农经济的本性是各自独立、一家一户为生产单位的个体经济。中国传统哲学力图找到政权高度集中与经济极端分散这一对矛盾的协调方案。从秦汉到清末，众多哲学流派都为解决这一对矛盾而尽力。

汉代的神学经学与宋代的儒教经学对中国封建社会发展有过历史

作用。鸦片战争以后，中华民族不但缺乏汉唐的旺盛生命力，也失去了宋朝的“儒教经学”在文化层次上遥遥领先的优势。问题的关键在于中国社会的性质发生了变化。鸦片战争以后，中国成为一个半封建、半殖民地性质的国家，被迫地走向了世界，中国人逐步打开了眼界，接触了一些近现代科学技术，进而了解一些外国的文学著作、哲学流派、政治体制。哲学的研究范围和对象还是宇宙人生的根本道理即天人之际、性命之原。由于社会性质发生了变化，面临的任务不同了，眼界扩大了，看到西方哲学家是如何解释这些重大问题的，中国哲学的面貌也跟着发生了变化，中华民族的文化内容加进了新的成分。

今天，中华民族面临着建设社会主义新文化、新哲学的任务，新哲学是个什么样的形式和内容?

参照历史的经验，我们可以推测：

（一）要与中国过去的哲学衔接，而不是与旧哲学完全脱离，平地构筑，或从外国全部移植，将来的中国文化吸收外来文化只能嫁接在原有的砧木上，不能焊接，这是从中国哲学的连续现象中得出来的结论。

（二）建立新哲学，要总结过去人类一切有价值的文化成果，不能犯“文革”时期的无知狂，抛开一切人类文化传统。这里所指的有价值的成果不只是中国传统哲学，外国的一切有价值的东西，也要吸收。

（三）建立新哲学，要承认文化思想、哲学有衰减现象。希望用古代某一两个哲学家（比如孔子）的思想来支撑新局面，是不能成功的，它不能代替新哲学的新体系。

（四）建立新哲学，要重视过去的哲学的融会现象，要以马克思主义为指导，吸收西方及东方哲学文化遗产的精华。新哲学不应当也不可能抱残守缺，孤芳自赏，而是汇百川众流。

（五）由于文化交流的势差现象，在越来越多的文化交流中，会有不同社会发展阶段的文化相遇。当前国际社会中，至少有三种社会形态同时存在着，封建主义的、资本主义的、社会主义的。我们对外开放，走向世界，势必有不同层次的文化涌来。我们对外来的不健康的东西统称为西方资产阶级腐朽文化，这是不准确的。资产阶级有腐朽文化，封建社会也有腐朽文化，有些腐朽的东西来自外部，有些东西本来就有，借外来的文化影响死灰复燃。如妓女、贪污等。古已有之，不完全是外来的。抵制资产阶级的腐朽文化的影响，只能用更高层次的社会主义新文化来占领思想阵地。封建主义抵挡不住资本主义文化。

1991年

总结传统哲学，发展马克思主义

未来的新哲学应当既有继承又有创新，既要吸收外来的（如马克思主义），又要与本国传统情况相衔接，还要看到我们面临的任务是正在建设有中国特色的社会主义。中国特色与中华民族的历史使命分不开。从政治变革的角度看，鸦片战争后，中国进行了四次政治变革。第一次是封建制度内部的改革派，为了抵抗外来侵略者而进行的斗争，如林则徐等人；第二次是戊戌变法；第三次是辛亥革命；第四次是中国共产党领导的民主革命到建立新中国。这四次的领导力量分属不同的阶级和阶层。中华民族从鸦片战争以来，持续不断地在完成同一个历史使命，就是挽救中国的危亡，使中国从被奴役、受剥削的困境中摆脱出来。为了完成中华民族的这个历史使命，领导阶级更换了好几茬。前者完不成任务，由后来者取代；后来者不能胜任，再由它的后来者取代，最后由中国共产党领导中华民族建立了新中国，摆脱了被殖民主义奴役的命运。中国社会的性质也从半封建半殖民地进入了社会主义。

这是中华民族从来没有遇到过的新局面。中国作为独立的社会主义主权国家，和其他不同制度的一百多个国家和众多的民族共同生活在这个世界上，国土还是秦汉以来相沿几千年的土地，但活动的范围已不再限于《禹贡》九州方域之内，天下的范围扩大为全球五大洲。

传统观念中的“天下”，包容不下今天“世界”的内容。

“中国哲学史是中华民族的认识史”这个命题没有改变，但被认识的世界范围扩大了。当前中国哲学的内容应当包括中国传统哲学；已被吸收并纳入中华民族认识史的西方哲学思想（传统和现代的）；还有指导中国革命的毛泽东思想。

中国哲学史上有过中外思想大融合的经验，像佛教传入中国后与中国传统文化相融合，成为中国的佛教哲学，给后人提供了可贵的经验，释迦牟尼本是外国人，后来被中国人奉为“圣人”，与孔、老并称为“三圣”。佛教中国化经历了漫长的融会过程，并不是一下就被广大人民所接受的。

中国哲学史研究的范围仍是“穷天人之际，究心性之原”。未来的中国哲学应当能解释发生在中国的社会、历史、自然、人类思维等方面的根本性的问题。

现在虽不能预知中国哲学的新体系是什么样子，但可以从过去的经历推测，中国哲学的新体系，是中华民族优秀遗产的继承，不能脱离旧的传统构建一套与旧哲学完全脱节的体系。

影响中华民族几千年的思想流派很多，影响深远的流派不过孔、孟、老、庄四家，四家中孟子是作为孔子的辅翼而出现的，庄子是作为老子的辅翼而出现的，说到底只有孔子、老子两家。孔子、老子留下的文字著作不多，主要来自他们的继承者的解释和阐发。六经中注释最多的是《周易》，诸子中注释最多的是《老子》。这种现象不是偶然的。因为从秦汉开始，中国建立了大一统的封建政权，高度集中的中央政府管辖着广大分散的农村，政治上的高度集中与经济的极端分散的统治格局贯串了二千多年。强化集中统一，严格等级制，是中央政府的要求；要求自给自足，不要政府过多干预，使小农生产安居乐业，是自然经济的本性。在朝的强调集中统一，在野的强调分散自由。儒家偏重在朝，道家偏重在野。在朝讲孔孟，在野讲老庄。有时同一个人，做官时讲孔孟，不做官时讲老庄。这两大流派都有广泛的社会基础。朝廷的势力大于农民，所以孔子的影响大于老子。

有学者提出中华民族的优良传统是刚健有为，自强不息，有乐天精神。这个说法是有根据的，因为这是儒家《易》学的好传统。但是也要看到道家的贵柔守雌、以静制动、安时处顺，也是中华民族的传统，人们在处于劣势时使用这些原则得以转危为安。用这些原则来治民、用兵，往往收到奇效。刚健传统，使中华民族日新自强；贵柔传统，使中华民族避免蛮干。两者都有深远的传统。

此外，墨子的行侠仗义，济危扶困，为集体不怕赴汤蹈火，也在广大社会中起着影响。根据中国哲学史的继承、融会现象，新哲学也应当取来用作构建中国哲学新体系的思想资料。

中国哲学的历史任务，在于利用当时人类已有的知识，吸收可能吸收的文化遗产，结合中国哲学史的实际，创建中国特色的符合社会主义要求的哲学体系，它不同于中国古代哲学史，因为它已融进了马克思主义哲学。这是一件极为艰巨的思想工程。新哲学能够解答人们关心的自然现象、社会现象、行为规范、心性修养诸方面的根本问题，说到底，还是解决“天人之际，性命之原”人类长期探索的根本问题。

就目前的主客观条件看，建立中华民族的新哲学，至少要有三条：

第一，繁荣强大的国力，安定团结的政治环境；

第二，积累充分的思想资料，只有中国古代的还不够，还要外国的，有的要翻译（中国古代哲学的重要著作也要翻译），使更多的人理解这些资料；

第三，要经历马克思主义中国化的过程。

以上三条缺一不可，第三条更为重要。生搬硬抄造成的后患值得借鉴。建立中华民族的新哲学，难处在于从一个完整、牢固的封建的中世纪脱胎出来的政教合一的哲学体系接着讲下来，不要像过去对待传统哲学所采取的一棒打死或置之不理简单化的方式。思想影响是打不死的，如小农意识有时会不知不觉地混进马克思主义。封建主义抹杀个人的合法权利，这种封建主义有时冒充社会主义的集体主义招摇过市。封建等级、宗法制度、狭隘的地域观念，都和马克思主义不相容，却经常出现，不肯退出历史舞台。

也有人认为春秋战国时期百家争鸣，思想活跃；学术繁荣，是中国哲学史上的黄金时代，认为秦汉以后的中国哲学显得单调，平庸，缺乏生气。其实这种想法是没有根据的。春秋战国时期的百家争鸣的根源不在于百家，而在于奴隶制解体列国林立，那是社会各阶层重新组合的过渡现象，百家争鸣正是为后来的秦汉统一准备条件。细看百家所争的不是论证各国长久分立，而是各家纷纷提供如何统一天下，治理天下的蓝图。

中华民族之所以屹立于天壤间对世界文化有所贡献，自己得到发展壮大，全得力于国家的统一。中国几经劫难，却能不断地克服危难，抵御外来侵略，救灾度荒，修文治史，作出伟大发明，都是在大一统的统一的国家主持下借助于综合国力优势才得以实现的。

鸦片战争以后，如果不是有几千年形成的民族共同体，长期培养的民族意识，我们也许早已沦为殖民地。马克思主义为中国指明了出路，这是中华民族经过长期选择后决定的。马克思主义的传播地区遍及全世界，以马克思主义作为立国思想，建成像中国这样的伟大的社会主义国家的却不多见。原因是多方面的，中国哲学、中华民族深厚的文化传统所起的作用决不可低估。

中国哲学的新体系的建成，一方面有古代哲学与现代马克思主义哲学相衔接的问题；另一方面，马克思主义哲学出世才一百多年，它本身还在发展成长当中。马克思主义哲学最大的贡献是它的历史唯物主义部分，这一部分从范畴到体系都在成长过程中。如“基础与上层建筑”是借用的比喻，后来上升为范畴的；有的用命题表达的方式尚未固定为范畴的，如“人民群众是历史的主人”；有的是与其他学科共用的，如“生产力与生产关系”。这个新领域有着无限广阔的前途，但有待于发展、完善、壮大。在中国发展马克思主义哲学，是中国哲学史工作者义不容辞的责任。我们这一代人至少为创造上述三个条件，在本专业范围内尽力而为，取得阶段性的成果，也就是为中华民族的文化建设尽了责任。

总结古代传统哲学，发展马克思主义，这两副重担都要中国哲学工作者承担下来。从需要来说，十分紧迫，实际进行的步骤却不能急于求成。这是时代交给我们的光荣任务，勉与同志们共同努力。

1991 年

美学是鉴赏之学

美学（Aesthetics）是从西方传过来的，这个字的原意，通常指能引起人们惊叹、怜悯、恐惧等感情的艺术品。这个词的意义比较肤浅，不太准确。我想美学这个词用“鉴赏之学”来表达更为恰当。平常说美学研究的范围是美，这还不完整。比如说艺术家画鬼，画钟馗，并不是漂亮的形象，但仍然作为艺术欣赏的对象。又如，中国园林中选的石头，不是选四面光滑平整的，而往往选残缺的、有窟窿的、不完整的，看起来丑陋的。讲究选所谓“瘦、透、皱、陋”。又如画神仙，要画得清奇古怪。作为鉴赏对象，从另外的角度来看它美不美，不是从它本身来看它的漂亮。中国的山水画中的树很少是成材的、笔直的，都是扭曲的、有树洞的。画梅花，也不是直上直下，常常画的是根部突出、扭曲、枯瘦的。仕女画也不是画得很漂亮，而是讲究淑静之气，目的在于画出仕女的风度。

鉴赏是主客观的结合，没有客观对象则无从鉴赏，但没有主观判断，也无所谓鉴赏。鉴赏是在美学价值上对对象作出的判断、评价，但鉴赏之学不承认美有它的客观基础是不对的。古人有极力强调内心的欣赏，不一定有对象，只要内心起欣赏的作用就算鉴赏了。陶渊明有一五弦琴，无弦。陶渊明弹琴，取出来抚摸以寄意，这种欣赏是“但得琴中趣，何必弦上音”，领会琴趣就行了，不一定通过琴弦来发音，才算达到欣赏的目的。这种美的鉴赏也只能是陶渊明自己欣赏，无法使别人共同欣赏，只能“独奏”，不能“合奏”。这种欣赏态度有片面性。如果真有这种事，这只是陶渊明个人的僻好，不能作为普遍原则。

1963年

美的范型、形式

一个东西美不美，应有标准。这个标准，有的明确提出，有的没有明确提出。战国时期楚辞作家宋玉形容美人："增之一分则太长，减之一分则太短，施粉则太白，施朱则太赤。"连续用了四个"太"字，怎么叫做"太"？他心目中有个范型，用这个范型去衡量欣赏的对象，发现这个对象恰恰符合理想中的范型。好像几何学上的圆，必须符合几何学的圆的定义。美也要符合美的范型，不能超过，也不能不及。这可看出，美是主观的判断，但这个主观判断要符合理想的范型——客观标准。范型也有它的民族性、社会性。宋玉说的美，是华夏族美人的标准，如果宋玉是一位非洲作家，就不会说"施粉则太白，施朱则太赤"，而可能说"施墨则太黑，施棕则太浅"了。范型尽管哲学家、美学家都说是客观的，不受人的意志的影响，实际上是社会现实生活的反映，把社会现实生活理想化、完美化的模型，看起来是客观的超现实的。应当指出，所谓范型，乃是社会现实生活理想的最完美的典型，也是构想出来的。说甲像乙，是把这个命题的宾词当作范型。中国唐朝武则天的宠臣张昌宗，年轻貌美，排行老六，朝廷上有人称赞他漂亮，说"六郎似荷花"，以荷花作为张昌宗的范型。又出来一个更会逢迎拍马的人，称赞说"荷花似六郎"，把六郎作为荷花的范型，更加美化了六郎。如果范型仅仅指大小、长短、黑白，而不加上社会属性，就不成其为范型。社会是阶级社会，就有阶级属性、道德属性。有了这些附加的社会属性为内容，它才有美的丰富内容。比如中国绘画中经常画松、竹、梅，称为“岁寒三友”，认为它们不怕严霜考验。如果抽掉社会属性和地理条件，假如在新加坡的人，从未有过严寒冰霜的遭遇，对松竹梅的抗寒判断也无从产生。同样一幅松竹梅的画，他们就不会产生中国人的意象。孤零零地画松树，就算画得多么好，也构不成他们的范型。范型看起来是完备的，超时空的，但范型的可变性、流动性、适应性的弹性很大。因为一种美的观念、印象，能唤起许多人的欣赏和联想。但不能唤起一切人的欣赏和联想。因为思想、联想不是凝固的，它随欣赏者的不同而变化。美的欣赏、审美判断要求没有确定的、凝固的观念，再加上想象力，形成表象，这种表象语言不能完全表达，然而通过语言、绘画或其他媒介，最后给人以整体的印象。古人说“诗无达诂”（“诂”是字义的解释，“达”是通用的解释），一首诗没有固定不变的解释。这就是说形象思维不同于逻辑抽象思维。它与哲学概念、推理、生物学、几何学不一样，几何学概念谁运用来解题都一样，没有民族性、地区性、社会性，诗却没有一个被大家共同接受的“达诂”。如果有，就不是好诗。唐朝诗人李商隐的诗《锦瑟》：

锦瑟无端五十弦，一弦一柱思华年。庄生晓梦迷蝴蝶，望帝春心托杜鹃。沧海月明珠有泪，蓝田日暖玉生烟。此情可待成追忆，只是当时已惘然。

对于这首诗注释的多极了，有的说是自叙诗，有的说是爱情诗，有的说是政治诗。这首诗给人的印象，不管怎么解释，觉得是迷惘、惆怅，追念过去。用的这些辞，都是具体的东西：弦、蝴蝶、杜鹃、沧海、日、月、珠、玉，都是具体有限的形象，以有限的形象展示无限的感情、复杂的心理活动，内容很丰富。艺术往往在描写死亡、爱情、安静的具体经验、意向中展示出自由、上帝、灵魂等超经验的理念；通过具体的事物表达非常抽象的思想、意识。也就是说，是不具有明显目的性的目的，是人为的，又不能露出雕琢痕迹。表现自然，借助想象力，超出经验之上，以一种形象走向不明确的概念，这就是艺术不同于科学思维之处。科学思维要清楚，不能模糊。近代有模糊数学，这也不是为了让人模糊，而是要求更准确而不能独断。但艺术不同，以一种形象思维的方式给人以生动感人的享受。艺术产品不能重复，复制品没有原作有价值。然而科学的价值就在于经得起重复，无论谁来做，结果都一样。艺术不可教，只能大致指点一下，艺术家不是教出来的，贵在独创，有特色的、唯一的，但又要有典型性，有范型。艺术也要改造自然，但要不带人为的痕迹。艺术要有判断、想象，要有美的理想，要表达严格的理性。艺术晶与审美判断有时一致，有时不一致。有的艺术品不一定符合美的要求，有的美的作品不一定有艺术性。

1963 年

论“自然美”

美学界中国外国都有人主张所谓自然美。自然美是相对于人工美来说的。有没有纯粹的自然美，现在也有争论。因为自然、客观存在的外界的东西，如山水、草木、日月、风景，从古代就存在，它客观地摆在那里，但人类懂得歌颂、欣赏自然美，却不曾发生在遥远的古代。北京猿人时期，周口店地区山川秀丽，气候宜人，遍地树木花草，那时北京猿人关心的是如何狩猎。如果有一种客观存在的“美”，它不以人们的意识为转移，这种观点值得怀疑。

从美学作为独立学科来看，只有艺术美，而无自然美，人们鉴赏的只是艺术的美。所谓自然美，说到底，还是经过人们思想意识加工过的美。自然是摆在那里的客观存在，美不美，一定要通过人的接触、感受，对它作出判断和评价，这才叫做美。人们称赞自然美，这种说法本身就否定了自然美的存在。比如说山明水秀，“明”、“秀”的性质是人加给它的，它无所谓明秀。水自己在流，能行船，这是它的特点。大山，人们称赞它雄伟，这又是人加给它的。山本身只有高度，而不存在“雄伟”的属性。形容江河奔放，江河的水的流量是客观的，“奔放”是人给加上去的。又如：雨，是水蒸汽凝结成的，但久旱后的雨，我们说“喜雨”；久雨不停，说是“苦雨”。风也不过是空气的流动，王羲之《兰亭序》中说“惠风和畅”，这也是人为的判断。如果观察者换了另外的人，则有“凄风”或“暴风”等等。看月亮，心情开朗时认为是“朗月”，心情凄凉时认为是“冷月”。对于花，杜甫有“感时花溅泪”(苦难时的感受)。有人称赞颐和园的好处是：虚实对比，一边是宫殿、山石，一边是湖波塔影。人们以一幅画的要求来构造颐和园的建筑。有人反问，既然一切是艺术的美，而美中有一种古朴的美、拙重的美，如以树根天然的形状做成的艺术品，这怎么理解呢？古朴的美是在今天高度文化的社会中才能提出，原因是有了大量人工的艺术品后，看厌了，需要调剂一下，这就要求回到自然，是技巧高度发达的社会的人做的翻案文章。如无高度发达的技巧，就不存在古朴的美。例如，周口店原始社会遗址，全部是自然，没有楼台亭阁，只有山洞、草木。不能说那种状态就是美。人一步步改变了自然面貌，使之更适合人类文化生活的要求。提倡回到自然，那只能有了一定高度的文化的社会，才回过头来提出的口号。自然美是人为的美的一部分，是人加上去的，或者说是人类创造美的一种必要的补充。如果没有发达的文化，没有自我意识的觉醒，人还不知自我的存在，那种纯自然就无所谓美。人类产生了自我意识，才把美提到鉴赏的日程上来，有了美的先决条件——鉴赏能力（所以说美学是鉴赏之学，就是这个意思），才能感受自然的美。

1963 年

美学、艺术与宗教

鉴赏有民族性、文化传统。正因为鉴赏有这些特点，所以鉴赏不可避免与政治生活、阶级利益发生关系。在古代（资本主义以前的社会）一切的学问都与宗教有关系，美学标准也离不开宗教主旨和宗教要求。山西大同云岗佛像、河南洛阳龙门佛像都在十七米以上，四川嘉定大佛比大足的大佛更大，嘉定大佛有半个山那么高。佛像的建立意义在哪里？从宗教美学的意义看，很明显的把神与人对立起来，人在佛像前感到自己的渺小，除艺术造就（衣服、雕饰等）外而言，宗教利用艺术为宗教服务，要宣传神的伟大、人的渺小。通过艺术创造、通过形象去帮助说明神的伟大、人的渺小。哲学理论、宗教神学、艺术创造要互相配合。

北京天坛象征天，颜色是蓝的，形状是圆形，人到了天坛祭天时，人感到天的至高无上，人在天坛下，只能翘首仰望，显得高不可攀。祭天的仪式只能由皇帝主持，只有皇帝才能与天发生关系，老百姓根本没有资格祭天。这是中国儒教的政教合一的一种表现。宗教利用艺术让人们接受宗教神学观点，通过图像说明宗教的真理。艺术作品以物质作为媒介、手段，表达宗教最高的理想。宗教用的媒介有声音、色调、线条、建筑材料、语言（文字符号）。各种媒介表达人们的观念、祈求，也就是表达宗教所提倡的“意向”。

以音乐为例，各种宗教音乐不一样，基督教颂神诗与佛教的佛曲不一样，但它们也有共同之处，都是表达对信仰对象赞叹、仰慕的感情。各地寺庙的佛曲，都表达一种要求得到外来强大力量拯救苦难的心情。宗教建筑的色调、线条也如此。大的宗教建筑，天幕的颜色都较庄重，摒弃华丽的颜色。寺庙建筑也是尽量的高大宏伟，站在建筑物前，使瞻拜者感到自己的渺小。伊斯兰教的清真寺，颜色浅，给人一种圣洁的感觉，通过有形的建筑物，向人显示神性是崇高圣洁的。从这不难看出，宗教与美学之间的关系，即宗教利用形象表达宗教的抽象的世界观或意识形态，用有形来表达无形，以种种方式，通过听觉、视觉受到宗教音乐、建筑的刺激，引起敬慕之感。对神的崇拜，也就是对自己的缩小，一方面夸大崇拜对象，一方面缩小自己。不管什么宗教都要使人感到在神面前自己是微不足道的。不管什么宗教都要证明人对自己的命运无能为力，只有神的权力是无限的，是永恒的。这些可用哲学、文学来表示，也可用艺术表示。

荀子是无神论者，他首先提出美、音乐可以为政治服务，可以赞助教化。有神论者认为音乐、艺术不但可以赞助教化，还可以赞助天地、鬼神，赞助崇拜对象。进入资本主义社会，人的自觉的意识更进一步得到发展，比中世纪有很大不同，但是宗教还是可以利用艺术。人征服自然的能力比古人加强很多了，人走上太空，地球都变小了，但是一直到今天，人对自己、对社会是所知甚少，甚至无知。社会对人是个未知数，就好像古人对山崩、迅雷、暴雨，自然灾害不可避免一样无知。今天人类对社会基本上还是无知无能。资本主义社会的人们，物质虽比过去丰富，但并不幸福，看不到出路。社会主义社会历史较短，经验不足，也是在摸索经验。比如新中国三十多年，怎么把经济关系理顺，把劳动者的积极性发挥出来，也还在摸索经验，把不合理的现象消灭掉，还刚刚开始。像这样充满了不理解，在许多未知数面前，宗教在社会上还起作用。比如宗教画的圣母像，表现圣洁、慈祥。因为阶级斗争的社会里，人与人的关系残酷而紧张，宗教宣称它那里有真正的同情和怜悯。塑造佛像面貌多表现为慈祥，用来反衬人世间的冷酷，给苦难者以精神上的满足。这是俘虏信徒的一种手法。从高大的佛塑像的头部挂一条垂直线到地面，可以发现佛像并不是垂直的，而是全身微向前倾斜。这并不是塑造者技术上的失误，恰恰表示塑造者的匠心，它可以使朝拜者产生佛像与朝拜者亲近的印象。这是以艺术形象表达宗教的意图。从这可看出，宗教艺术的作用不能仅仅看作美的形象。好多美学的文章讲到佛教的雕塑都从服饰、花纹等方面讲得多，但对塑像的意图却不太注意，如果没有这个意图，就不会费这么大劲去塑造。研究宗教，要时刻想到它的社会性，忘掉这一点就会忘掉宗教之所以为宗教这一主要性质。

如宗教音乐，一般的不激烈、不刺激，节奏缓和，无很高的高音，也无很低的低音。这种音乐可以收到较好的宗教效果。信徒们从闹嚷嚷的世俗生活中，一下子进入了一个清静、安谧、肃穆的境界，暂时摆脱了紧张、喧闹，享受一下缓和松散的气氛，使人感到寺内外显然是两个世界。一百年前，佛教在北美不大流行，北美是基督教的领地，这些年佛教信徒不少，现在也有白种人当和尚。他们说进入庙门，就进入了一种特殊环境，从塑像到音乐，给人以平稳、安舒的感觉，恍然到了另一世界，耳目一新，所以很能引起人们的兴趣。宗教音乐不要求调子优美、节奏明快，而要求平稳、舒缓，听了给人以心平气和的感觉，假如熏陶久了，牢骚就会消灭了，人就心平气和了，不满情绪也就消失了。这就表明宗教世界观已经通过音乐灌输到人的思想中去了。宗教音乐调整人的内心，不必对不合理的世界进行反抗，逆来顺受，宗教目的就达到了。

以中国为例，中国封建社会要维持它的存在，维持阶级的统治，必须有一整套上层建筑，从各个领域共同维护纲常名教，忠国忠君、孝顺父母，儒教、佛教、道教都一样，通过文学、艺术、音乐为一个共同的封建社会服务。我们长期以来不大注意学科间交互融合的关系、协调的作用。我们要看到社会的存在，巩固社会的秩序，必须各方面协调，才能前进。

1963 年

第二编

儒　学

上帝、祖先崇拜及其演变

部落联盟前没有形成上帝的观念，母系氏族社会的神是自然力的幻想，当时出现了天地、日月、山川之神。自然力的神，地位平等，不分高下，神只具有自然属性，还未具有社会属性，到父系氏族社会时期，神开始具有社会属性，有了祖先崇拜。像传说中的黄帝，既是神又是人。人和神体现在同一个崇拜的对象上。祖先崇拜阶段的神，它管辖的权限只限于本部落，还未形成统帅众神的神。自夏朝开始，进入阶级社会，建立了国家，君主权力比部落联盟时期集中，相传禹集会诸侯，防风氏迟到，即将他杀掉。人类社会产生了政权集中的力量，天上也出现了最高的支配力量。君主自称是天神的代理人。《墨子·兼爱篇下》引《禹誓》中讲，告诉听众们，都要听我的话。为什么要伐有苗，因为有苗违反天意，我代天行罚。《墨子·明鬼篇》也引《禹誓》，讲到禹征有扈氏“天用剿绝其命”，“共行天之罚”，禹代天惩罚有扈氏。《墨子·非命下》引《总德》说禹代天执行命令，违背天命将带来灾难。儒家孔孟崇拜尧、舜、文王、周公，墨子则崇拜夏禹。《墨子》书中保存了不少关于禹的材料。历史上记载，很多地方提到夏王朝崇信天和命，夏征有苗、有扈，代天征伐，称“天伐”或“天讨”。(命)字是象形字，表示在大屋顶下，一个人在发命令。字没有口，就是“令”，两个字是一个意思。孔子《论语》一再称赞禹，认为禹是一个最完善的人，禹有三条美德：一、“菲饮食而致孝乎鬼神”；二、“恶衣服而致美乎黻冕”；三、“卑宫室而尽力乎沟洫”。这三条中有两条都与鬼神有关。第一条很清楚，是尊重鬼神的，第二条是祭天的礼服。从这里可以看出夏朝统治者对天的崇拜。

进入阶级社会后，对天的崇拜不再是全社会普通成员的信奉。敬天地成了统治者的特权，只有君主才有资格代天说话，这是与以前氏族公社时期宗教信仰不同的地方。还有，这时的“天”已经可以惩罚人了。天命除管水旱风雨外，还管惩罚恶人，谁违抗君主命令，就是罪恶，就将受到惩罚、制裁。天神的这种特权，是阶级社会前所没有的。宗教虽然是讲的神、鬼，实际上是社会现实歪曲的反映。

有些宗教崇拜是从氏族公社时期遗留下来的，像祖先崇拜，只是崇拜的内容有了改变。社会现象比自然现象复杂。社会性质变了，宗教思想也跟着变化，但意识形态的变化不像刀切斧砍那样整齐。比如奴隶制已消灭很久，到清朝18世纪，还有家内奴隶，《红楼梦》中讲的小厮、丫头，都是家内奴隶，这是奴隶制的残余。祖先崇拜也有类似情况，祖先崇拜是父系公社时期的宗教信仰，可是进入奴隶制社会、封建社会后还存在，只是内容有了变化。父系氏族社会祖先崇拜，崇拜的祖先是英雄，这个英雄为本氏族造福，所以本氏族成员纪念他、崇拜他。进入奴隶制社会祖先崇拜除了保留祖先是英雄值得崇拜那些因素外，还因为他是君王的祖先并非是有德有功才去崇拜。

1963年

宗教变化的四种形式

宗教的变化，自发宗教到人为宗教漫长变化过程中形式上、内容上有些改变。形成人为宗教以后，还在不断变化，这个变化可分为以下四种形态、方式：（一）某种宗教信仰在同一个民族内部，发生了变化。例如这个民族，过去信仰这种宗教，后来又信仰另外的宗教。

这是一种变化方式。（二）吸收了其他不同宗教的内容，使它有所改变，民族还是这个民族，宗教还是这个宗教，只是内容有所变化。（三）宗教的观念、宗教的感情、宗教的思想逐渐地冲淡了。（四）这种宗教在发展过程中逐渐地消亡。这不是说宗教现象消亡，只是某种宗教消亡了。

1963 年

宗教学的基本问题——天人（神人）关系

宗教学的基本问题是研究“天人关系”。西方说是神与人的关系。宗教学与其他学科有很大的不同。其他学科研究的关系双方都有其客观存在的实体，唯独宗教学研究的天人关系，一方是实体（人），一方是虚幻的实体（作为信仰的对象天）。宗教特有的幻想性决定了它不同于其他上层建筑。在天人关系中间，有人把天当作自然，这个天人关系便分化出哲学，即人与自然的关系，发展成为思维与存在的关系。哲学是从宗教中分化出来的。

天人关系有种种学说流派：（一）由天或神产生了人，很多宗教都是这种说法。（二）人创造了神，这是近代的观点。这种思想最明确提出的是费尔巴哈，在古希腊也有类似的看法。有的哲学家说，一头牛也信仰上帝的话，它的上帝一定是长了两个犄角，会吃草的。这也说明上帝是人创造的。这种观点是从宗教中分化出来的无神论思想或唯物论思想。（三）神人相互感应说。这又可细分为：（1）神在人的心中；（2）神在人的本性中；（3）神超越于人之上；（4）人是神的翻版。（四）泛神论：到处是神、是天。泛神论以宗教的形式反映了世界观，带有唯物论的倾向、因素。（五）神创造世界：这是基督教、伊斯兰教的说法。（六）佛教不承认有造物主，世界是因缘（各种条件）凑成的，正统派认为因缘（条件）是精神性的，也有认为因缘（条件）是物质性的。

总之，各种天人关系的观点，都是在不同的角度，对宗教的解释。任何宗教，我们要看它对待天人关系的说法，来加以分析，看它是什么派，什么倾向，引导出什么结论来，与哲学的关系，和其他科学的关系。由神人关系推演下去，引出第二个问题，即神是否可知？天人关系是否可知？这与哲学基本问题第二个方面，世界是否可知相类似。宗教学在基本问题上也同样引出这个问题：一方面认为神是可知的，但不是唯物主义的认识、实践，而是神秘的体验、直观来获得的。有的学派认为神是不可知的。宗教学上的不可知论与哲学上的不可知论(引导到唯心主义)，价值和作用刚好相反，哲学上的不可知论可能走向唯心论，给宗教保留地盘。而宗教的不可知论可能背离宗教，走向哲学，接近怀疑论。宗教的怀疑论，往往导致出唯物论的结论来。

宗教学的基本问题——天人关系，是个宗教问题，同时与哲学很密切。如果宗教学的规范——幻想性贯彻不好、不彻底，就会脱离原来的范围，走向它的反面，不再是宗教。宗教学问题，一方面要看到它是个信仰，更重要的要注意它与认识论有密切关系；一方面要从信仰角度考察宗教，另方面要从认识论角度考察宗教。人类接受宗教有两个途径，一个是从认识论的角度进入宗教信仰，一个从信仰的角度直接进入宗教。前一种从认识论的角度引导人进入宗教信仰，如佛教，先通过哲学的分析、概念的分析、逻辑问题，引导人走向信仰宗教，特别是佛教中的因明学，西方学者称为佛教逻辑。因明学与逻辑有区别，它也讲逻辑，从现象界的认识、概念、推理、判断都有，但因明学是为宗教服务的认识论，它不是引导人得到逻辑的结论，而是引导人脱离现实，走向信仰，是特殊的思维方法。这是从认识论的途径引导人否认认识，脱离认识，走向信仰。另一途径，直接从信仰开始，否认推理、判断、逻辑思维的作用。他们把理性思维看做认识天、神的障碍，必须超脱了这些理性思维、科学的分析，只用直观体认天的存在。这两种途径在宗教学中都存在，而且互相补充，但归根结底，它建立一种虚幻的世界观，这是宗教的根本立场。如果光看到一些逻辑性的论证，就认为它是哲学，不是宗教，就会被现象所迷惑。

1963 年

宗教产生的两个根源

历史唯物主义告诉我们，宗教的产生有两个根源，一是认识论的根源，一是社会的根源。人们习惯地把认识论的根源看作是属于自然科学、心理学或其他方面的研究范围。把认识论根源仅仅看成与自然科学有关系，由于古代自然科学不发达，对自然现象不理解，因而产生宗教思想。这种说法无疑是对的。但也要看到产生宗教的认识论根源不止在古代存在，当代也存在，不能仅仅理解为对自然界现象不理解、自然科学知识的缺乏，才出现不正确的认识。应该看到认识论范围，既包括自然现象，也包括社会现象。对社会现象如果没有科学世界观作为指导，是无法看清的。经常有人问，许多科学家也信仰宗教，难道他们也缺乏科学知识？这个问题并不难理解。任何自然科学家，都是对自然界的某一个方面、某一小的范围内的专家。比如对生物学的某一部分。物理学的某一部分、化学的某一部分，等等。世界是复杂多样的，社会现象比自然现象复杂得多，一个卓越的自然科学家，只能在他研究的某领域内是权威，决不可能在他研究的范围之外也精通。他对社会现象的知识可以很少、甚至无知。在他的研究范围内是个巨人，出了那个范围，对社会，对人生可能见解很肤浅，并不高明。所谓“专家”，只是对很小范围内的东西知道得很多的人，超出他研究的范围，他也是个普通人，也许还不及普通人。宗教产生的认识论的根源经常存在，认识永无穷尽，知识领域可以无限扩大，但做不到无所不知。不能说自然科学发达了，人对世界，对社会就有充分的认识。人对自己、对社会理解还很少。既然不能如实对世界的本来样子来认识、理解世界，就会受骗，就会被歪曲的思想意识的影响来左右人们的认识。

社会根源与社会现象的复杂性有关系。人类对社会现象认识不准确，就会得出违反科学、违反常识的结论。所以出现歪曲了的世界观，并不奇怪。认识不是一次完成的，在人类认识世界的过程必然要经历曲折的道路。再回到认识论的角度考察，宗教信仰的对象是虚幻的实体。宗教信仰认为这种实体最有价值，是人类追求的最高目标，所以它以虚幻的信仰作为根据，必然引申出它的行为、宗教实践。这种实践不同于科学实践，它没有科学根据。宗教的社会作用与认识论的错误是连在一起的、不可分的。从认识论方面看，是对现实世界的歪曲的反映，而从社会作用来看，它起麻醉作用、鸦片烟的作用。

1963 年

康德论上帝存在

最早安瑟伦以信仰为基础，随着资产阶级的壮大，对中世纪的教条有所突破，以理性来证明上帝的存在，如笛卡尔，这种努力也不成功。人类认识不断深入，哲学向前发展，康德又进了一步，用理性方法、逻辑论证，证明上帝存在是不可能的，宣判了证明上帝存在是徒劳无用。最后由于需要上帝存在又回到信仰上去。所以康德提出：只有信仰才是最有力的上帝存在的说明。只有信仰，它才不需要证明。如果说信仰一个东西，又不承认它的存在，这是不可想象的，所以说上帝的存在是信仰中的存在，不能说是真实的、实际的存在。上帝不是认识的对象，知识、知性、理性，对上帝用不上，这些都是经验世界中的，超经验的部分，理性、知性管辖不到，只有信仰才能在超经验领域中通行无阻。它不需要证明，因为它是自明，它不需要推理，因为它本身就是最后的真理。

康德把自由、不朽、上帝这三个看作是三个公设（最带普遍性的公设），这三个中，后两个与前一个自由有区别。自由属道德范畴，有社会意义。后两个有神学的意义，不是一类。这三大公设中，把上帝从人类的感性、知性、理性中排除出去。但把它排除出去，不等于上帝不存在，而是把上帝的存在放于信仰中，指出上帝的作用是存在的。

上帝存在的问题，实际上反映了欧洲资产阶级反对封建主义的过程。因为欧洲中世纪有时政教合一的宗教与政治结合得比较紧，一些启蒙思想家为了反封建主义，推动资本主义思想发展，所以对上帝提出了怀疑。对上帝的怀疑就是对封建主义的冲击。在封建主义下面，个人没有地位，中国与欧洲一样。为什么提出自由平等，是争个人的解放。在神学问题的争辩中，实质上体现了个人解放的要求。康德提出应该有道德的神学，而不赞成有神学的道德，这里重点不一样。有道德的神学，是一个人要服从道德的律令，道德律令是自觉的，应该这么做。怕上帝的赏罚而去做是屈从于教条，而不是服从道德的律令，如果说上帝的存在，只能通过人的行为，道德的律令来加以证明，人做好事就好像在上帝监督下让他去做。道德是自我律令，一事当前，该做不该做不是法律的规定，是自己管自己，自觉地去做。上帝也应该是自我立法的存在，所以从康德开始把上帝加上道德的属性。康德在《实践理性批判》中说："在我头上是灿烂的星空，道德律令在我心中。"这句话刻在康德的墓碑上。康德坚定地维护宗教，他一方面教人放弃证明上帝存在，同时，又提出上帝也不可能被人证明不存在。他还说基督教与最纯粹的实践理性相结合完全是可能的。《圣经》上有些神话不可信也不必信，对《圣经》要从道德观点上来解释，要发掘《圣经》中普遍的有效性的、理性主义的部分。如果把信仰放在道德之上，用信仰指导道德，他认为不算作迷信。如果把道德充实到信仰中去，用道德的律令指导宗教行为，这种宗教还是需要的。康德自己不上教堂，也反对有人格的神，反对神人同形，也反对上帝作为实体，反对宗教教导人绝对服从，反对宗教提倡权威。在这个意义下，说明德国资产阶级有企图从中世纪宗教神学束缚中解放出来的倾向。哲学希望从宗教中争得更多的自由。康德从另一方面又反对无神论和泛神论，他提出如不承认理性的信仰，给信仰以新的解释，就会让一些人走向无神论，或一些人走到迷信中去。我们从西方哲学史上看宗教与哲学的关系，可以发现哲学力图摆脱宗教的束缚，这一点东方与西方有共同性。作为一个规律来看，人类认识史上，必须经过这个过程，要求从宗教神权的束缚中解脱出来，通过三大实践，人逐渐发现认识自己的地位。这又回到宗教学中天人关系问题上来，人的地位逐渐被认识，人逐渐从“天”（神）的管辖下争取自由、解放自己。人的地位从神的附属品中摆脱出来，变为自觉的人，自由的人。人发现了人的自由，这是个漫长的过程。最早的时候，人离不开宗教，后来逐渐从宗教中摆脱出来，人对世界认识更清醒了，也认识了人自己的地位。这是只勾画出一个大致的发展趋势。直到现在，人类还没有真正摆脱宗教，认识自己。我们说人类对自然界（对物质世界）的了解较多，对人与人的关系的了解很少，人对自身认识也很不够，有好多东西，对人还是个未知数。这种情况，就给宗教提供活动的地盘。

1963 年

泛神论在宇宙观方面对宗教的破坏作用

中国佛教天台宗著名代表人物湛然，在他的著作《金刚碑》中，集中讲佛性问题，他说：“一尘一心即一切生佛之心性”。“尘”是指外界、现实世界。“心”指人的主观意识。所有客观世界以及主观世界，都是“佛之心”、“佛之性”。“佛”代表最高的真理、最高精神实体，这个精神实体又叫“真如”。因此提出“无情有性”说。从小乘佛教看，草木、石头不具备佛的心性，大乘佛教认为一切东西，不管是有生命的、无生命的，生物界或非生物界，都有“心性”。“无情”指无生命的石头、瓦砾等。“万法即真如，由不变故。真如是万法，由随缘故”。真如与千变万化的东西不可分，真如表现在各个具体事物中间（随缘），变化之中体现真如。这是说：一切事物必须体现最高的真理（真如），真理（真如）表现在各个方面，所以“无情”也有佛性，即是说非生物的东西也是“真如”、“佛性”的显现。“法”、“佛”、“真如”是指一个东西。“真如”是“佛性”另一略称，是最高的精神实体。他引佛经为例：《华严经》讲“众生”与“非众生”都是不真实的，同时又是真实的，这等于说“无情有性”。《金刚碑》中说，“佛性”、“真性”、“实性”，这些都是从本体说的，简称为“性”。但佛性即包括崇高的精神境界，也包括卑下的、一般人认为没有价值的存在，一切存在都有佛性，一草一木、砖头瓦块，都具有佛性。这种说法，从原则上讲，必然得出“无情有性”的结论。理想的最高的精神境界必须说成普遍性、真理万能，如果有东西独立存在于真理之外，佛教的最高精神原则（实体）不被包容，那等于说真理有局限性、片面性，最高真理就不算做真理。因此，大乘佛教从逻辑上推论出“无情有性”这个结论。

这里提出一个问题：佛性，佛教最高的精神实体是无所不包，佛性威力最高大、最宽广，所以他们自称“佛法无边”。从这儿便将佛教带入新的困境。按照宗教世界观来看，至高无上的精神实体充满一切，佛性无所不在，也要在蝼蚁、瓦甓、屎溺之中。一切丑陋、罪恶的东西也是佛性的体现，这势必破坏佛性的庄严性、神圣性，佛性的光辉就受到损害。佛教的宗教世界观把神性（佛性）无限扩张，表面上扩大了、抬高了，实质上它又降低了神的神圣性、纯洁性。神学本来应加强美善的东西，力图抬高神的地位，理论上却把神的地位贬低了。宗教世界观目的在于引导人摆脱现实世界的束缚，引导人们向另外的世界寻找精神安慰。但这条道路，在一定意义上引出相反的结果。这是宗教神学本身带来的矛盾。如果说佛性有些范围管不到，它就不具备普遍性，有的领域不在它管辖的范围之内，又带来自身的矛盾。湛然的“无情有性”理论上给自己带来困难，使它在宗教内部起着破坏作用。

1963 年

泛神论在方法论方面对宗教的破坏作用

从方法论来看，宗教哲学、泛神论也会从内部给宗教起破坏作用。以佛教为例：佛教教人从精神上得到解脱，小乘佛教取得精神解脱的方法是“坐禅”，不断修行。小乘修行的最高等级阿罗汉。大乘佛教的修行的方法比小乘佛教有所发展：有六度之说，也叫做“六波罗密多”，有六种引导解脱，到彼岸世界的方法：（一）布施：向寺院及僧众捐助财物，也可捐助劳动。南朝梁武帝曾三次舍身于同泰寺，将自己奉献给寺庙服劳役。（二）持戒：遵守佛教戒律生活的规定。（三）忍辱：受到外来的污辱、暴力，要忍耐。（四）精进：加强宗教训练，以求得不断进步。（五）禅定。（六）般若（旧译作“智慧”）通过智慧达到彼岸。禅宗进一步把人类一切日常活动都说成是寻求精神解脱的方法，解脱的路子更宽了。印度小乘佛教坐禅比较简单。要静坐、调整呼吸，“舌住上颚，心住一境”。禅定中间，精力集中在想象事物上，有的实行“庄严观”，让人们幻想出一个庄严美妙的世界或对象。“观”是想，念念不忘的想。为向往另外一种精神世界，心理学上也有，心理上出观一种变态的境界，经过特殊的训练，培养坐禅者出现幻视、幻听的变态心理。另一种坐禅观想的方法，佛教称为“不净观”，专想污秽不净的一些事物，引导人厌离现实世界，佛教认为用这种思想训练的方法，也能使人走向解脱。这都是印度佛教传统方法。中国禅宗又有大的改变。菩提达摩有“入道四行”，入道有四种心理活动。第一，“报怨行”，他们认为今生今世的苦难都是过去罪过的结果，教人对苦难看得开。第二，“随缘行”，得失随缘，他们教人一切看得开，人不要为得失所左右。第三，“无所求行”，教人要有一无所求的心理修养。第四，“称法（道）行”，按佛教教导去办。菩提达摩的禅法特点，都是心理认识方面的训练。再发展下去，禅宗主张不要坐禅，认为坐禅入定时虽然可以达到一种精神境界，当离开坐禅时，这种精神境界又消失了。因此他们提出行住坐卧都要保持禅定的这种心理训练状态。

禅宗再发展下去，认为坐禅就不仅无益，甚至有害。从理论上阐明佛教的原理、原则的也被废弃。佛书记载临济宗的创始人义玄，出家三年时问师父黄檗希运，佛法大义是什么，问了三次，三次被打。后来老师将他介绍到大愚和尚处。经大愚启发，他悟到：“原来黄檗佛法无多子。”这是禅宗宣传佛教用的一种直观的教学方法。因为“真如”本体无所不包，人的语言有局限性。真如是全体，没有东西在它之外，语言则有主词、宾词，它只能表达有限的意思。“无限”即无法表达。真如不能被当作具体的东西，真如不具有任何质的规定性。因此禅宗认为要理解真如，语言没有用处，只能用直观的方法，顿悟式的启发，有时用拳打脚踢，引起问学人的理解、领悟。禅宗反对用逻辑推理的办法去认识真如。因为真如不能作为认识的对象。禅宗否认概念、推理，否认思维的逻辑性。禅宗主张以不说代替说，不做代替做。反对认识而提倡领悟。它取消主客观关系，它用思维去吞没存在。有一个禅师，坐禅时，在他房间里的门上、窗上都写上“心”字，目的在于将心收拢。另一禅师指出他的方法不对，应在门上写“门”字、窗上写“窗”字，不要另外提出一个“心”作为观想的对象。也就是反对用语言文字去表达最高的精神实体，而主张用直接去体认的方法。

直观主义、神秘的直观方法是禅宗方法，它反对推理反对科学的主客观关系，反对读书。有一个禅师见到蜜蜂碰窗户纸想出去，一次一次未成，就说：“钻故纸堆，驴年也不得出。”

禅宗告诉人，日常生活中到处都体现真理，但不一定讲得出来。“运水搬柴无非妙道”、“青青翠竹尽是禅心，郁郁黄花无非般若”。运水搬柴也可达到精神解脱的境界。禅宗看到人类认识能力的局限性，但它夸大了这点，把局限性绝对化了，主张认识不可能，主张顿悟。禅宗最后讲“佛无一法与人”，从释迦牟尼开始，没有一法（道）可以给人，“佛不过是吃饭、著衣、痾屎、送尿”。照这个说法，佛教把“真如”最崇高、最圣洁的品格从天上拉到人间。佛教认为生活在人世间要得到解脱，只要换换观点就行了，运水搬柴体现了妙道。禅宗把彼岸世界与此岸世界的界线拆除了，这个佛教理论带来精神危机。“佛无一法与人”，人就要问：既然佛无一法与人，还宣传佛法干啥，岂不把自己也给否定了？所以后来宗儒批评佛教，就提出质问：运水搬柴都是妙道。怎么事父事君就不是妙道呢？佛法无边，无法表达，最好不表达，这个道理必然引它走到自己的反面：有佛教与无佛教一样，相信与不相信佛教一样。既然说不清，佛教就可以取消了。

1963 年

重视对儒教的研究

这是一个有争议的问题。佛教是世界三大宗教之一，已被世界所公认；儒教是不是宗教，国内外都有不同的看法，有人说是，有人说不是。说儒教是宗教的，又有两种理解：一派以孔子为儒教的创始人，孔子是教主；一派认为宋明理学为儒教，孔、孟创立的是儒家，先秦儒家是学派，不是宗教。对后世以至当前的社会生活仍在起作用的，并不是先秦的儒家，而是宋明以来的儒教。对孔子的研究已引起全国的关注，恢复孔子的本来面目，并不难。对儒教（或称为宋明理学）的研究似乎还未引起重视，而且难度也较大，有些准备工作要做，现在条件还不大具备。困难是困难，它却直接关系到我们现代化的命运。远的且不说，史无前例的“文化大革命”，可以说与孔子无关，却不能说与儒教无关。这不是篇把文章能说得清楚的。儒教的兴衰功过，我们的《中国哲学发展史》宋以后几卷，将有充分论述，这里不能深论。

1986年

具有中国民族形式的宗教——儒教

孔子是儒家的创始人。孔子以前已有以儒为职业的，但他们还不成为学派。孔子一生从事教育事业，开门授徒，以他的思想体系教人，于是中国出现了第一个学派——儒家。孔子和儒家有不可分割关系，是大家公认的。后来宋朝兴起了儒教，儒教奉孔子为教主，教主出现在孔子死后若干年，孔子对此不负任何责任。儒家与儒教不是一回事。

北周时已有“三教”的说法（三教指佛教、儒教、道教），北周国祚短促，没有引起注意。隋唐时期“三教”之说已很流行，唐朝凡遇国家庆典，诏“三教”辩论于殿廷。儒、释、道三教为自己的“教”争荣誉，争地位，都推派代表积极参加。

唐朝不少排斥佛教、道教之人，最为人所知的有韩愈。韩愈排斥佛教（也反对道教），韩愈排佛教在于用儒教代替佛教和道教，为儒教争地位。像韩愈这种主张的人，唐朝占少数，社会上多数人承认三教鼎立这样的事实，认为孔子、释迦、老子都是“圣人”，都值得尊敬，释迦的身分从南北朝起，人们已不把它当作外国人看待，佛教经典也取得与儒家经典同样合法的地位，建立了“佛教经学”，普及程度超过了儒家经典。

儒教成为完整形态的宗教，应当从北宋算起，朱熹把它完善化。多年来人们习惯地称为理学或道学的这种体系，我称之为儒教，这不是什么名词之争，它实在关系重大。为了说明事实，先从中国的国情说起。

唐虞三代的历史资料留下来的不多，我们只从秦汉说起，秦汉奠定了后来二千多年的政治格局，即统一的中央集权的封建专制制度。

秦汉以后的许多朝代，直到清末，都是沿着这条路线向前走的。二千多年来也有分裂的时候，不过为期不长，即使分裂期间，从人民到统治者都认为是不正常的现象，统一才是正常的。二千多年贯串着一对基本矛盾：政治上的高度统一，经济上的极端分散。封建经济是一家一户为生产单位的自然经济，产品为了自己消费，不为流通。经济交流、手工业品基本上是封闭的，只有供上层贵族享用的奢侈品带有全国性的流通，南海的珍珠、丝绸，北方的毛皮都集中到宫廷贵族手中，丝绸之路还远达欧洲。但这也限于奢侈品，不能与后来资本主义时期的商品相提并论。

自然经济的特点是封闭型，分散经营，不希望政府过多的干预。中国秦汉以后是统一的大国，从政治上要求集中权力，多民族，地区广大，如果政令不一，就难以达到统一的目的。中国中原地区进入封建社会比较早，生产也比较发达，周围的地区有些民族还处在奴隶制甚至原始社会，双方难免发生掠夺性战争。为了保证国家的生产正常进行，客观也需要有一个强有力的中央政府来维持安全繁荣的局面。政治上的高度统一，是客观需要，经济上的极端分散又是客观现实，它是自然经济的本性。政治的集中与经济的分散，这一对矛盾如何协调，不使它畸轻畸重，便成了历代统治者关心的大问题。儒教在这里起着重要作用。

封建社会靠什么统治？像中国这样纵横数千里、上万里的大国，光靠武力、政治的权力是办不到的。除了政治军事力量以外还得有宗教来配合。世界的三大宗教都是在封建社会发展起来的，这不是偶然现象。封建社会需要宗教。如果仅仅是个人的需要，它带有主观因素和偶然性，可以不必太注意，如果出自社会的需要、国家的需要，这就不能看作主观的、偶然的，它具社会性、群众性、客观性。宗教的产生和流行，即出于社会客观的需要。儒教就是出现在中国古代这块土地上的特殊宗教，只有中国才能有的宗教。

宗教之所以为宗教，有它的本质部分和外壳部分。外壳部分，是它的组织形式、信奉的对象、诵读的经典、宗教活动的仪式，等等。这些方面，因教而异，各不相同。宗教之所以为宗教，还有它的本质部分，本质指它所信仰、追求的领域是人与神的关系或交涉。用中国古人习惯的说法即“天人关系”。宗教涉及的范围既在社会生活之内，又在社会生活之外。宗教要处理现实生活中的吉凶祸福问题，同时又要借助超现实的外在力量。“天人关系”涉及两个对象，“天”和“人”，两者之中，有一头是虚设的——天；有一头是实在的——人。这必然造成它的虚构性与实践两者的奇特的联系。

有没有一个创造世界的主宰者，创造世界的主宰者是什么形象，是慈祥还是严厉，是中国人还是外国人，有形还是无形，这都不重要。宗教与哲学都讲人生和社会的根本问题，但两者的立场和方法不同。哲学用理性、思辨的方式，去探索、分析世界和人生的根本问题，宗教以信仰和直观来探索、解决世界和人生的根本问题。哲学至少承认有些问题还搞不清楚，不便贸然下结论，宗教不承认有解决不了的问题，也没有搞不清楚的问题，人生中遇到的一切疑难大症，宗教都能手到病除。由于有这样的差别，哲学从宗教中分离出来以后，与科学的关系较密切；宗教从本质上与科学对立，因为信仰主义不允许怀疑，崇拜的对象决不允许当作研究的对象，走的是一条非理性主义的道路。也有的宗教哲学用理性主义的形式把人引向信仰主义，佛教中某些流派就是用思辨的手段，把人引向信仰主义的。理学，我叫它做儒教的，就是这样的一种以理性主义为手段，最终把人引向信仰主义的。宋儒教人读书要善于怀疑，朱熹关于读书法讲了很多有价值的经验。但不允许怀疑人为什么要孝，为什么要忠。对忠孝发生怀疑，等于禽兽。王阳明算是最大胆的反传统的怀疑者，敢于对孔子的话进行考虑后才相信，不盲从。但王阳明也不敢怀疑，人是否要忠，要孝。认为忠孝是天性，是良知所赖以发生的根荄。

宗教提倡禁欲主义，并有一系列遏制欲念的训练方法，儒教也是这样，“征忿、窒欲”是儒教修养的一项基本内容。哲学教人服从真理，为真理而斗争。朱熹遇到小人当道，对他进行压迫时，他没坚持斗争，把上奏皇帝进行申辩的稿子销毁，自称“逐翁”，这是他占卜以后受到神明的启示以后做出的决定。主宰命运的是“天”，不是“人”。对待“天人之际”，最后屈人以顺天。

儒教除了具有宗教的一般本质以外，儒的外壳，也有宗教的特征。它信奉“天地君亲师”。君亲是封建宗法制度的核心；《四书》、《五经》、《十三经》是儒教共同诵读的经典；祭天，祭孔，祭祖，是封建宗法制下，自天子到老百姓按等级制度举行的儒教祭祀仪式。童蒙入学塾读书，开始接受儒教的教育时，对孔子牌位行跪拜礼。从中央到地方各州府县都建立孔庙，为孔教信徒定期聚会朝拜的场所。正因为它是一种中国自己培养起来的宗教，它以封建宗法制为核心，吸收了佛教、道教中的一些宗教修养方法（如禁欲主义、静坐反省）。它千百年来，培养、锻炼出了大批忠、孝的典型，载入典册，铭于金石、祀于廊庙。儒教有时以反宗教的面貌出现，实际上用适合封建宗法制的民族形式的宗教，以更加入世的姿态把人们引入信仰主义、蒙昧主义、偶像崇拜的死胡同。

儒教建立后，历代政府用行政命令推行它的主张，用科举考试鼓励青年人钻研诵习，耳濡目染，使宗教社会化，把俗人变成僧侣。人们记忆犹新的十年动乱期间的造神运动所以得逞，千百万群众如醉如狂的心态，它的宗教根源不是佛教、不是道教，而是中国儒教的幽灵在游荡，只不过它是以无神论的面貌呈现在人们面前的。

1988 年

宗教与中世纪

世界三大宗教成为国际性宗教，分别在不同的国家成为统治思想，都发生在中世纪时代，中世纪的封建社会离不开宗教，也为宗教的滋生蔓延提供了良好的土壤。封建制不同于奴隶制。奴隶制下的奴隶不具有人格，奴隶主主要靠暴力与刑罚统治奴隶，没有必要对他们进行虚伪的说教，为他们许诺一个来世的天国。虽然奴隶制也有宗教，但是这种宗教刚由原始宗教蜕化而来，比较粗糙，不像封建制度下的人为宗教那样，有一套神道设教的丰富的思想体系。封建制下的农民和奴隶不同，他们有自己的小块份地，有相对的人身自由，属于个体经营的劳动者，封建的剥削方式改为租税和劳役，因此，封建统治者除了使用暴力和刑罚的手段，还需要从思想上、精神上加强对他们的统治。由于农民无力摆脱受奴役的地位，加上他们没有文化，愚昧落后，不了解人间苦难的真实原因，也很容易接受宗教所宣传的一套蒙昧主义。封建社会实行严格的等级制度，君臣上下之间的身分地位成了不可逾越的界限，为了稳定这种等级秩序，使得不同身分地位的人各安其位，也需要用宗教来为这种等级秩序涂上一层神圣的油彩。这些都是中世纪世界史的共性，中国也不能例外。世界三大宗教在中世纪普遍兴盛繁荣，不是一个偶然的现象。

中世纪的宗教不同于原始宗教。据近来我们在国内边远地区兄弟民族社会调查表明，原始宗教大致是阶级出现以前的宗教形式。当时宗教活动即生活的组成部分，如祈祷丰年，攘除疫病，消灭水旱灾害等活动，都有宗教仪式。据云南等边远地区保留的原始资料看，他们的宗教活动如驱鬼、祭祖，都是全民族参加的活动，宗教生活就是他们的社会生活，宗教活动同时又是他们的生产活动，部落之间的战争，也是在宗教仪式引导下进行的。我国古书记载的古代氏族部落的活动，多属于原始宗教的活动，其中没有什么宗教理论，而宗教实践、宗教仪式即是行动的根据。原始宗教带有更多的自发性，人与自然、人与神的关系比较接近。原始宗教仪式与民族习俗关系密切，我国《仪礼》所载的一套冠、婚、丧、祭等仪式，带有许多原始宗教的痕迹。

进入封建社会之后，一部分原始宗教发展为成熟的人为宗教（奴隶制社会的宗教是从原始宗教到人为宗教的过渡形态）。人为宗教的普遍特点，一般说来具有理论性、系统性，与社会伦理道德密切配合，而使宗教的善恶标准打上统治阶级道德的烙印。如果说原始宗教主要是对自然界的异己力量的反映，那么人为宗教则主要是反映了社会的异己力量，人为宗教为中世纪普遍存在的特权、压迫和社会不公正的现象作辩护。为蒙受不幸的人们描绘一个彼岸世界，要求他们忍受现实世界的苦难，去企求精神的解脱。同时，这种人为宗教培养了一大批与民众脱离的神职人员，按照封建制的等级结构形成了一套严密的教会组织，有自己的寺院经济。于是宗教势力就和封建社会的政治经济密切结合，成了一股强大的有组织的封建势力。随着宗教势力的发展，必然导致宗教组织与世俗政权之间的关系不断发展。这种发展一方面表现为双方目标一致。紧密配合；另一方面也表现为互争领导权的矛盾。人为宗教也分裂为不同的教派，各教派有不同的教义、教规和传法世系。从人为宗教的社会内容和历史作用来看，它既是封建制的精神支柱，也是和世俗地主阶级并列的封建性的社会阶级力量。这些特点是中世纪的宗教共同具有的，尽管它们各有不同的个性，矛盾分歧很大，甚至发生流血的宗教战争，但却都有这种一般的共性。

值得注意的是，佛教虽然诞生在印度，但是中世纪却被印度教排挤出来迁徙到其他各国流传，这是因为印度教更适合于印度社会的需要，得到统治阶级的支持。印度教在思辨哲理方面大大落后于佛教，它能够战胜佛教，靠的不是宗教教义和宗教理论，而是在中世纪的印度所起的作用。这种现象说明，宗教的传播流行和兴旺发达，是为特定的历史条件所规定的。

1982 年

中国哲学与中国的宗教

从人类认识史的角度来考察中国儒、释、道三教的鼎立与融合的过程，也可看出人类认识不断前进、不断深化的过程。

中华民族的认识史即中国哲学发展史。先秦时期，人们关心的是天道问题，讨论关于世界构成问题。这相当于人类认识的幼年时期，董仲舒的神学目的论也未超出这一认识阶段的水平。处于宇宙论（Cosmology）的阶段，还没有达到本体论（Ontology）的阶段。经历了几次社会大变乱，政治上的大变革，人们对天道观的兴趣逐渐被更复杂的社会矛盾所吸引，兴趣由对世界是什么构成，进而追问社会现象中人们自身的问题，人的本性是怎么构成的。人性论在春秋战国时期已被提出，那仅仅是开始，从孔子的“性相近也，习相远也”到孟子的性善说，荀子的性恶说，董仲舒的“性三品”说，扬雄的“善恶混”说，虽说在认识上不断前进，但在理论上还不深入。像人性善恶的根源，人性与社会关系，人性与生理机能、个人的行为与人性有什么关系，人性有没有变化，规律是什么等问题，都还来不及探索。

佛教传入中国后，大量经典译为汉文，人们看到了所描绘的世界比中国六经所涉及的要广大得多。佛书中对人的感情、意志、心理活动描述，也比中国古圣贤相传的人性论丰富、细致、复杂得多。三世因果之说，更是中土人士前所未闻，听到后，莫不爽然若失。人类知识也在不断发展。日趋复杂的生活现实强迫人们回答一些带根本性的问题。社会为什么有灾难，人们为什么有富贵贫贱，世界是什么样子，应当以什么生活态度对待这个世界？人活着为什么等等。任何一门具体的科学都不能回答这些问题，只有哲学和宗教有兴趣来回答。回答得正确与否，是另一回事，但古今中外哲学家和宗教家都自认为有了正确的答案，只是两者所走的道路不同，哲学采取思辨的方法，宗教走的是信仰的道路；哲学从理性方面做出解释，宗教从感情方面给以满足。就理论上讲，哲学和宗教各有自己的领域，但这种清楚的领域划分，只有当人们从中世纪的长期冬眠中觉醒以后才能认识到，才能获得哲学的完全的意义。中世纪的哲学还没有从宗教中独立出来，只是宗教的附庸。人类认识水平是科学水平的反映。科学水平低下（与近代相比），哲学无力给以合理的解释，不得不借助于宗教。哲学与宗教的界限今天也还有人没有完全划清，何况在古代？

五四以后的中国哲学家们，接触近代欧洲文化和哲学，他们敏锐地感到中西哲学的性格是那样差异。我的老师熊十力先生一再强调，欧洲哲学只能给人以思辨的知识、逻辑的方法，却不能教人从躬行履践中获得安身立命的精神受用。真正了解中国传统文化的学者们都感到这种差别。差别是客观存在着。现在要指出的是，西方人并不是不要安身立命的地方，每一个有文化的民族，如果没有一个安身立命的精神寄托处，将是不可想象的。西方人把安身立命的境界寄托于宗教，把认识世界的任务交给了哲学。西方经历了产业革命，科学和生产力得到现代化，使哲学、科学有条件从宗教中分离出来，中国没有经历像西方那样的产业革命，长期停留在封建社会，哲学没有条件从宗教中分离出来，宗教仍然统治着哲学，两者划不清界限，这就造成了中国封建时代的哲学与宗教浑然一体的状况。西方中世纪的哲学也是大讲安身立命的，他们也要囊括宇宙，统贯天人以成圣成贤为目标。正如西方中世纪安瑟伦（Anselnus，约 1033—1109）所主张的那样，把信仰看作理解的基础，理解则可为信仰提供论据。其时，相当于中国宋仁宗到徽宗时期，约与周敦颐、二程、张载、邵雍同时。西方的托玛斯·阿奎那（Thomas Aquinas，约 1225—1274）所处年代相当于南宋理宗到度宗时期，约后于朱熹。西方的经院哲学也讲他们的“天理人欲”之辨，“身心性命”之学。真是东圣西圣若合符节。也有人喜欢把程朱陆王与近代康德、黑格尔相比，五四以来，相沿成风。不同的社会发展阶段（封建社会与资本主义社会）拿来相比，是不慎重的，不能从中得出什么可信的结果。也有人认为中国理学与印度佛教哲学相近，是由于都是东方人的思想。实际上，中印古代思想相近，是由于中国和印度的古代社会发展阶段相仿，印度和中国都没有正式进入近代资本主义社会就沦为殖民地和半殖民地。中印古代文化相近、相似，只是由于这两大民族的文化都带有“古代”特征。

这样讲，是不是抹煞了中国民族文化的特点，完全以社会发展阶段来区别文化的差异呢？完全不是。中国古代文化除了带有中世纪的普遍特征外，还有它自己的特征，即封建的宗法制度。中国的儒教是为封建宗法制度服务的，是封建宗法制的产物，正像印度古代哲学为印度的种姓服务成为它的特点一样。正是由于中国封建宗法制度的强大，顽固，历史长久，所以它对中国的传统文化有着极为重大的影响，其威力之深远，远非西方人所能想象。中国本土的思想固然要受它的支配，就连来自外国的佛教，不向封建宗法制让步，也难以通行。从东晋到唐初，这二百余年间，发生过“沙门不敬王者”、“沙门不应拜俗”的争辩，均以沙门失败而告终。僧众要求治外法权，也遭到失败。佛经原著与中国宗法伦理制冲突，则删略不译。或改译，或增字以迎合封建宗法制度的需要。对佛教徒来说，“圣言量”是最高准则，倘故意违犯，将堕地狱，受恶报。中国佛教徒宁肯冒堕地狱，受恶报的后果，也不敢触犯封建伦理、“三纲五常”的尊严。

中国的宗教与哲学不得不为封建宗法、纲常名教服务，这种事例到处可见。如佛禅林清规，重修《百丈清规》首先祝君王，然后才祝佛祖，这都表明中国的宗教世俗化程度之深。不止表现在仪式上，宗教理论上也是与当时的封建宗法制度配合的。宗教的核心是宣扬出世，从生活习惯到世界观都要与现实社会的俗人有所区别。但是中国影响最大的佛教宗派禅宗就主张西方极乐世界不在彼岸而在此岸；不在现实世界之外，而在现实世界之中。所谓解脱不是到另外地方，过另一种生活才能解脱，解脱即世界观的转换功夫。所谓出家、解脱，并不意味着离开这个世界去寻找另一个西天。只要接受了佛教的世界观，日常生活中的尘世就是西天。宗教世俗化是中唐以后佛、道二教共同趋势，到了唐末五代，民生凋敝，战乱频繁，寺院经济遭到破坏，只剩下禅宗这个宗派不但没有衰落，反而遍地蔓延。道教的全真教也是走的世俗化的道路。从唐代的三教分立，到唐末五代的三教合一，已经水到渠成。理学的出现，即儒教的完成。理学排斥二氏（释道两教），并取得成功，完成了前人排佛老数百年未竟之业，这只是一种假象。实际上并没有排斥掉二氏，而是吸收了二氏的一些重要内容，挂起儒教的招牌。宗教不同于政治势力，可以用什么力量去打倒，宗教是意识形态，特别在中世纪有极大的生命力，从历史上抹掉它，是不可能的。中国历史上的几次大的"毁法"运动，都未成功，毁法之后，信佛群众反而更加炽烈，即是明证。

理学产生于中国封建社会后期。《宋元学案》的学者以孙复、石介、胡瑗为理学创始人，这一说法没有被正统的理学家所承认。理学家自己认为周敦颐、二程才是理学的创始人，后一学说占了上风。北宋五子所处的时代，正是王安石变法几经反复的时代，这是北宋的一件大事，直到北宋灭亡，这一政治斗争才算终止。变法失败并不能只归咎于人谋不臧，它是封建社会后期不可避免的困境。变法没有出路，不变法也没有出路。与此相适应则是哲学上的北宋理学的建立。哲学上也遇到了危机，不改变就没有出路，危机来自佛教和道教的威胁。不论孙复、石介、胡瑗，还是周、程、张、邵，他们个人的思想体系不尽相同，都以批判二氏相号召。也可以说，这是儒家哲学面临的思想危机，和变法的形势一样迫切，非解决不可。它们努力获得了结果，建立了儒教，到南宋朱熹，正式完成了这一历史使命。

1982 年

儒教的特点及其发展阶段

南北朝以来儒教与佛、道二教并称为三教。这三教都具有辅助王化、整齐民心的社会功能，都受到政府的重视和支持。

远在春秋以前，中国早有自己的传统宗教信仰，尚未有固定的名称。儒教的名称是后起的。

中华民族自从开始在黄河、长江流域活动之日起，就产生了自己的宗教。这种宗教以部落神、氏族英雄人物为崇拜对象。相传黄帝是发明舟车、宫室、衣服等器物制造的神，还创制了文字。炎帝、神农发明种植、医药，伏羲发明家畜驯化，燧人发明用火，他们是人，也是神。

中国古代民族信仰，往往是氏族领袖，死后为神，受到本族祀奉，带有氏族、宗族的印记，带有乡土气息，与西欧古代神话传说不大相同。

中国古代的祭祀对象，祖先祭祀与天帝信奉相伴相随，纠结在一起。随着地上王国的组织形式日趋完备，上帝的轮廓、形象如影随形，也日趋完整。祭祖先，敬天神，二者紧密纠结胶固，凝为一体，构成中华民族传统信仰的核心，可以归纳为“敬天、法祖”。

中华民族活动生息的基本地区以长江、黄河流域为基地。由于内外政治形势的变化，有时向外扩张一些，有时向内收缩一些，但总的范围不出长江、黄河两大流域。这是中华民族五千年来生存、栖息的根据地。

秦汉以后，以长江、黄河流域两大地区为中心，组成了多民族统一的中央集权大国，这种大国统一的格局保持了两千多年，直到今天。由于社会的变革，文化的发展，国内外的经济文化交流，这个多民族的统一大国在政体、组织形式、领导集团有过多次改变。秦汉以来，这个多民族共同组建的统一大国的发展道路并不是一帆风顺的。几千年间，它遭受到内忧外患，政权经过多次更迭，社会经过无数动荡，民族之间融会协调为基调，也有过暂时的战争。总之，秦汉以后的中国二千年的经历极不平凡。因为，人民已习惯于在中央高度统一的政权下生活。因为统一大国可以给人民带来实际利益，比如说，国家统一，消灭了内战，老百姓可以百年不见兵戈，安居乐业地过日子。统一大国，可以借国家的力量赈济各种自然灾害，调剂各地岁收丰歉，从而避免人民流离失所。国家统一，可以调动全国人力抵御外来侵略势力；国家统一，集中全国人力、物力兴建大规模的物质建设及文化建设。如修长城，开运河，整治大河河道，进行重大项目的文化建设，修纂大的文化典籍，如《永乐大典》、《四库全书》，远非一人一地的人材所胜任，要集中全国人材，协同攻关，才能产生第一流的成果。

同时还要看到，古代中国是个自然经济结构的小农经济之国，一家一户为生产单位，生产的产品除了供全家消费，所余无几。正是借助统一大国的高度集中，把分散、零星的少量财富集中起来，聚沙成塔，集腋成裘，充分发挥大国的综合国力，才能办成几件大事。历史上大国统一，给人民带来了某些不便，但几千年的实践表明，广大人民对统一大国的格局是拥护的，支持的，并在思想观念上取得共识，广大人民一直认为统一大国是正常的，分裂、割据是不正常的。即使在某一阶段处在南北分裂时期，割据者也认为应当统一，要求结束不正常的局面。

在这样一种总的政治形势下，中国的哲学、文学、史学及宗教，都在各自的思想领域发挥了它们的上层建筑的作用。

从秦汉到鸦片战争，中国历代王朝都努力加强有效的大一统的政治管理，努力建立完善、合理的社会秩序。他们调动政治、法律的强力工具外，还要发挥哲学、宗教的教化作用，配合政治，以补充刑罚的不足。只有法治与教化两者相辅相成，才可巩固、完善这个多民族的统一大国。

儒教是在中国这块土地上生存了几千年的土生土长的宗教。在秦汉以前，已经提出“敬天、法祖”的信仰核心。秦汉以后，国家形式日趋完备，天帝的形象正是地上王国的神光曲折的反射。天神除了司祸福、赏罚，还要鉴察、规范人们的内心活动、行为动机。佛教、道教、儒教都从不同的角度，为大一统的封建王朝制度的合法化、合理化构建理论体系。

中国人民接受、支持、维护这个大一统的国家制度。佛、道、儒三教分别从自己的宗教立场论证其合理性。从“三纲”、“五常”的言行中体现天理。宣扬忠孝是出自人类天性。不忠、不孝是违背人的天性，不但不能成佛、成仙、成圣贤，甚至也不足以为人。

儒教在古代曾有过功劳，因为它为巩固大一统的封建王朝起过积极作用。古代封建大一统的成就已经证明是符合中国古代社会的实际需要。为这个制度服务的儒教的功绩要给予足够的肯定。

中国传统宗教的核心信仰是“敬天、法祖”，秦汉以后的中国传统宗教核心信仰是“忠孝”、“三纲”。忠孝、三纲的信仰与“敬天、法祖”的古代信仰一脉相承，只是把敬天法祖的宗教内容使之完善化，它是宗教信仰，又是政治思想，更能适应大一统国家的生存要求。

先秦敬天法祖的信仰，与当时中央政权的统治不太集中，中央统摄力还不够强大的政治形势相适应。秦汉以后，地上王国势力强大了，上帝的统摄范围也扩大了，不但山川、日月，连人们内心活动、一念善恶也要受宗教神学的管束。

秦汉以来，由皇帝直接管理天下的郡县，参与管理的有丞相、三公。但皇帝经常受到大臣、权臣的干扰，甚至发生宫廷政变，皇权有时遭到篡夺。为了加强中央集权，巩固社会秩序，宋朝以后，加强了儒教的教化作用。宋以后，有权臣而没有篡臣。儒教以教化力量巩固了中央集权，使它更趋稳定。曹操在唐以前有能臣的形象，宋以后，曹操成为奸臣；唐以前，扬雄在思想界有较好的声望，宋以后，由于扬雄作过王莽的官，声望下降。特别是明清两代，以科举取士，官方用考试制度强力推行儒教思想，以宋儒程朱思想体系作为取士的准绳，等于用行政命令强化普及儒教信仰。科举考试是明清两代读书人仕进的必由之路，凡是走这条路的士人都要系统地接受儒教思想的培训，这对儒教的普及起了有力的作用。

中国的儒教还有另外的特点，是高度的政教合一，政教不分，政教一体。皇帝兼任教皇，或称教皇兼皇帝。神权、政权融为一体。儒教的教义得以政府政令的方式下达。朝廷的“圣谕广训”是圣旨，等同于教皇的敕书。中世纪欧洲的国王即位，要教皇加冕，才算取得上帝的认可。中国的皇帝即位，只要自己向天下发布诏书就行了。诏书开首必以“奉天承运，皇帝诏曰”开始，皇帝的诏书同时具有教皇效令的权威。

儒教是中华民族特有的传统宗教，凡是生活在中国这块古老土地上的各民族，包括汉族以外的少数民族，如北方的辽、金、元，西夏及清，历代王朝都以儒教为国教，孔子为教主(这是孔子生前没有料到的，正如老子被道教奉为教主没有被老子料到一样)。

儒、佛、道三教同为古代传统宗教。唯有儒教利用政教结合的优势得以成为国教，儒教的神权与皇权融为一体，不可分割。一旦皇权制度被废除，儒教也随着皇权制度一同凋谢。行政命令打不倒宗教，早为历史所证明；但政权是可以更迭的。儒教与皇权融为一体，所以才随着皇权的废除而消亡。反过来看看佛、道二教，当初没有儒教那么显赫，它们与皇权相配合而没有结为一体。儒教消亡，佛、道还能继续存在。可见，宗教存在有其长期性。儒教中"敬天法祖'的宗教核心部分，今天还在中国人思想中有影响，而"三纲"思想今天存在的地盘大大缩小，消失殆尽。

按儒教发展进程，大致可以分作以下几个阶段：

（一）前儒教时期——秦汉以前；

（二）准儒教时期——两汉；

（三）三教并立时期——魏晋、隋唐；

（四）儒教形成时期——北宋（张、程）；

（五）儒教完成时期——南宋（朱熹）；

（六）儒教凝固时期——明清。

我们正面临开放的新时代，中华民族正满怀信心地走向世界，我们有吸收外来有价值的文化充实自己的优良传统，又有固步自封的保守习惯。民族文化瑰宝黏附着污垢。创建社会主义新文化大厦，先要清理好我们古老的地基。我们长期封闭，一旦接触到先后涌来的五光十色的外来文化，难免应接不暇。对中国自己的古老文化，也要用马克思主义历史唯物主义审慎评估。五四以来，学术界对中国传统文化进行了卓有成效的研究，唯独对影响中华民族的伦理观、价值观、社会生活、文化生活以及家庭生活的儒教，没有认真清理，以致有许多本来可以找到说明的道理，看不明白，说不清楚。不研究儒教，就无法正确认识古代和当前的中国社会。

思想体系都是一个民族全部物质生活、文化生活的一面镜子。儒教是中华民族土生土长的宗教，道教也是中国土生土长的宗教，但道教没有成为国教。道教影响也很深远，在文化思想领域内，即使在它极盛的时期，势力还不及佛教，更不能与宋明以后占绝对统治地位的儒教相比。只有摸透儒教的存在这个事实，进而充分研究儒教的许多分支部门，才能有效地为建设具有中国特色的社会主义新文化增添一些建筑材料。

1982 年

三教合一

隋唐初期，中国思想界即有了“三教”的名称。三教即以孔子为代表的儒教，以老子为代表的道教与外来的佛教。孔子和老子都是先秦时期公元前 5 世纪的哲学家、思想家、学者，不是宗教的领袖。孔子、老子被神化，被说成宗教的创始人，是后来人们塑造出来的。

隋唐时期，中国佛教、道教都得到中央封建政府的提倡，与儒教并列，形成三教鼎立的局面。儒教主张维护中国封建君权的“三纲”说，即君臣、父子、夫妇的绝对服从关系永恒不变。三教从不同的方面为同一个封建皇权服务。它们为了发展自己的势力，也有过矛盾斗争。在矛盾中，佛教、道教都分别遭到政治上的打击。而儒教也认识到，佛教和道教的一些宗教思想可以辅助儒教世俗说教的不足。在唐朝后期，三教的重要思想家都主张三教会同，主张在理论上互相包容，有时候只是在政治上互相排斥。唐宋以后，直到鸦片战争（1840 年），这种儒、佛、道三教融合的总格局没有改变。

这种思潮，对于中国后期封建社会起了稳定作用，从而延缓了中国封建社会向近代资本主义社会过渡的速度。三教合一思潮，构成了近千年来中国宗教史、中国思想史的总画面。

1984 年

佛教向儒教的靠拢

隋朝李士谦论三教，说，“佛日也，道月也，儒五星也。”（《佛祖历代通载》卷十）隋唐以后，中国出现了大批“伪经”，所谓“伪”，是指它不是来自西方，是中国人自己编造的。伪经名目繁多，各有特点，有所偏重，但它们都强调中国封建伦理，忠君、孝父母等儒教思想。唐代僧人宗密《原人论》中说：“孔、老、释迦皆是至圣，随时应物，设教殊途。内外相资，共利群庶。”五代时僧延寿，主张三教融合，“儒道仙家，皆是菩萨，示助扬化，同赞佛乘。”（《万善同归集》卷六）北宋元祐年间，四川大足县石篆山石窟造像，即将儒、佛、道镌刻一处。北宋的三教合一，反映了代表中央政权的儒教为中心的势力的增强，佛、道两教均主动向儒教接近的趋势。宋代的孤山智圆自称“宗儒述孟轲，好道注《阴符》，虚堂踞高台，往往谈浮图。”（《闲居编》卷四十八《潜夫咏》）他主张“修身以儒，治心以释”（《中庸子传》上）。以佛教徒的身分，而自号“中庸子”，还认为没有儒教的支持，国家不得安宁，佛教也不能推行。他为了宣扬“中庸之道”，不惜违反佛教教义，他说：“释之言中庸者、龙树所谓中道义也。”（《中庸子传》上）龙树“中道”为不执着有无、真假，儒家的“中庸”指的是处世对人要无过无不及，两者本不相干。

宋赞宁也说：“三教循环，终而复始，一人在业，高而不危。有一人故，奉三教之兴；有三教故，助一人之理。”

僧人契嵩著《辅教编》中有《孝论》凡十二章，具论忠孝，“拟儒《孝经》，发明佛意”。还说，“夫孝，诸教皆尊之，而佛教殊尊也。”（《孝论·叙》，见《镡津文集》卷三）佛教本来号召出家，脱离家庭的封建伦理关系的，而佛教的代表人物却高唱佛教比儒教道教更看重孝道。

明朝袾宏继承了这个方向，也主张三教“同归一理”、“三教一家”。僧真可《题三教图》，又有《释毗舍浮佛偈》，认为“仁”、“义”、“礼”、“智”、“信”都是值得敬礼的佛（如来）。德清有《大学纲目决疑》以说明儒教与佛的一致性；又作《道德经解发题》、《观老庄影响论》以说明道教与佛教的一致性，认为“孔老即佛之化身”。智旭（1599—1635）以儒教的十六字诀融通佛教，并著有《周易禅解》、《四书藕益解》，主张孝道，“儒以孝为百行之本，佛以孝为至道之宗”（《题至孝春传》）。“以真释心行，作真儒事业”（《广孝序》）。“非真释不足以治世，是以一切三宝常能拥护世间，而真儒亦足以出世”（《玄素开士结茅修止观助缘疏》）。

1984 年

三教合一与中国封建社会

中国封建社会的大一统的政治局面从秦汉时期确立以来，经过魏晋南北朝时期三百多年的分裂，到了唐宋时期，又重新巩固下来。但是，这种大一统的政治局面是建立在以一家一户为单位的小农经济的基础之上的。这种小农经济是一种自然经济，生产的产品首先要交纳赋税租债，剩下的农民自己消费掉了，产品主要不是供商业流通的。因而具有停滞、闭塞、分散的特性。历代封建帝王的政策多重农抑商，以农为本，叫做“重本抑末”，采取各种措施来保护这种自然经济。

这种自然经济有两重性，一方面，小生产者落后、软弱，希望在他们上面有一个集中强大的权威来保护他们，使他们免于土地兼并，这就给专制主义提供了社会基础；另一方面，庄园式的生产、生活方式，又是分散的，彼此独立的，这又为地方分裂割据势力创造了有利条件，形成一种离心倾向。

因此，政治上的高度集中和经济上的高度分散这一矛盾，长期不得解决，分散的个体农民好像一盘散沙，缺少联系，需要有一个强大的中央政府统率他们，保护他们，把他们统摄在一起。克服他们的离心倾向，保持国家的集中统一，就必须强化上层建筑的力量来进行控制。这种控制包括两个方面，一是用政权的力量，二是用精神的力量。

中国历代统治者不断总结经验，加强中央集权，他们以极大的努力进行了艰巨的工作。政治上，秦、汉、隋、唐集权于中央政府，宋朝则进一步削弱地方政府权力，把一切财力、兵力集中于中央。明、清废宰相，置内阁。内阁只供皇帝谘询，没有行政权力。于是中央集权又进一步发展为皇帝个人专制独裁。

至于从精神力量来加强中央政府和皇帝的权力，主要依赖三教合一的宗教和哲学思想。

三教合一，表面上仍维持着三教的门户，儒、佛、道各成体系，三教都力图吸收另外二教，把它们当作自己体系的一部分，实际上，三教的力量不是平衡的。儒教是主流，佛、道两教处在依附的地位，起配合作用。

儒教的思想核心是三纲五常。这种思想强调君权、父权、夫权。君权是直接维护大一统的政治局面的，父权和夫权有利于树立自然经济中男性家长的权威地位。因而这种思想特别适合中国封建社会的政治经济结构的需要，受到历代封建统治者的重视。佛教是一种外来的宗教，它必须接受封建宗法传统思想，即纲常名教思想，才能在中国这块土地上生根。道教是中国土生土长的宗教，除了它的宗教修养以外，它也是以维护纲常名教为基本内容的，不得不与儒教合流。另一方面，佛、道二教有一套追求彼岸世界的系统的宗教理论和修养方法，为儒教所不及。儒教也必须从佛、道二教那里汲取营养来弥补自己的不足。

由于儒、释、道三教都是封建上层建筑的重要组成部分，进行精神控制的有效工具，所以都受到历代封建统治阶级的重视。这又反过来促进了三教合一思潮的发展，成为中国封建社会后期占主导地位的思潮。

三教关系是中国思想史、中国宗教史上的头等大事。三教合一，则是中国思想史、中国宗教史的发展过程和最终归宿。三教合一的趋势形成后，三教的地位是平等的。北宋以后，佛、道两教屈从儒教。儒教吸收了佛、道教的宗教修养方法，及不计较世俗利害、不贪图物质要求的禁欲主义以加强封建社会的统治秩序。安贫乐道，口不言利，温顺和平，与人无争，成了儒教为人处世的基本教义。

1984 年

儒教与封建社会

如果把中国封建社会发展的阶段再进一步划分，可以分为以下的六个时期：（一）分散割据的封建诸侯统治时期（春秋战国到秦统一前）；（二）中央集权的封建专制制度建立时期（秦汉）；（三）门阀士族封建专制时期（魏晋南北朝）；（四）统一的封建国家重建、兴盛与地方割据时期（隋唐五代）；（五）封建国家中央集权制完备与社会停滞时期（宋元明）；（六）封建社会僵化没落时期（清）。以上六个时期，隋唐以前封建社会在发展，在前进，宋元明以后封建社会制度则开始停滞以至僵化。在上述经济、政治形势变动的同时，代表统治阶级利益的思想体系也相应地发生着变化。

封建社会的上述历史特点和历史过程，造成了以儒教为中心的封建意识形态，这种同封建宗法制度和君主专制的统一政权相适应的意识形态，对劳动人民起着极大的麻醉欺骗作用，因而它有效地稳定着封建社会秩序。为了使儒家更好地发挥巩固封建经济和政治制度的作用，历代封建统治者及其思想家们不断地对它加工改造，逐渐使它完备细密，并在一个很长时间内，进行了儒学的造神活动：把孔子偶像化，把儒家经典神圣化，又吸收佛教、道教的思想，将儒家搞成了神学。这种神学化了的儒家，把政治、哲学和伦理三者融合为一体，形成了一个庞大的儒教体系，一直在意识形态领域占据着正统地位，对于巩固封建制度和延长其寿命，起了十分巨大的作用。

春秋时期孔子创立的儒家学说本来就是直接继承了殷周奴隶制时期的天命神学和祖宗崇拜的宗教思想发展而来的，这种学说的核心就是强调尊尊、亲亲，维护君父的绝对统治地位，巩固专制宗法的等级制度，所以这种学说稍加改造就可以适应封建统治者的需要，本身就具有再进一步发展成为宗教的可能。但是在先秦它还不是宗教，只是作为一种政治伦理学说与其他各家进行争鸣。由儒学发展为儒教是伴随着封建统一大帝国的建立和巩固逐渐进行的，曾经历了千余年的过程。孔子的学说共经历了两次大的改造。第一次改造在汉代，它是由汉武帝支持，由董仲舒推行的，这就是中国历史上所谓“罢黜百家，独尊儒术”的措施。汉代大一统的中央集权封建宗法专制国家需要一套在意识形态上和它紧密配合的宗教、哲学体系。孔子被推到了前台，董仲舒、《白虎通》借孔子的口，宣传适合汉代统治者要求的宗教思想。第二次改造在宋代，宋统治者集团利用机会从唐末五代分散割据的混乱局面中捞到了政权。他们鉴于前朝覆亡的教训，把政治、军事、财政、用人的权力全部集中在中央。宋朝对外宁可退让，对内则强化中央集权的封建宗法专制制度；思想文化领域里也要有与它相适应的意识形态相配合。汉唐与宋明都是中央集权的封建宗法专制制度的国家，但中央权力却是越来越集中，思想文化方面的统治方法也越来越周密。为了适应宋朝统治者的需要，产生了宋明理学，即儒教。儒家的第二次改造，虽说完成于宋代，追溯上去，可以上溯到唐代。韩愈推崇《大学》，用儒家的道统对抗佛教的法统。李翱用《中庸》来对抗佛教的宗教神秘主义。到宋代朱熹则把《论语》、《孟子》、《大学》、《中庸》定为“四书”，用一生精力为它作注解。朱熹的《四书集注》被宋以后的历代封建统治者，定为全国通用的教科书。“四书”从十三经中突出出来，受到特殊的重视。

1980年

儒教的彼岸世界

宗教都主张有一个精神世界或称为天国、西方净土，宗教都有教主、教义、教规、经典，随着宗教的发展形成教派。在宗教内部还会产生横逸旁出的邪说，谓之“异端”。儒家则不讲出世，不主张有一个来世的天国。这是人们通常指出的儒家不同于宗教的根据。

但是我们应当指出，宗教所宣扬的彼岸世界，只是人世间的幻想和歪曲的反映。有些宗教把彼岸世界说成仅只是一种主观精神状态。在中国的历史上，隋唐以后的佛教、道教，都有这种倾向。以影响最大的禅宗为例。中国出现过许多宗派，禅宗受中国封建文化影响最多，他们宣称“菩提只向心觅，何劳向外求玄？听说依此修行，西方只在眼前”（《坛经》）。禅宗主张极乐世界不在彼岸而在此岸，不在现实生活之外，就在现实生活之中，所谓出家、解脱，并不意味着离开这个世界到另一个西天。在日常生活之中，只要接受了宗教的世界观，当前的尘世就是西天，每一个接受佛教宗教观的众生即是佛，佛不在尘世之外，而在尘世之中。

宋明理学吸收了禅宗的这种观点。虽然它不讲出世，不主张有一个来世的天国，但是却把圣人的主观精神状态当作彼岸世界来追求，这和禅宗主张在尘世之中成佛是完全相同的。

宋明理学所普遍关心并反复辨明的几个中心问题有“定性”问题、“义理之性”与“气质之性”的问题、“孔颜乐处”问题、“主敬”与“主静”问题、“存天理，去人欲”问题、“理一分殊”问题、“致良知”问题，等等。这些问题虽以哲学的面貌出现，却具有中世纪经院神学的实质和修养方法。看起来问题虽多，最后都要归结到“存天理，去人欲”这个中心题目上来。

宋明理学各家各派，不论是政治上进步的、保守的、唯心的、唯物的，都在围绕一个中心问题阐述自己的观点：如何正确处理（对待）"天理"与"人欲"的关系，它不是一个哲学问题而是一个神学问题，即如何拯救灵魂，消灭"罪恶"，进入"天国"（理想的精神境界）的问题。中国哲学史涉及社会伦理思想的特别多，而涉及自然的比较少，这也是被中世纪封建社会的特点所决定的。欧洲中世纪的哲学是神学的奴婢，它的注意力也不在认识自然界而在拯救人类的灵魂。恩格斯指出，特别在近代才突出思维与存在、精神与物质的关系问题，古代不是这样，那时是靠天吃饭，是自然的奴隶，也就没有能力摆脱神学的束缚。西方中世纪神学的中心观念是"原罪"，中国中世纪神学的中心观念是"存天理，去人欲"。这不是谁抄袭谁的，而是封建社会的共性决定了的。只要是中世纪封建社会，必讲天理人欲之辨。只是欧洲有欧洲的讲法，印度有印度的讲法，中国有中国的讲法。

1980 年

从儒家到儒教

从汉武帝独尊儒术起，儒家已具有宗教雏型。但是，宗教的某些特征，尚有待于完善。经历了隋唐佛教、道教的不断交融，互相影响，又加上封建帝王的有意识地推动，三教合一的条件已经成熟，以儒家封建伦理为中心，吸取了佛教、道教一些宗教修行方法，宋明理学的建立，标志着中国儒教的完成。它信奉的是"天地君亲师"，把封建宗法制度与出世的宗教世界观有机地结合起来。其中君亲是中国封建宗法制的核心。天是君权神授的神学依据，地作为天的陪衬，师是代天地君亲立言的神职人员，拥有最高的解释权，正如佛教奉佛、法、僧为三宝，离开了僧，佛与法就无从传播。宋朝理学兴起的时候，恰恰是释道两教衰弱的时候。佛教为什么衰微了？因为儒教成功地吸收了佛教。为什么中国没有像欧洲中世纪那样宗教独霸绝对权威？因为中国中世纪宗教独霸的支配力量是儒教。

宗教世界观要求人们过着禁欲的生活，物质欲望是罪恶之源。安于贫困，以贫为乐的人才算道德高尚，人品卓越。宋明理学所普遍关心并反复辩明的几个中心问题有“定性”问题、“义理之性与气质之性”的问题、“孔颜乐处”问题、“主敬”与“主静”问题，“存天理去人欲”问题、“理一分殊”问题、“致良知”问题等等。这些问题虽以哲学的面貌出现，却具有中世纪经院神学的实质和修养方法。

程颢的《定性书》被宋明理学家公认为经典性的权威著作。这种“定性”与佛教禅宗的宗教修养方法一脉相承，所谓“动亦定，静亦定，无将迎，无内外”，即是禅宗的“运水搬柴，无非妙道”。把人性区别为义理之性与气质之性，人欲又是挟气质以俱来的罪恶。实质上是宗教的原罪观念。程颐的《颜子所好何学论》是一篇典型的宗教修养方法论，是一篇宗教禁欲主义的宣言书。张载的《西铭》也是一篇歌颂“天地君亲师”的儒教宣言，他认为人生的一切遭遇天地早安排定了，享受富贵福泽是天地对你的关怀，遭受贫贱忧戚，是天地对你的考验。天地与君亲本是一家人。二程教人主敬，程颐终日“端坐如泥塑人”，“存天理，去人欲”更是一切唯心主义理学家全力以赴的修养目标。他们所谓“天理”，无非是封建宗法制度所允许的行为准则，内容不出“三纲”、“五常”这些儒教教条。儒教除了有一般宗教的共同性，又有它的特点。孔子被奉为教主，具有半人半神的地位。它追求的精神境界更偏重于封建道德修养，巩固宗法制度。比如儒教孝道除了伦理之外，还有宗教性质。儒教没有入教的仪式，没有明确的教徒数目，但在中国社会的各阶层都有大量信徒。儒教的信奉者决不限于读书识字的文化人，不识字的渔人、樵夫、农民都逃不脱儒教的无形控制。专横的族权，高压的夫权，普遍存在的家长统治，简直像毒雾一样，弥漫于每一个家庭，每一个社会角落。它简直像天罗地网，使人无法摆脱。

宋明理学体系的建立，也就是中国的儒教的完成，它中间经过了漫长的过程。宗教的教主是孔子，其教义和崇奉的对象为“天地君亲师”，其宗教组织即中央的国学及地方的州学、府学、县学，学官即儒教的专职神职人员。僧侣主义、禁欲主义、蒙昧主义，注重心内反省的宗教修养方法，敌视科学、轻视生产，这些中世纪经院哲学所具备的落后东西，儒教（唯心主义理学）也应有尽有。在内部也有个别力图摆脱枷锁、正视现实，提出唯物主义观点的思想家，如宋代的陈亮，明代的王廷相，清代的王夫之、颜元、戴震等人都在不同的领域对儒教的某一方面的问题有所抨击，他们可称为儒教的异端。这些进步的思想家，都自称得到孔子的正统真传，假借孔子、孟子的衣冠来扮演革新的脚色。他们对孔子这样的教主则不敢怀疑。明代的李贽曾提出过不以孔子之是非为是非，这是他敢于突破藩篱的地方。但他竭力抨击那些口诵圣人之言，败坏封建纲常的假道学，他提倡忠孝仁义，维持封建宗法制，他是爱护这个制度的孤臣孽子。他对佛教五体投地。他是儒教异端，而不是反封建的英雄。

1980 年

儒教个性与宗教共性

儒教是在中国封建社会形成的一种宗教，它既有中世纪世界的一般宗教的共性，也有自己独特的个性。这种共性和个性的统一，充分反映了中国封建社会的历史条件。中国的封建社会没有种性制，但是有宗法制。我在《论儒教的形成》中，曾经提到中国封建社会约有五个特点，其中一个就是封建宗法制度发展得比较完备。这种封建宗法制度造成了儒家的以三纲五常为基本内容的宗法思想。当然，宗法思想本身不是宗教，比如先秦时期孔子、孟子和荀子的宗法思想就只是一种社会政治伦理思想，不带有宗教性质。但是，当它宗教化之后，变成一种神圣的教条，人们就不能怀疑，更不能反对。董仲舒说的“道之大原出于天，天不变，道亦不变”，就是借天神的权威来论证宗法思想的绝对合理性。董仲舒的神学目的论其实就是一种宗教化了的宗法思想。它战胜了当时流行的其他一些学派，成为汉代封建统一大帝国的精神支柱，如果联想到中世纪世界史的进程来看，这是一种历史的必然。

董仲舒的神学目的论给封建的国家政权罩上神的灵光，天（上帝）成了最高权威，政府的行政命令都假借天意来推行，皇帝“奉天承运”，代天立言，诏书名曰“圣旨”，即具有神学的意义。为了给予宗教神学以理论的解释，儒家的经书便被捧上神圣的地位。其中所包含的上古宗教神秘内容，被用来引伸发挥以解释“天命”、“圣意”。在西方中世纪，神学顽固地反对科学，不允许有违背圣经的言论，敢于以科学对抗宗教者的要处死刑。在中国，情况也差不多，敢于发表违背儒家经典的言论，便被指为非圣无法。一些进步思想家、革新派，为了逃避迫害，当他们提出一些新的改革主张，也是力求从圣人的经书中找论据，标榜自己的主张符合圣训。这些和西方中世纪神学统治时期是相同的。

1982 年

儒教是人伦日用中的神学

儒教在中国适应了中国的社会历史条件和统治者的需要，发挥了维护封建宗法制度的作用，同时也适应了思想斗争的形势，吸收了其他宗教和学派的某些有用的内容。董仲舒的神学目的论，宣扬天人感应，神能赏善罚恶，上天直接干预人事，对君主的过失进行谴告。这种神学比较粗糙，经过唯物主义哲学家王充的元气自然论所作的理论批判之后，在理论上已很难成立。宋明儒教扬弃了这种粗糙的神学形式，不宣扬有意志的人格神，吸收了佛教的宗教理论，用作为世界本身的“理”或“天理”来论证“三纲五常”的合理性。人为宗教实质上是人们社会关系的异化。是否信仰有意志的人格神，是否举行祈祷献祭，并不是判别宗教和非宗教的标准。佛教的禅宗，禅堂中不立佛像，也没有宗教仪式，它确是一种不折不扣的宗教。章太炎称佛教为无神论的宗教，这种说法可以商榷，但也概括了佛教特别是中国的佛教的某些特征。宋明儒教的“天理”，就是“三纲五常”的异化，它把只存在于封建社会中的人与人的关系和价值标准异化为绝对永恒的神圣秩序，压制人们的理性，使人们温驯、顺从，宋明儒教和董仲舒的神学虽然在理论形态上有精粗之分，从目的和作用方面来看，并无不同。由于二程、朱熹把天、天命、上帝这些神学概念都解释为“理”，当作哲学概念来宣传，看起来好像脱掉了神学的外貌，实际上却是一种具有深刻意义的神学。

儒教不重视个人的生死问题，却十分重视家族的延续。所谓“不孝有三，无后为大”，就是把断子绝孙，不能传宗接代看作极端可怕的事。在封建宗法制度中，个人依附于家族，以断绝“宗祖血食”为大罪，个人的生存的目的和意义，就是承继祖宗的余绪，维系家族的延续。在儒教所崇拜的“天、地、君、亲、师”中，“亲”居第四位，是从上古氏族社会沿袭下来的祖宗崇拜，是一种古老的宗教形式。所以儒教尽管不像佛教那样多的谈论个人的生死，“奉天法祖”观念本身就是一种宗教观念。

儒教不主张出家，而注重现实的人伦日用之常，带有很强的世俗性。宗教的世俗化是宗教发展的一般趋势。马丁·路德的宗教改革就是把僧侣变成了俗人，但又把俗人变成了僧侣。中国的禅宗也是如此，它把西方极乐世界转化为人们所体验的一种精神境界。《坛经》说：东方人造罪，念佛求生西方；西方人造罪，念佛求生何国？所谓彼岸世界并不在这个现实世界之外，而就在人们的心中。“运水搬柴，无非妙道”，解脱的道路就体现于日常的生活之中。宗教的世俗化是宗教适应现实生活的一种表现，是否具有这种适应性，是判定宗教生命力强弱的主要标准。儒教和其他的宗教不同，它不是先虚构出一个彼岸世界，然后逐渐挪到现实世界中来，而是把现实世界中的“三纲五常”进行宗教的加工，使之转化成为一个彼岸世界。宋明儒教反复讨论所谓“下学上达”、“极高明而道中庸”和禅宗从“运水搬柴”中体验妙道一样，这是主张从下学人事去上达天理，在人伦日用之常中去追求所谓高明的精神境界。这种精神境界实质上就是一种彼岸世界。我曾讲到董仲舒的神学，宗教的某些特征尚有待于完善，理由之一就是在他的神学体系中，彼岸世界的思想不够成熟，宋明儒教吸收了佛教的思想，按照维护宗法制度的要求进行改造，把天理说成是人们应该毕生追求的目标，是唯一的精神出路，并且设计出了一套完备的主敬、静坐、“存天理，灭人欲”的修养方法，儒教的宗教体系也就发展成熟了。

宋明儒教，是儒、释、道三教合一的产物。它以儒家的封建伦理纲常名教为中心，吸取了佛教、道教的一些宗教修行方法，加上繁琐的思辨形式的论证，形成了一个体系严密、规模大的宗教神学结构。它既是宗教又是哲学，既是政治准则又是道德规范。这四者的结合，完整地构成了中国中世纪经院神学的基本因素。

1982 年

主敬、慎独与坐禅

儒教是在宋代正式形成的，这时中国的封建社会开始走下坡路，因而儒教的主导作用就是为处于停滞僵化状态的封建社会注射强心剂，禁锢人们的思想。中国封建社会的文化，以唐宋划界，可以明显地区分为两个不同的时期。汉唐时期，文化是开放的，外向的；宋明以后，则是封闭的，内向的。汉唐时期，中国封建社会处于上升阶段，文化生活丰富多彩，而且善于吸收外来的艺术，人民能歌善舞，体力充沛，健美开朗。这可以从敦煌壁画和唐代贵族陵墓发掘的绘画人俑艺术中看得出来。但是自从儒教占了绝对统治地位以后，文化教育着重于“惩忿窒欲”，加强人们道德上的“主敬”、“慎独”的功夫，将古代具有认识客观世界意义的“格物致知”完全变成“正心”、“诚意”向内修养的手段。有的学者虽也认为“格物”有认识外物的意思，但也只是为了达到一种神秘境界，即所谓“豁然贯通”的程序。这就严重阻碍了认识自然改造自然的科学思维的发展。本来，哲学的职能在于推动人们思维能力的发展，开拓人们对自然和社会的视野。但是儒教却和中世纪一切宗教一样，注重自我的宗教训练，加强内心的忏悔和涵养，把反观内省的修养功夫作为人类追求的最高境界。结果将人们引向“睟面盎背”的僧侣苦行主义，将俗人僧侣化，人们言谈举止都必须符合儒教规范。这样长期训练的结果使知识分子变得迂腐顽固，在思想界便不复有生机蓬勃的闳阔气象了。

儒教中无论是程朱派或陆王派，都吸收了佛教的禅定方法，他们提倡的“主敬”、“慎独”均无异于坐禅。像朱熹即教人半日静坐，半日读书。清代反程朱理学的学者颜元曾讥讽说：“半日静坐是半日达摩也，半日读书是半日汉儒也。试问十二个时辰，那一刻是尧舜周孔乎？”（《朱子语类评》）他还指出儒教熏陶下培养出来的读书人，终日静坐、读书、不劳动、无所事事，以致“天下无不弱之书生，无不病之书生，生民之祸未有甚于此者也”（同上）。颜元向往“尧舜周孔”之道，不过是他的空想。但他批评宋儒的弊端则是事实。这种弊端和毒害亦非颜元首次发现，朱熹在世时，就遭到过当时关心社会的进步人士的反对，像陈亮和叶适等人即曾提出批评。陈亮说：“自道德性命之说一兴，而寻常烂熟无所能解之人自托于其间，以端悫静深为体，以徐行缓语为用，务为不可穷测以盖其所无，一艺一能皆以为不足自通于圣人之道也，于是天下之士丧其所有，而不知适从矣。为士者耻言文章行义而曰‘尽心知性’，居官者耻言政事书判而曰‘学道爱人’，相蒙相欺以尽废天下之实，则亦终于百事不理而已。”（《陈亮集·送吴允成运干序》）叶适也说：“为文不能关教事，虽工无益也……立志不存于忧世，虽仁无益也。”（《叶适集·赠薛子长》）

1982年

儒教与国民性

儒教经常以反宗教的姿态出现，并且猛烈抨击佛教和道教，致使有些史学家误认为中国没有经历欧洲中世纪那样黑暗的神学统治时期，其原因就是得力于儒教。这种误解一是只看到了西方中世纪宗教形式与中国儒教的区别，而忽视了儒教的宗教实质；一是只看到儒教具有丰富的哲学思辨内容，而忽视了它的宗教思想核心。儒教讲的第一义谛是“天理”，它不在于启迪人的心智，而是用神秘直观的宗教实践去体察、涵养，要求人们摒除欲望，存养天理，以期完成作圣之功。在儒教的长期熏陶下，社会上形成麻木不仁的状态，即如鲁迅所痛切抨击的“国民性”。这种“国民性”当然不是中华民族的固有精神，而是儒教桎梏所造成的畸形、变态。一个人长期囚禁在幽室，必然苍白失色；一株树生在大石缝中，其根枝必然盘结扭曲。儒教压制了追求个性解放的人本主义思想的抬头，禁锢人们的思想，束缚人们的心灵。鲁迅面对旧中国灾难深重的中华民族，曾“哀其不幸”，“怒其不争”（《摩罗诗力说》），对儒教长期流毒的认识是十分深刻的。

1982 年

韩愈排佛

韩愈排佛是他的一贯主张。他的谏迎佛骨表，由于措词激烈，不避忌讳，给他招来一场灾难。韩愈排佛的理由都是前人已讲过的，没有比南北朝人更多的新见解。陈寅恪先生认为韩愈反对佛教，重点在于反对道教，道教在唐朝为患更甚于佛教。韩愈虽未公开指斥道教，实际上也抨击了道教。这是陈先生的新解释。如果我们作更进一步的探索，我们还会发现韩愈排佛教、道教，还包含反对藩镇割据以加强中央集权的意义在内。

考察韩愈排佛，不应局限于排佛的文章的字句，更要注意排佛这一行动在当时社会环境下所起的作用。《礼运·大同》是在汉代提出来的学说。清末康有为变法，重新提出“大同”理想，撰写了《大同书》。康有为的《大同书》与《礼运·大同》思想大不一样。再比如“实事求是”这是我国古代成语，中国马克思主义者拿来为唯物主义认识论作注解，很恰当。“实事求是”对今天的中国共产党并不是一个新口号，因为已在党内讲了几十年。粉碎“四人帮”以后，党中央重新提出“实事求是”的口号，号召全党从两个“凡是”的桎梏中解放出来，打破教条主义、造神主义。旧口号有了新内容，以今例古，其理不殊。

安史乱后，唐朝藩镇割据，中央政令不能在割据地区贯彻，韩愈提出排佛，目的在于维护中国封建传统文化。他从维护封建传统的立场，指斥佛教是“夷狄”之教。因为它败坏了中国传统文化（即封建文化）的纲常名教，破坏君臣、父子、夫妇的伦常，逃避了臣民的纳税服役的义务。照韩愈这个理论来衡量，当时败坏纲常名教、背离君臣大义、不为朝廷国家尽纳税服役义务的，除了佛教、道教以外，还有割据国土的藩镇军阀。他们破坏封建纲常名教，没有履行臣对君的义务。藩镇割据地方政权实行的也是“夷狄之道”。

韩愈的政治主张与他的排佛一样明确，他坚决主张削平藩镇，维护中央集权。裴度平淮西取得胜利，韩愈为之欢呼、歌颂。为了说服地方割据势力，韩愈不惜冒生命危险，与地方军阀开展面对面的辩论。可惜唐朝这个小中兴的局面没有维持多久，唐宪宗因服道士药中毒而死，唐王朝权力落在历代宦官手中，再也没有振作起来。

中国历史表明，巩固中央集权，消除割据势力，已成为唐末历宋、元、明、清的一贯发展趋势。韩愈中央集权的政治主张，在当时由于主客观条件不具备，没有做到，经过多年的努力，宋朝做到了。宋以后未曾出现过地方割据政权。与宋朝并存的有夏、辽、金诸王朝，都是独立的主权国家，不是分裂中央政权、闹独立的地方政权，与唐末藩镇割据政权的性质不同。宋以后，再未出现过地方割据政权，对今天来说，这也是相沿千年之久的中华民族的一份宝贵遗产。

1988 年

韩愈的道统论

韩愈在《原道》中提出了尧、舜、禹、汤、文、武、周公、孔、孟，古代圣人历代相传的道统理论。道统说的提出是针对佛教而提出的。佛教道统说的建立、推广、流行，起于隋唐，盛行于安史之乱以后。隋唐佛教建立了各大宗派，各派有自己所依据的根本经典（比如华严宗依华严经；天台宗依法华经），对所依据的根本经典各宗派有自己的解释，师徒世代相传，出现了解经的章句之学（如《法华文句》等）。这种风气颇似汉代经学、经师相传授的章句之学，我称之为“佛教经学”。“佛教经学”与佛教道统说、佛教宗派的建立，是同一事实在不同方面的表现。佛教各宗派都标榜自己得到释迦的真传。找不到文字根据的，则自称是得到“教外别传”、“佛祖心传”，总之，都自称是佛教正宗。除教义上争正统，还在传法世系上来证明，自己的宗派有渊源，是正统佛教。

安史乱后，佛教寺院经济遭到不同程度的破坏，僧众避乱，流动较大，经典散佚，有的毁于战火。各宗派为了保持自己宗派的纯洁性，更有强调传法世系的必要。如神会和尚在滑台召开的“南宗定是非论”，就是一次声势很大的法统之争，也就是佛教宗派中的“道统”之争。

韩愈的道统论，为后来儒教正式建立后的道统论奠定了基础。陈寅恪先生《论韩愈》中指出，韩愈的道统论受佛教的启发，乃不刊之论。陈先生根据的理由是韩愈少年颖悟，随兄在岭南，在禅宗流行地区，必受禅宗影响。韩愈少年颖悟，对社会思潮有感应，自不待言。我们还应看到隋唐时期佛教势力最大、影响深远的地区，并不在岭南，而在中原。早在南北朝时期，禅宗已盛行于嵩洛。安史乱后，中原地区佛教宗派之间的道统之争较偏远地区更加激烈。滑台之会，就发生在中原。当年惠能求法，在岭南无师可投，才奔赴湖北。韩愈生长于中原，当时佛教思潮弥漫于朝野上下，其影响不限于岭南一隅；长安、洛阳佛教宗派林立，不止禅宗一家。上有帝王、贵族提倡，下有百姓群众景从，佛道儒三家鼎立，各立门户，互争高低，构成隋唐思想界的总形势。

儒家在政治上占优势，其哲学思想、思辨分析，不及佛教深刻；业报轮回、三世因果之说，积数百年的宣传，已深入人心。儒家为了在三教中争取领导地位，力图论证儒教源远流长，得圣人真传，又由于受到佛教建立法统的启发，于是建立自己的道统论。

再进一步探本溯源，问一问佛教法统论又是从哪里来的？我看佛教各宗谱牒相传，以嫡系自诩，并非出自佛教自身，而是受了魏晋以来门阀士族谱系之学影响，世间法影响到出世间法的结果。纵览天竺佛书及有关释迦及部派传记，他们一向缺乏时间观念，也没有一代一代严格记录的习惯。而中国魏晋南北朝时期，门阀士族的家族出身，关系到这个士族成员社会声望及政治升降。谱牒之学，在南朝成为显学。政府任命官员，必以族谱渊源为根据。伪造族谱者，置以重典。宗教号称出世，出世的宗教一刻也离不开世间。佛教的传法世系，所谓法统说，正是当时门阀士族世间法在出世间法的反映。

韩愈把世间封建宗法家族谱系学，移植为学术承传的学术谱系学——道统论。道统论形成后，再与封建宗法的政治承传关系相结合，于是儒家政治上的正统与儒家学术上的道统结合起来。韩愈在这一方面给儒家立了大功。

1988 年

佛教与儒教

研读中国哲学史的人，都会发现宋、元、明理学家们，如周、程、张、朱、陆、王诸大家，在青少年时期都有“出入于佛老”的治学经历。已出版的中国哲学史中，不少的书也曾提到过，如朱熹的“理一分殊”的概念，“月印万川”的比喻，来自佛教，有的指出来自佛教的华严宗。陆象山指斥朱学近“道”（道教），朱指斥陆学近禅（佛教）。王夫之也指出朱熹的学术来自佛教。王夫之自己以儒学正宗自居。王守仁也自称得自孔孟真传。这些相互攻击和自我标榜，都表明理学家们对于佛教、道教持反对立场。

如果仔细考察，会发现宋、明诸儒并没有真正反对佛教，倒是可以认为他们是佛教的直接继承人。也可以说，他们是接着佛教的一些中心问题，沿着他们的路线继续前进的。

中国哲学史是中华民族的认识史。中华民族在认识世界的道路上不断把哲学发展推向前进。试作粗线条地回顾，我们可以说，先秦哲学的世界观偏重在宇宙的构成论。好比人类幼年时期，对一件事物不了解，出于好奇，总要问一个是什么做的？有的哲学家回答是水，是火，是地、水、火、风，精气，元气。古希腊的哲学是这样，中国哲学史也差不多是这样走过来的。秦汉时期，中华民族对世界的视野又有所扩大。秦汉哲学构筑了宇宙构成的总模式。以阴阳五行说填充了人类世界，把天地构成、人物化生、社会结构、政治治乱、人性善恶，都力图纳入一个总模式中，用五行模式统摄世界，五方、五行、五味、五德、五色、五情、五声，都给安排在一定的地位。中国哲学史进入了完整的宇宙论阶段。

人类认识不能停留在宇宙论的阶段，于是进而发展为“本体论”的阶段。魏晋之际，产生了玄学。玄学的中心议题是探讨现象与本质的关系，提出了本末、有无等重要范畴。玄学的出现，标志着人们的认识又向前发展了。不但要求认识事物大、小、方、圆，而且要求追问大、小、方、圆之“所以然”。这个“所以然”的提出，比秦汉时期的宇宙论阶段，显然又深入了一层。

认识的过程，总是从外到内，从物到己。先认识世界外部，然后反观自己。中国哲学史的发展，也恰好证明了这个道理。由考察宇宙万物的本体，进而探索人类自身的“本性”（人的本体）。

这也是从认识自然，进而认识社会、认识历史、认识人性的必然过程。关于人性善恶的探讨，先秦、秦汉都有不少流派谈到了。但他们停留在表面观察、简单地分类（如人性是善、是恶、是有善有不善、无所谓善不善，后来又有“善恶混”、“性有三品”等），还没有进一步探究，善、恶有没有起源，善、恶之间能否转化，如果能转化，是靠外因还是内因？善恶有没有生理的基础和心理基础？这些问题，在中国哲学史上有过相当充分的讨论，并且成了南北朝时期的“佛性论”的中心议题。当时关于成佛问题，实质上是为善、去恶，成圣、成佛对每一个人是否有同等的资格，有同等的机会？南北朝时期的“佛性论”，就是“人性论”、“心性论”。

由南北朝到隋唐，佛教创立了许多宗派。影响较大的有天台宗、华严宗、禅宗、净土宗，等等。三论宗、唯识宗为时甚暂，影响不远。这些宗派共同感兴趣的问题，也是引起社会上重视的问题，是佛性问题，即心性论。

隋唐佛教讨论的心性问题，涉及的范围既深且广，它涉及人类心理活动、感觉经验、道德观、认识论、社会观，本体论的综合心理训练，宗教实践（修养方法）。所谓“明心见性”、“即心即佛”、“性体圆融”、“无情有性”，都是从不同的角度建立的各宗的心性论，并在各自建立的心性论的基础上构造各自的神学体系。这是各宗各派的学说共同的思潮和趋势。各个宗派之间有很大的分歧，有的接近中国传统的性善说，有的接近于性恶说，也有游移于两者之间的。心性论曾把最大的注意力放在“恶”的来源的解释上。止恶，向善，遏制欲望，发明本心，也是众多佛教宗派共同探讨的热门问题。

抓住了这个大的潮流和总的趋势，我们再看宋明理学所关心的许多问题，以至他们所提出的重要范畴，就不难发现他们接过佛教在隋唐三百年来反复讨论的心性论，与儒家的纲常名教相结合，从而形成了一种新的宗教哲学。社会上叫做理学，元朝人称为道学，西方学术界称为新儒学，以区别于孔孟的儒学，我称它为儒教，讲的都是一回事。“存天理，去人欲”，朱熹说“人之有生，性与气合而已。即其已合而析言之，则性主于理而无形，气主于形而有质”。宋儒区别“人心”与“道心”并建立了“天命之性与气质之性”的学说。宋儒自认为“有补于后学，有功于圣门”。如果查一查隋唐诸宗派的心性论，这些议论似曾相识，并不生疏，俯拾即是。至于“人人有一太极，物物有一太极”、“理一分殊”的说法，那是明显的来自佛教，证据确凿，就不必多说了。

佛教与儒教有着直接继承的关系，特别在心性论这个问题上，儒教是接着佛教讲的。正因为佛教、儒教有这种内在的继承关系，所以佛教经过儒教加工改造后，好像被打败了，衰落了。实际上，佛教的宗教修养方法，特别是心性之学的修养方法在儒教中合法化，成了主静、主敬，禅定成了静坐，“克己复礼”成了“存天理、灭人欲”。《尚书·大禹谟》的十六字真言，“人心唯危，道心唯微。唯精唯一，允执厥中”，宋儒按照佛教的宗教修养的标准，进行注解，完全变成了儒教修心养性的咒语。

不应停留在字句上找儒与佛的异同，要从他们共同关心的思想方法、修养目的、修养方式，以及他们研究的问题上着眼，更容易看到宋以后，三教合一的思潮已深入学术界的各个领域。三教之间互相影响、互相渗透，最后成为一个三教合一的整体。儒教以自己为主，吸收了佛教及道教。佛教、道教也走上三教合一的道路，向儒教的纲常名教靠拢，共同为封建宗法制度服务。

唐宋以后的哲学家中，不但唯心主义者继承了佛教，唯物主义者如柳宗元、刘禹锡、王夫之、戴东原也都是佛教心性论的继承者，只是他们的讲法有所不同。

1986 年

北宋儒教对佛教的继承

儒教在北宋时期，继承了韩愈、李翱的强化集中统一的路线，同时吸收了佛教，特别是禅宗的心性论，把佛教的心性修养，禅宗的明心见性，改造为主敬、涵养、守一，与治国平天下的政治目标相结合。心性之学主治内；治国平天下主治外。《中庸》、《大学》、《论语》、《孟子》作为必读的经典，号称“四书”。内以治心，外以治国，宋儒称为“内圣外王之道”，“极高明”指强化内心修养；“道中庸”指参与日常社会生活，不脱离生活。禅宗宣称禅学不离开日常生活，“运水搬柴，无非妙道”。既然运水搬柴可以见性明心，为什么事父事君就不是妙道？由禅到儒只差一小步，宋儒就是按照禅宗的思维方式，宗教修养方式又向前迈进一步，把宗教修养与社会生活打成一片，“极高明而道中庸”。唐朝《五经正义》没有完成的任务，宋儒用《四书》代替了《五经》，这是秦汉以后经学的一大变革。

用《四书》为指导思想，就可以更好地协调中央高度集中权力与小农经济极端分散的矛盾。君主（集权的象征）是天子又是家长（民之父母），本来处在对立的地位，经过新经学的解释，说成家人父子的关系。《大学》的格物、致知、诚意、正心、修身、齐家、治国、平天下，这样的思想体系既解释了中央政权高度集中的绝对性（天理），又说明了小农自然经济分散的合理性（理一分殊）。对于持续了几千年的一对矛盾（中央与农产）从理论上找到一个合理的答案。

儒教建成，意味着佛、道两教势力衰退。韩愈排佛，没有吸取佛教的心性论，所以未能排掉佛道两教的影响。宋儒不是打倒二教，而是吸收了佛道两教的宗教心性修养理论以充实自己，变成佛教体系的一部分，它成功了。

宋以后的三教，表面维持着三教（佛、道、儒）的门户，三教都力图以另外二教充实自己。宋以后的三教势力也不平衡，不同于唐代的三教，在于儒教成了主流，佛、道二教处在依附的地位，起着配合儒教的作用。

从佛教到儒教，看似不同教义教理的变换，事实上这两家是接着讲的，讨论的问题是衔接的，思想发展的深度是逐步加深的。形式上、文字上有攻击，实质上是一贯的。因为儒教和佛教都是中国哲学，有继承关系，有内在联系。

1986 年

从程门立雪看儒教

1992 年《群言》第八期，有张岱年先生的“辨程门立雪”，澄清了以讹传讹的事实，如实表述了程门师生关系，对时下学术界不求甚解的学风多所纠正，文章写得很好。

现在，我试图换一个角度来谈谈程门立雪。弟子们肃立在老师身旁达二三个小时之久，老师瞑目而坐，是闭目养神？打瞌睡？还是在干什么？

据记载，河南程氏兄弟（哥哥程颢，弟弟程颐）同时讲学，传授同一批弟子，他们治学方法基本相同。只是两人的性格有差异，哥哥程颢为人平易近人，弟弟程颐为人严肃，弟子们见了有些怕他。程颢死后，程颐继续教授他们的门徒。

伊川见人静坐，便叹其善学。（《伊川学案》）

明道（程颢）终日坐，如泥塑人。（《明道学案》）

（谢良佐）往扶沟见明道，受学甚笃。明道一日谓之曰："尔辈在此相从，只是学某言语，故其学心口不相应，盍若行？"请问焉。曰"且静坐"。（《上蔡学案》）

程门培养学生一方面是知识教育，一方面是德性教育。程伊川归纳为两句话：

涵养须用敬，进学主致知。

进学指读书、讲史、体会经书中的道理。《二程遗书》中有关儒家经典的注解、阐发都属此类。程颐的《易传》是程氏释经的代表作。此外，对《论语》、《孟子》、《大学》、《中庸》的解释，都属于致知方面的教材。

致知不在于教人增长见闻，而是以读书为门径，达到成圣成贤的目的。

涵养用敬，在于培养学者的德性，通过做工夫，体验圣贤的精神境界。进学与涵养不可偏废，但涵养比读书更重要。程伊川认为精通经史、学识广博、文章华美，都是致知范围，如果缺少涵养用敬工夫，就算不得真正有学问。苏轼与程颐同朝为官，彼此相识。程颐认为苏轼不过是个文人，缺乏涵养工夫，离圣贤境界甚远。苏轼也讥笑程颐迂阔、顽固、食古不化。

《中庸》是程伊川大力推崇的经典。《中庸》说"喜怒哀乐未发谓之中，发而皆中节谓之和"。程门教人静坐、反思、体认圣人"中和"气象。这是一种内心自我调节的精神训练，要求既不着意去思虑（佛教谓之非想），也不排除思虑（佛教谓之非非想）。经过长期训练，使人保持心理上的绝对平衡，超常安定。类似这种训练方法，佛教谓之"禅定"，道教谓之"坐忘"。唐宋以降，佛、道都宣传这种宗教修养工夫，缺少这种工夫，就不配跻身学林，更难进入圣域。

佛教、道教的宗旨都教人疏远社会生活，摆脱家庭关系。儒家教人既要有超出凡俗的精神境界（中和境界），又要以这种精神境界为基础，积极参与社会活动和家庭生活，儒家提倡增强个人身心修养，以超凡脱俗的精神境界参与治国平天下的入世活动。把内在超越与外在社会活动融为一体，从而实现完美无缺的人生价值。这也就是儒家标举的“内圣（个人修养）外王（平治天下）之道”。

程氏教育门人的修养方法并非独创，它反映了隋唐以来佛教、道教长期流行的宗教修养思潮。司马光与程颐不同道，他的修养方法是静坐时，集中意念，沉思一个“中”字。与程氏兄弟同时的张载、邵雍等人，各有一套与程氏静坐大同小异的精神修养方法。

从南北朝到隋唐，几百年间，佛教道教势力远远超过儒家，二教的精神修养方法恰恰又是孔、孟和汉代儒家所缺乏的。唐以后的儒家为了在激烈的三教斗争中取得立足之地，不得不吸收二教的精神修养方法来充实自己，从而形成了新儒家（Neo-Confucianism），也称为儒教。程门立雪的故事，一方面说明儒家尊师重道精神，另一方面也表明当时儒家确实受佛道二教影响，把二教的宗教修养方法纳入儒教中来。

儒教是不是宗教，国内学术界有不同的观点，有人认为是宗教，有人认为不是。形式上儒教显然与现在流行的世界三大宗教不同。如果从宗教实质来看，它具有宗教实质。宗教形式为教团组织，宗教教义，崇拜对象，诵读的经典，固定的教徒等，儒教都有。宗教实质是它对现实世界的超越性。相信西方净土、死后进入天堂，是宗教的超越性，这是一种外在的超越。还有一种超越性，不必到另外世界寻求超越，只要在现实生活中改变一下世界观，即可超凡入圣。把宗教世界观的内在超越发挥得最充分的是中国的禅宗。禅宗宣称，一悟即菩提，一迷即凡夫。求佛解救，不如自己解救。禅宗说，“运水搬柴，无非妙道”，成佛不必去西天，当下即可成佛。像禅宗内在超越观，儒教完全具备。儒教说，既然运水搬柴都是妙道，可以见性成佛，那末事父事君，过正常的社会生活为什么不能成圣成贤呢？只在日常生活中，“存天理，去人欲”，不断涵养用敬，自然可以提高人们的思想境界。

境界不同了，尽管行为看起来和一般人没有什么不同，但境界上有凡圣的差别。宋代以后，建立的儒教就是特别强调人们精神修养，内在超越的具有中国特色的宗教。儒教对中国社会起着稳定封建秩序、延缓封建制度解体的作用。宗教通过有效的政教合一的完备体制，也增强中华传统文化的传播和普及，对民族的凝聚力起过积极作用。到了近代，儒教也起过妨碍现代化的消极作用。

1993 年

朱熹论人性和求仁

朱熹继承周敦颐的《太极图说》的“无极而太极”的思想并有所发挥，建立“理一分殊”的学说，论证事物的多样性与统一性的关系，比较完整地阐发他的唯心主义本体论。继承程氏“性即理”的命题，突出了“理”的客观性及普遍性，并吸收了张载的太虚即气的学说，改造了张载的哲学体系使“气”从属于“理”，理为气的主宰。这就使朱熹把宇宙论的框架建造得比过去任何一个哲学家都完整。在人性论方面，朱熹吸取了前人关于人性的成果而又有新的发挥。他说：“人之有生，性与气合而已。即其已合而析言之，则性主于理而无形，气主于形而有质。”这是说天命之性通过气质之性才形成具体的人。区分天命之性和气质之性，是要在理论上解决中国哲学史上长期存在的性善性恶的争论。朱熹认为孟子主张性善，是指天命之性，但孟子不知道人还有气质之性，因而不能很好地解释人性既善，恶从何来的问题，所以说他对人性的解释不够完备。荀子主张人性恶，扬雄主张善恶混，韩愈主张性三品，都是指气质之性而言，他们不懂得极本穷源的天命之性是善的，所以他们对人性的解释也不透彻。朱熹认为只有严格区分天命之性和气质之性，才能做出圆满的解释。所以他对张载、二程的人性论给以极高的评价："故张程之论立，则诸子之说泯矣"，讲天命之性是人的本性，即可以为性善说找出本体论的依据。照朱熹的体系，万事万物都是太极的体现，太极体现在人，叫做性。太极是最完美无缺的本体，一切事物都分享了太极的光辉。太极完善无缺，它体现到人性，也应当是完美无缺的。既然本性是善的，即使气质上有缺陷，经过努力是可以把差距缩小的。

朱熹的人性论的重点在于论证封建道德规范（如仁、义、忠、孝等）是天命之性，人人都有这些道德品质，只是由于气质的偏蔽，使得有些人没有很好地把这个天命之性（道德）充分实现出来。经过朱熹的论证，孟子的性善说得到了本体论的证明，才确立起来，它给人以努力的方向，又给目前还不尽符合封建道德标准的人以信心。所以朱熹说划分天命之性与气质之性"有功于圣门"。朱熹还认为天命之性的内容包含着"仁、义、礼、智"。仁、义、礼、智不只是人的本性，甚至也是宇宙的本性（天地之德）。"在天曰元亨利贞，在人曰仁、义、礼、智"。既从理论上论证人人接受封建道德的必要性（吸收荀子性恶说对人民改造的思想），又从理论上指出改造成为圣贤的可能性（发挥孟子性善说的思想）。

在心、性、情的关系方面，朱熹也有新的发展，他说"性者心之理，情者性之动，心者性情之主"。用比喻来说，"心如水，性犹水之静，情则水之流"。性中有仁、义、礼、智，发为情，则为恻隐、羞恶、是非、辞让。"仁、义、礼、智根于心"，是从性上见得心。恻隐之心，仁之端也，这是从情上见得心。性只是理，故无不善；发而为情，则有善有不善。本体的心是"道心"，为情所累的心，是"人心"。与"道心"、"人心"相适应的是"天理"与"人欲"。朱熹说"只是人之一心，合道理底是天理，徇情欲底是人欲。"朱熹比二程不同处，二程认为道心即天理，人心即人欲。朱熹认为道心即天理，人心不尽同于人欲，人心有为善为恶两种可能，人欲则一定是恶的。战胜人欲恢复了天理，便是"仁"。

人的最终目的，是求仁。"克己复礼为仁，言能克去己私，复乎天理，则此心之体无不在，而心之用无不行也”。“仁”为“心之德，爱之理”。又说，“盖仁之为道，乃天地生物之心，即物而在。……诚能体而存之，则众善之源，百行之本，莫不在是，此孔门之教，所以必使学者汲汲于求仁也”。

1982年

朱熹的格物穷理

朱熹把人的普遍原则贯彻到天（自然）的普遍原则，同时，朱熹又把自然的普遍原则推广到人的普遍原则。朱熹在《大学章句·补格物传》说：

> 所谓致知在格物者，言欲致吾之知，在即物穷其理也。盖人心之灵莫不有知，而天下之物莫不有理。唯于理有未穷，故其知有不尽也。是以大学始教，必使学者即凡天下之物而益穷之，以求至于其极。至于用力之久，而一旦豁然贯通焉，则众物之表里精粗无不到，而吾心之全体大用无不明矣。

格物就是“即物而穷其理”，教人们从认识具体事物入手。穷理的对象既包括穷究一草一木的理，也包括哲学上最根本的原理。朱熹虽说穷究天下万物之理，而着力于教人穷究封建道德原则，“且穷实理，含有切己功夫。若只说穷天下万物之理，不务切己，即是《遗书》所谓游骑无所归矣。”可见他的格物说虽然包含求知于外物的因素，但重点不在于认识自然界，并发现其规律，而是一种封建道德修养方法。他要的不是一件一件事物的理，而是要达到“众物之表里精粗无不到，吾心之全体大用无不明”的境界。这种思想境界是一种顿悟的境界，是全知全能的精神境界。“知至，谓天下事物之理，知无不到之谓……要须四至八到，无所不知，乃谓至耳。因指灯曰：亦如灯烛在此，而光照一室之内，未尝有一些不到也。”“一格物是零细说，致知是全体说”。又说“心包万理，万理具于一心。不能存得心，不能穷得理；不能穷得理，不能尽得心”。

1982 年

朱熹的天人合一

从自然界到人，朱熹把它打通了。天人共理，天人一贯，天人相通。他比秦汉的天人合一的神学目的论前进了。董仲舒讲天人合一，讲天有意志，有喜怒，能赏罚，人若违天，必遭谴责。朱熹沿着这条路线前进，却在道理上讲得更加圆通。朱熹的“天”、“理”不是那么露骨的人格化，而更多的地方表现为理性化、人性化、合理化。朱熹说：

> 太极只是个极好至善底道理。人人有一太极，物物有一太极。周子所谓太极，是天地人物万善至好底表德。

自然界的事物，按其存在而言，只有“如何”，而不存在善恶的价值。人们不说山河大地如何善，如何有德性。天地人物“万善至好”，这个天地人物已被赋予道德属性。所以朱熹又说：

> 天地以生物为心者也，而人物之生又各得夫天地之心以为心者也，故语心之德，虽其总析贯通无所不备，然一言以蔽之，曰仁而已矣。

天地和人一样，都以生物为心，这个“生物之心”贯彻、显现于万事万物，显现于一草一木，也显现、贯彻到社会、政治各个方面。朱子喜欢用“月印万川”的比喻来说明这个道理，同一个太极（众理之全）体现到各个事物，各个事物都分享到“太极”的光辉。如果一定要形容这个太极性质，那末它就是“仁”；朱熹说“天地之心，其德有四，曰元亨利贞，而元无不统”，“人之为心，其德亦有四，曰仁义礼智，而仁无不包”。又说“仁之为道，乃天地生物之心，即物而在。……诚能体而存之，则众善之源，百行之本莫不在是。此孔门之教所以必使学者汲汲于求仁也。”这个“心”，“在天地则盎然生物之心，在人则爱人利物之心，包四德而贯四端者也。”

朱熹又批评了程门学者传授二程的“仁”说走了样，出现两种偏差：一种偏差认为物我一体是仁之体，以杨时为代表；一种偏差认为“心有知觉为仁”，以谢良佐为代表。朱熹本来认为天人一贯，天地和人都要贯彻、体现以“生物为心”的仁。以“物我一体”为仁，又有什么不对。朱熹担心其蔽“或至于认物为己”，使人误认为“仁”不须努力去求，本来现成，人含糊、昏缓而无警切之功。如以“知觉言仁，其蔽或至于认欲为理”，这种偏差危害性更大。这是明目张胆的禅家思想。朱熹多次批评禅宗以知觉为性，他们说“在目为视，在耳为闻，在手执捉，在足远奔”。朱熹认为这种脱离封建伦理价值的言行活动，不是性，人和禽兽的差别恰恰在于人有价值观，视、听、言、动要合于道德规范，才是“仁”；没有道德内容的视、听、言、动是禽兽，不是人。

虽然朱熹的哲学体系，从天地万物说起，从格物致知入手，说到底，落脚点却回到人伦日用之常规，归结到封建道德修养，归结为求仁。格物以致知，只是为穷理以尽性。知命，即知天。朱熹的眼中，天地万物充满了一片生机，充满了和谐，宇宙万物原来是仁的显现，只是人们缺少修养，不去体察，看不到罢了。元亨利贞，是天地的四德，而元无不包。仁义礼智是人性的四德，而仁无不统。心的本质即天的本质（心之德即天德）。朱熹随时随地有意贯通天和人的关系。这是宋儒共同的、基本的世界观。周敦颐不除窗前茂草，曰“和自家生意一般”，二程说“观鸡雏可以识仁”，程颢说“仁者与物同体”。张载“民吾同胞，物吾与也”，“为天地立心，为生民立命”。朱熹教人保持“中心恻怛之怀”。

1982年

事父事君也是妙道

两年前，我在《论儒教的形成》一文曾说过，宗教都宣扬有两个世界，一个是超世间的精神世界，即天国、西方净土、彼岸世界；另一个是现实世界。有的宗教把彼岸世界说得活灵活现，十分具体，几乎是现实世界一切幸福的无限夸张。也有的宗教把彼岸世界说成是一种主观精神境界。我国隋唐以后的佛教道教都有这种倾向。出家并不意味着教人离开这个世界，到另一个西天去寻求安顿，在日常生活之中，只要接受了宗教世界观，当前的尘世也就是西天极乐世界，每一个参悟佛教教义、接受宗教世界观的众生即是佛。佛不在尘世之外，而在尘世之中。

宋明儒教也正是这样，它给人指出一个精神境界，所谓“极高明而道中庸”，不用改造世界，只要改造自己的世界观，即可成为圣人。而佛教的这种不脱离世间而能出世的理论，本身又破坏了佛教的理论的完整性。人们不免要问，既然“运水搬柴，无非妙道”，那何必硬要出家呢？事父事君不也是妙道吗？而中国封建社会遇到的最大的社会危机，恰恰是在于“三纲”的秩序从政治措施到思想意识，如何加强和巩固的问题。这个大问题，佛道两教虽然也都愿尽力帮忙，但提倡“出家”，总不免隔了一层。从运水搬柴可以见性成佛，到事父事君可以成圣成贤，中间只隔着一层纸，只要戳破这层纸，道路就打通了。儒、佛、道三教也就融合起来了，从历史上看，不止儒教有三教合一的行动，佛道二教也都讲三教合一。这是文化发展的总趋势，不是哪一个人可以决定的。理学成为儒教，敬天、法祖的老传统，被添入了新内容。

1982 年

朱熹的天

朱熹的为学，不是口头讲论，确实从体验中得来，它不是纯思辨之学，而是指导行为的学问，它是宗教而不是哲学。宗教不是教人会说，而是教人去做的。与汉代董仲舒的学说以及《白虎通》的儒教神学相比，汉代的“天”是人格化的神，它反映二千年前人类认识的水平。朱熹的“天”，不是活灵活现的人格神，而足封建宗法化的理性之神，它不具有人形，而具有人性，有“盎然生物之心”。儒教崇拜的对象是“天、地、君、亲、师”，好像是多元的，其实这五者即封建宗法社会的异化物。其中君代表封建政权，亲代表族权，是中国封建宗法制度的核心。天是君权的神学依据，地是天的陪衬，师是代天地君亲立言的神职人员，握有对封建制度最高的解释权。正如佛教奉佛、法、僧为三宝，离开了僧，佛和法就无从传播。

1982 年

白鹿洞学规的政教合一精神

白鹿洞书院学规所涉及的不限于该地听讲的学生，也不限于文字表面的意义，文字明白，不难理解。它还有更深一层的社会涵义，值得引起人们的注意。这个学规与其说它是朱熹的办学方针，不如说它是朱熹的施政方针；与其说它是朱熹的哲学思想，不如说它是朱熹的宗教思想；与其说它是朱熹的政治学的大纲，不如说它是朱熹的政教合一的体现。

政教合一，历史学界认为曾流行于西方欧洲中世纪，宗教领袖兼地方行政领袖，或是地方行政领袖接受宗教领导。在伊斯兰教流行的地区，也是政教合一，教权领导王权。我国西藏在改革以前，也是政教合一的形式，改革以后，行政与宗教分离。在中国内地广大地区，一般认为不存在政教合一的历史现象。有的历史学家还认为这是中国历史的特点和优点，因而没有遭受过欧洲中世纪那样的困扰。这种见解是不对的，因为它不符合事实。

提起宗教，人们习惯地用基督教、佛教、伊斯兰教作为标准，和那些宗教一样的，认为是宗教，不一样的不算宗教。我们还是从实际出发，先不用一种固定的模式来判断活生生的历史。

从人类学、考古学、社会学，以及历史文献记载，迄今为止，还没有发现过哪一个民族没有宗教信仰的。只是宗教信仰的品类不同，其间有高低深浅的差别。以华夏民族为主体的中华民族来说，它也有宗教。宗教是一种社会现象，随着历史的前进而变化。

自秦汉以后，政治上形成大一统的封建大国。秦汉大一统为此后二千年的政治格局打下了基础。为了维护这个格局，我国历代政治家、思想家、哲学家，从各个角度做出努力，使这个总格局得到发展和巩固，使它的统治系统日趋完善。从经济结构看，中国土地辽阔，自然经济呈现出地区封闭的状态，不利于统一。从政治要求看，为了中华民族的整体利益（如兴水利、御外侮、救灾荒）则要求高度统一，要求统一，哲学思想、宗教思想力求与政治思想相配合。配合得好，得到政府的鼓励，不利于统一的受到限制，破坏统一的受到制止。一代一代传下去，中国封建社会的制度越来越完善。与全世界比较，中国封建制度最完善，封建文化最发达。

维护中国封建社会靠政治力量，同时还得有哲学与宗教的配合。

秦汉时期中国的宗教与哲学相配合，维护大一统的局面，董仲舒开始建立儒教体系。利用社会上流行的天人感应思潮，为王权服务。此后，汉代的神学经学已经是政教合一的雏型。中国的政教合一与欧洲不同处，是王权为主，神权为辅，神权为王权效劳。汉代的宗教神学比较粗糙。三国以后，有了更为精致的宗教，道教正式建立，佛教大量输入。佛、道两教各自为中国的政权尽力。都曾为维护三纲、五常封建制度说教。忠君爱国也成了宗教的教义主要内容。他们的说教有的直接，有的间接。总之，宗教活动与政治活动基本协调一致。到了隋唐，三教（儒、释、道）鼎立，互相配合，共同为王权效力。

北宋开始，在三教鼎立的基础上，进一步促成三教合一，以儒家为主流，吸收佛教、道教中特有而儒家所缺少的，如心性论的分析、宗教修养、禁欲主义的内容，使之融合为一个体系。这一方面，北宋诸儒做了大量工作。朱熹是继北宋诸儒之后，成就最大的学者，也是政教合一的集大成者，在历史上起了决定性的作用。

中国的政教合一，继承中国传统宗教信仰（可以上溯到西周），敬天法祖、王权神授思想（王者天命所归，受命于天），对稳定中央集权起了推动作用，儒教的专职传播者儒者（士大夫）形成了一个特殊阶层，他们以道自重，为王者师，不充当最高领导者，而是给政府及皇帝出主意、定规划，提供指导思想。宗教与教育相结合，制定教育制度，用科举制度培养儒教的接班人，不断向中央输送后备力量，加强中央政权。以经典指导政治措施，用经典解释法律条文，引经决狱。经典解释权归儒者专享。从中央到地方设有儒教组织系统，中央有太学，地方有府学、县学。教育者享有崇高的社会地位，不同于一般行政官吏。从中央到地方有一系列组织保证，如地方上官绅共治，乡里有乡规民约，内容贯彻了封建三纲、五常的原则。从白鹿洞书院学规到清朝康熙年间颁布的学宫圣训十六条，有着一脉相承的关系（《圣谕广训》：敦孝弟以重人伦；笃宗族以昭雍睦；和乡党以息争讼；重农桑以足衣食；尚节俭以息财用；隆学校以端士习；黜异端以崇正学；讲法律以警愚顽；明礼让以厚风俗；务本业以定民志；训子弟以禁非为；

息诬告以全良善；戒匿逃以免株连；完钱粮以免催科；联保甲以免盗贼；解仇忿以重身命)。

1987 年

朱熹的宗教感情

说朱熹是一位影响深远的哲学家，学术界对此没有不同意见，说朱熹是宗教家，还有争议。

人们习惯公认基督教、佛教、道教、伊斯兰教是宗教，凡是不像上述的宗教的信仰和组织，不被认为是宗教。现在我们按照实事求是的原则，暂且抛开习惯的尺度，看看宗教之所以为宗教，有哪些必备的内容。

宗教与哲学都属于上层建筑的最高层，神的存在不是论证出来的，古代有名的关于“上帝存在的证明”，都没有完成它的“证明”的任务。因为上帝的存在，来自信仰，而不是来自论证。信仰，不允许怀疑，不能问个“为什么”？越是最根本的问题，越不允许怀疑。哲学的根基是理性，是系统论证，哲学鼓励人们去问个“为什么”。

隋唐时期三教并立，各立门户。北宋建国，儒教吸收佛、道的某些内容，用来充实自己，以“三纲五常”为核心信仰内容，融合佛教、道教的心性修养、禁欲主义、建立新体系。儒教奠基于北宋的二程，完成于南宋朱熹。儒教以“三纲”为信仰核心。“三纲”是永恒存在，万世不变的准则。根本不允许怀疑，更不允许讨论。“三纲”的秩序，是人类社会的秩序，也是宇宙的秩序。

朱熹树立了儒教的“圣经”——《四书》（宗教经典，文字不能太长，要使人便于传诵。儒家的《五经》，文字多，不易记，不易懂。如《五经》中的《尚书》，就难读，难记，《诗经》内容杂，《春秋》简略。世界上几个大的宗教的经典，《古兰经》、《新约》、《旧约》，文字都不多，便于记诵。佛教经典数量大，但流行于信徒中，普遍传诵的经典也是一些小型经，如《般若心经》只有几百字)，捧出了儒教的教主——孔子。组织了儒教的教团及传承世系——儒教集团，建立道统说。朱熹以毕生精力注解《四书》并取得儒家经典的解释权，借助政府力量予以推广，订为国家教材，为全国知识分子所必读。为儒教的合法传播打下基础。

孔子不幸被捧为儒教教主，和老子被捧为道教教主是一样的遭遇。孔丘的“丘”不能读“qiū”，只能读作“某”，以表示避讳（元代丘长春是元初有名的道教领袖人物，白云观有个丘祖殿，后人为避孔丘的讳，把丘长春改写为邱长春，“丘祖殿”改写成“邱祖殿”)。隋唐时期，孔、老、释迦并称“三圣”，三人中只有释迦这位教主，当之无愧，孔、老二位遭到无妄之灾。

朱熹奉孔子为教主，把孔子捧为神。朱熹对孔子的信仰出自真心实意，他相信孔子在天有灵，随时监察、倾听着后世儒生的言行。朱熹二十四岁开始作官（同安主簿）为文以告先圣，从此以后，数十年间的每遇重大事件，如任命新的官职，建成讲学书院，修建藏书楼上梁开工，朱熹主要著作刊布发行，辞官卸职，甚至处罚不好好学习的弟子，都要为文告先圣（孔子)。

供奉先圣及先贤的仪式也仿照佛道二教的方式，设神像，月旦望率诸生拜谒，“设香火之奉”。朱熹看到当时“敬畏崇饰而神事老子释氏之祠”，很不以为然，他曾利用当地方官的机会，没收了五所佛教寺院的庙产，划充儒家学田（《建宁府崇安县学田记》)。

朱熹文集中，把孔子当作神，大小事必有“告先圣文”，其次是祭告各地先贤祠堂文，这类文章数量也很多。

其次是祭社稷、祈雨、谢雨、止雨、祈祷山川神祇的文章。

还有祭告家庙、焚黄，敬祀祖先的文章。此外还有祭土地、祝岁，占卜，求神明指示吉凶、定行止的文章。

朱熹忠于孔子，不只是一般学术上的信奉，而是有着宗教徒对教主的虔敬。这种思想感情是人类历史进步到中世纪阶段普遍出现的。西方奥古斯丁（Aurelius Augustins，354—430年，欧洲中世纪神学家，主张“理解为了信仰，信仰为了理解”，“上帝是真理，是万物终极之真理”，是“至上的善”。著有《忏悔录》等）、安瑟伦（Anselnus，约1033—1109年，欧洲中世纪神学家。提出上帝存在之“本体论证明”。主张“一般”作为独立存在的第一性实体，个别事物是第二性的）与朱熹时代前后相去不远，他们所关注的问题是如何拯救心灵，使之净化，存天理去人欲，免遭外诱，以致沉沦。可谓东圣西圣若合符节。

学术界五四以来多议谈中西文化之异同，此类文章多只着眼于地区间的差异，以今日的欧美与中国传统文化相对比，而忽略了他们所谓中国传统文化是未完全从中世纪神教迷雾中解脱出来的古老文化。把中世纪的中国传统文化与现代的欧洲文化对比，是不妥当的。

1993年

儒教的国教品格

朱熹的政教合一体系，不能仅仅看作朱熹个人的，它代表着宋、元、明、清长达八百年的政治体制。政教合一体系，不在于培养哲学家、科学家，而在于为封建大一统王朝培养大批比过去任何时期更适合巩固封建秩序的合格人才。历史证明，这一体制收到预期的效果。

“博学、审问、慎思、明辨”均属求知，它不是教人穷天地万物之理，落实在人伦日用之中。有人认为朱熹讲格物，教人穷万物之理，王守仁讲格物，教人格自家内心。实际上，朱熹教人为学的最终目标还是充实内心修养，“言忠信行笃敬，惩忿窒欲，迁善改过。”这里有人生哲学，也有宗教的禁欲主义。这一点，程、朱、陆、王没有两样。后来清代理学中涌现出一些批判朱熹的革新派，从唯心唯物的观点来看，他们不同于前人，但他们仍未超出儒教的范围。

儒教有其独特的体系和结构，神权王权之间没有尖锐的矛盾，没有生死斗争，它利用政权的杠杆，随时调节两者的关系，使它温和地发展着，因而没有发生过像欧洲中世纪那样的教权与王权长期的战争。儒教即国教，儒家经典有不可亵渎的神圣性，儒教领导人足以为帝王师，但不可以为帝王。王权拥有最终的管理实权，但必须以儒者为师。

1987 年

朱熹《四书集注》的特点

朱熹讲书，着重发挥，这是宋代学者治学的风气。程颐任崇政殿说书（讲官），给小皇帝宋哲宗讲论语，讲到颜回生活穷困，“箪食瓢饮，而不改其乐”一章，门人认为这一章与皇帝没有什么联系，程颐怎样去发挥呢？程颐说：“陋巷之人，仁义在躬，忘其贫贱；人主崇高，奉养备极，苟不知学，安能不为富贵所移？且颜子王佐才也，而箪食瓢饮；季氏鲁国之蠹也，而富于周公。鲁君用舍如此，非后世之鉴乎？”问者叹服。

封建社会后期的哲学体系，特别强调了心、性，宗教内心修养中忏悔、禁欲、反省、自责的思想感情训练。这种训练是汉唐佛教、道教流行以后出现的，正像汉代经学必须吸收天人感应思潮才能具有生命力一样。宋代儒教经学的特点在于用心性论来解释儒家经典，特别是《四书集注》，它强调为人处世的道理，主要教人如何修身养性、涵养性情，正心诚意。在家为孝子，做官为忠臣，成圣成贤，不离于人伦日用之间。以心性论解经，是中国经学史上前所未有的一大变革。

1987 年

《四书集注》的历史地位

《四书集注》的历史地位和作用，可以从以下几个方面来考察。

第一，《四书集注》吸收了唐宋以来的文化积累，达到了当时可能达到的理论高度，建立了完整的儒教体系，它把各等级的人排到一个被认为适当的社会位置上，建立了封建社会成员的全方位的岗位教育，对安定社会起着极为重要的作用。

第二，《四书集注》是一部强化内心修养，涤除心灵杂念的儒教经典。把“正心诚意”、“主敬”、“守一”、“格物致知”、“存诚”作为人生修养内容，最终目的在于教人成圣贤，使人们在社会生活、人伦日用之中得到精神解脱。“极高明而道中庸”贯彻“内圣外王”之道。

第三，《四书集注》打破传统注释的旧模式。简明通脱，新人耳目。宋儒自称得尧、舜、禹的“心传”及文、武、周公、孔、孟以下千古不传之秘。朱熹的注解，有的有根据，有的根据不多，也有的直抒胸臆，不要古代书本的根据。它的特点是摆脱依傍，不受古人的束缚。

第四，《四书集注》被指定为国家教科书，元明清各代用来开科取士，作为选拔政府官吏的标准。除了用它的学术影响以外，它还得到历代政府强迫性的灌输。读书人参加国家的各级考试，不能背离《四书集注》的观点，否则难以被录取，这也是《四书集注》流传久远的一个因素。

如果汉代的经学称为前一时期的神学经学，后一时期的经学可称为“儒教经学”。前一时期的经学以宇宙论的形式出现，后一时期的经学（儒教经学）以心性论的形式出现。中间经过魏晋南北朝佛教经学的补充，使儒教经学增加了体现时代特点的新内容。它超越了宇宙论和本体论，上升到心性论的理论高度，它达到了中国封建社会经学的高峰，同时也表明中国封建社会的经学已走到了尽头，经学的历史使命已完结了。

1987 年

第三编

佛　学

佛教与佛教研究

佛教，作为一种宗教意识形态，已有二千年以上的历史，拥有众多的信徒，迄今仍然有世界性的影响。但从社会发展的角度来观察，佛教起源于奴隶社会，繁荣昌盛于封建社会。三大宗教都是在封建制社会中成为世界性宗教的。只有封建社会为宗教发展提供了最丰沃的土壤。进入资本主义社会以后，社会上仍然有不平等，有苦难，宗教仍有存在的土壤，在特定的条件下，有时还有所发展。但是也应当看到资本社会已孕育着社会主义。当前世界上已有了若干社会主义的国家存在。也就是说，当前有代表资本主义的文化，又有代表社会主义、共产主义的文化。资本主义、封建主义、社会主义三种制度的文化同时存在。我们可以看到社会主义的文化建立在马克思主义辩证唯物主义世界观的基础上，辩证唯物主义，是无神论，佛教的世界观，是唯心主义的。社会主义的新中国对佛教文化要给予高度的重视，因为它曾是中国传统文化的一部分，深入研究佛教文化是了解中国传统文化的一把钥匙。研究佛教文化和信仰佛教不是一回事。信仰佛教和信仰任何宗教是每个公民的自由，他们的信仰要受到法律的保护。研究佛教，可以有佛教信仰，也可以没有。信仰宗教是个人的私事，研究佛教文化则不仅仅是个人的私事，它是历史学者、社会学者、心理学者、宗教学者必须涉及的一个领域。我们社会主义国家，最有条件摒除任何宗教成见，客观地实事求是地对待历史，对待文化，对待一切传统文化。从文化的角度来考察佛教（及一切宗教），才能更好地摆脱某种偏见或主观情绪的影响，还它以历史的真面目。这里要重申，我们是以历史说明宗教，而不是以宗教说明历史。

佛教信仰仍将长期存在，但佛教作为一种信仰思潮，它将不会出现像古代那样繁盛的局面。因为时代不同了，寺院不再是社会的文化中心、经济中心，寺院再也不会成为学者辈出、人才荟萃的中心。对于佛教的研究必将随着文化的发展，越来越深入，将达到前辈学者未曾到达的领域。

1988 年

佛教文化传播的“势差”现象

文化是一定社会经济的产物，文化水平有高有低。古人说“水性趋下”。水性趋下，由高趋下造成势差，这是由于重力的缘故。文化的传播，也有“势差”，文化势差现象也有由高趋下的现象。高度发展的文化往往影响低度发展的文化，而低度发展的文化，处在被影响的地位。只有由高向低产生影响，而不能使低度发展的文化反过来影响高度发展的文化。中国历史表明，不同民族文化接触，都是高水平文化影响或改造了低水平的文化，有时高水平文化的民族在军事上被征服，低水平文化的统治者在政治上一时占支配地位，但过不了多久，征服者不得不接受文化高的民族的思想意识，反而成了被征服者。这是文化势差现象在我国历史上的表现。我国以完备的封建制度不断消融前封建文化的落后制度，使他们迅速封建化，从而不断丰富中华民族的封建文化。

隋唐以来一直到鸦片战争以前，中国封建社会在亚洲一直处在领先地位。当时与中国邻近地区，文化科技比较落后，有的还没有自己的文字，它们对较高的文化没有抗拒能力，所以很容易地接受过去，不曾有过像中国发生的那种“夷夏之争”。

中、印两大民族的文化水平很难分出明显的高下，中印文化交流文化势差不太明显，不能构成一方完全影响另一方的势差。因而中印文化交流曾经历了几百年的长期相持，经过长期对峙、交融，互相吸收，最后形成带有中国特色的佛教体系。它是中国的，即封建宗法制的，同时又有佛教的某些内容。因为当时的中印文化水平不相上下，才出现了相持交融几百年的局面。

1988 年

佛教的本貌和变迁

佛教在中国的传播和发展，经历了近二千年的漫长的岁月，它在中国封建社会各阶层中曾起过广泛影响。自从它传入中国那一天起，一直是适应当时封建地主阶级的需要来宣传解释其宗教学说的。不少中外学者认为中国的佛教背离了印度佛教原旨，使印度佛教走了样。这种看法不是没有一定的道理，但这种看法是不太妥当的。

思想意识是一定社会的产物，各种社会有它的成长和衰落的过程。印度佛教也有它生长和衰落的过程，总在不停顿地发展、变化着。印度的佛教，不但在一两千年间有很大的变化，即使拿佛陀一生的宗教活动来说，据后人的研究，他早期传教和后期传教，其侧重点也不同。究竟什么是佛教的原样？佛陀死后约百年左右时间，佛教徒中间对教义教规的理解已发生了严重的分歧，形成上座部、大众部两大部派；随后，这两部派又不断发生分化，形成了十八部（或二十部）。接着又出现了佛教大乘教派。大乘教派中先有龙树、提婆倡导的中观学派，后来又有无著、世亲倡导的唯识学派。大乘自称得到佛陀的“了义”，而小乘许多学派并不服输，与大乘并存，各立门户，都继续流传。由此可见，在印度事实上并不存在一个标准的佛教样板。如果要把印度佛教的各种教派分化、兴衰变迁的道理讲清楚，就不能只在佛教内部去寻找佛教变迁的原因，而应当从印度的社会历史中去寻找佛教兴衰变迁的原因。这属于另外的题目，不属于中国佛教史的范围。我们的任务是考察中国佛教的历史，揭示出它的发展变化的规律，从而有助于加深认识东汉以后中国的古代封建文化，更好地认识中国的哲学史、文学史以及整个历史。

社会实践表明，一切事物都在发展变化，古人所信奉的“天不变，道亦不变”的观点只能表达取得政权的地主阶级的主观愿望。哲学和宗教看起来高入云霄，好像不食人间烟火，实际上它们仍然是一定的社会的经济生活和政治生活的反映，只是有时是直接的反映，有时是间接的反映，有时是曲折的反映罢了。社会经济生活和政治生活总在不断地发展变化，从而反映经济生活和政治生活的哲学、宗教也相应地改变。我们应当通过考察佛教在中国这块土地上初传、滋长、兴盛、衰微的全部过程，从中找出规律性的东西。

1981 年

佛教的“判教”

判教，就是佛教根据各宗派自己的观点、方法，把所有的佛教经典著作和理论加以系统地批判和整理，重新估价、安排。目的在于说明佛教的一切经典著作不但不互相矛盾，而且是相互补充的；在于说明佛教经典著作和理论的相互矛盾的现象，是由于佛对不同的听众、在不同的时机进行的不同的说教。但他们认为佛教的基本精神没有矛盾。判教工作是隋唐佛教各宗派对外防止攻击，对内统一分歧而采取的必要措施。印度的佛教经典中如《涅槃经》把佛的讲经分为五时，《解深密经》

分为三时，《缨络本业经》分为顿、渐。印度这种五时、三时、顿渐的区分没有包括佛教的一切经典著作和理论在内。它和隋唐时期各宗派的判教的性质不同。如“天台四教义”说判教的方法是“义蕴佛经，名出智者”。意思是：精神实质是佛经早已有的，办法是智𫖮想出来的。隋唐时期除天台宗外，华严宗（按：宗密《原人论》把佛教分为人天教，小乘教，大乘法相教，大乘破相教，一乘显性教）、法相宗（按：据《慈恩法师传》卷4：“法师〈玄奘〉妙闲中、百，又善瑜伽，以为圣人立教各随一意，不相违妨。惑者不能会通，谓为乖反。此乃失在传人，岂关于法也……乃著《会宗论》三千颂”）、禅宗（按：禅宗的顿渐也是一种判教）都建立了他们自己的判教的原则标准。

1962年

天台宗的判教

天台宗把佛教的一切经典著作经过他们的批判整理以后分为“五时”与“八教”。五时是：华严时、鹿苑时、方等时、般若时、法华涅槃时。八教是：藏、通、别、圆、顿、渐、秘密、不定。“八教”用来分别佛在五个不同的时间所讲的佛教宗教哲学原理的内容和说教方式的不同。

天台宗认为华严时是佛对已有深厚佛教基本知识的听众宣传的道理。鹿苑时（鹿苑是佛第一次说法的地名）讲的是小乘佛教四《阿含》的一些基础知识，是对一般不了解佛教的听众讲的。方等时听众对象是已有小乘宗教基础的听众，这是为了使他们进一步能够接受大乘的宗教原理，讲的是《维摩》、《思益》（《思益梵天所问经》）、《楞伽》、《楞严三昧》、《金光明》、《胜鬘》等经，在于驳斥小乘，赞美大乘（“弹偏，斥小，叹大，褒圆”）。般若时讲的是大乘空宗的宗教原理，向听众宣传

"色即是空，空即是色"的世界观。法华涅槃时对佛教宗教训练最深的听众讲《法华经》、《涅槃经》，描绘涅槃世界是永恒、真实的世界，是佛教的最后真理。也是天台宗教人出家，接受佛教原理的最终目标。

八教又可分为化法四教（藏、通、别、圆）和化仪四教（顿、渐、秘密、不定）。

"藏"即三藏（经、律、论），主要是根据佛经（包括经、律、论）的文句，逐字逐句地了解，所讲的道理以小乘为主，内容比较浅近。"别"教是专对少数（个别）有佛教宗教训练的人讲的，不是对广大的一般听众讲的，所以叫做"别"教。"通"教所讲的内容是由"藏"教提高到"别"教的过渡。其中既包括较深奥的道理，也包括浅近的佛教原理。"圆"教是为佛教的宗教训练最深的人讲的最高的道理。以上这四种教（按：佛教把宗教宣传叫做教）是根据听众的程度、对象来运用的，天台宗叫做化法四教。即根据听众的宗教训练程度决定宣传的内容的难易深浅。化法四教实际上是天台宗进行宗教宣传内容的指导原则。

化仪四教是根据听众的才能、智慧来决定进行宗教宣传的方式。对利根人（聪明人）就直接讲大乘顿教的佛教原理，如华严时所讲的；对钝根人（聪明较差，接受能力比较迟钝的）就先说小乘，逐渐引导他们接受佛教的宗教世界观，如鹿苑（因佛在鹿苑说教时讲的四阿含，又称阿含时）时、方等时讲的佛教教义都是对钝根人进行"渐教"时采用的；秘密教，天台教自称佛有一种神秘的能力，使在座同时听讲的人听到的道理，各随自己的程度不同，互不相通，都能有所收获，这有似复式教学，令听众在同一课堂上都能学到他要学得的东西；不定教是佛根据不同情况，运用神通力量，使听众有不同的理解。化仪四教实际上是天台宗宗教宣传方式的指导原则。

1962年

我们对佛教的态度

我们不信仰佛教，也不认为佛教所宣传的是真理。但是我们认为佛教的产生和发展，有它的社会根源和思想根源。它的产生和发展不是偶然的，而是必然的。它所指出的解脱道路是假的，它所反映的当时的社会苦难却是真的。这就要求我们对它认真对待，不能掉以轻心，放在一定的社会历史条件来看待这一现象，是完全可以理解的。我们也还要指出宣传佛教的人们中间确有一些利用佛教作为工具谋取私利的，历代封建统治者确曾利用佛教麻痹人民的反抗意志。看不到这一点，也是不对的。这样既尊重曾经存在的历史事实，也尊重千百万宗教信徒的宗教感情。不必讳言，马克思主义的世界观与宗教的世界观是根本对立的，但宗教信仰是个人的自由，我们反对任何人把自己的观点强加于人。信宗教有自由，不信宗教也有自由。宗教问题是可以讨论的，而且也应该讨论的。我们对佛教史上的许多理论问题，采取说理的态度，以理服人。

佛教属于唯心主义宗教体系，它通过唯心主义的理论的论证，把人们引进信仰主义的大门。它的逻辑分析、心理分析相当细致，辩证法思想也相当丰富。佛教哲学比起欧洲中世纪的神学和中国的封建主义哲学都更精密。正是由于佛教的输入，才使得中国的宋明理学改变了它的面貌，完整地构造了儒教的思想体系。也正是由于佛教的传播，才使得中国的道教在某些方面吸收了佛教的内容，形成了佛教道教交互影响的局面。中国佛教是在中国发展成长的，它已成为中国的传统思想的组成部分。它的哲学的解答虽然是错误的，但是它提出了问题，迫使人们进一步寻求正确的答案，它对我国文化有过积极作用。

伴随着佛教的宗教活动，同时丰富了我国的音乐、舞蹈、绘画、建筑、文学等各个领域。伴随着佛教的传播，推进了我国与邻国的文化交流，加深了邻国友谊与了解。如果我们善于总结历史经验，不仅对古代历史研究有意义，对今后的国际文化发展也有积极意义。

最后应当说明，马克思主义的历史唯物主义的原理虽只有简单的几条，但如何正确运用于研究中国佛教史，却是一个艰难的有待于通过科研实践不断解决的问题。

1981年

从儒教经学到佛教经学

佛教经学的传授方法与两汉儒家经学传授方法大体相同。中国知识僧人出家前夕受儒教熏陶，出家后为了传教，为了扩大佛教影响，为了与佛教以外的外道争辩，佛教徒不能不读佛教以外的典籍。僧传所载著名学僧"学通内外"。中国特殊历史环境培养出来的佛教知识分子，都受过儒家经学的训练。汉儒章句训诂之学，魏晋玄学，得意忘言之教，都给南北朝的佛教经学提供了现成的模式。东晋道安已开始对佛教经典进行注解，他在《安般守意经序》中说："魏初康会为之注义，义或隐而未显者，安窃不自量，为解其下。"《道地经序》说，"寻章察句，造以训传"。道安的《人本欲生经序》说，"……为人撮注，其义同而文别者，无所加训焉"。早期佛经注大致如道安所说的逐文释义，不作发挥，对佛经初学者有辅导作用。南北朝时期，长江南北有许多《成实论》师，他们一生讲《成实论》若干遍，受到朝廷和社会上重视。《成实论》为小乘学的一派，佛教的基本概念，这部书里讲得比较清楚，是当时流行的一种"佛教哲学手册"。学了《成实论》，对佛教的基本概念有了一些了解，再读其他经典就容易了。许多成实论师，自己没有什么体系，他们所从事的是佛教的章句之学。

有了章句之学为基础，中国僧人对佛教的理解逐步加深，他们不满足于文句解释，而要求钻研其基本思想。魏晋玄学探究本末、体用的治学方法，也给佛教经学以启发。用玄学方法解释佛理，南北朝时曾被广泛采用。当时用“经序”来概括一部佛经的宗旨，用“品目”来概括经中某一章节的宗旨，可收到提纲挈领的效果。僧叡《中论序》称，“予玩之味之，不能释手，遂复忘其鄙拙，托悟怀于一序，并目品义，题之于首。”又如道生在《法华经疏》中对《药草喻品》说“圣教沾神则烦恼病愈，故寄药草以目品焉”。佛经早期的章句解释，为了启迪初学，文字不能太简，有时注文与原著篇幅相当。后来佛教受魏晋玄学的注疏方法影响，尚清通简要，有的讲大义，有的指事数，注文篇幅往往不太长。南北朝后期，佛经著述逐渐增多，学派林立，讲经的章句、口义（讲义）渐多，越来越详备，注疏又由简到繁。到隋唐时，佛经注疏、佛经讲说，有似汉儒解经的末流，广博烦琐兼而有之。

1988 年

南北朝佛教经学

北朝自孝文帝迁都于洛阳，弘扬佛教，造像建寺的同时，也注意佛教理义的宣扬。当时南方佛教重心有三处，一在南京，一在庐山，后来海上交通发达，广州也成为中心之一。与南方相对峙，北方也有三个中心，一在彭城（徐州），一在洛阳，一在邺都。北朝后期，北周以长安为政治中心，佛教得到相应的发展，其活动规模、僧众数目，北方均超过南方。

北方以徐州为中心的佛教学者，有僧渊、僧嵩、道登、慧纪、昙度，都宣传《成实论》、《涅槃》之学。僧人智游兼擅《毗昙》、《成实》。魏末齐初，渤海明彦擅《成实》，彭城慧嵩擅《毗昙》，如法上、慧远（净影寺）擅《涅槃》。当时山东、河南、河北、徐州广大地区，讲论学习的佛教经典，偏重在《成实》、《涅槃》、《毗昙》。东魏到北齐邺都，道宠、慧光宣扬《地论》，有相州南北二道两大学派。禅学也在嵩山、洛阳不断发展，唐朝相传禅宗初祖以下数代，均在北方。

佛教势力发展，佛教理论有广泛的社会影响，上面有朝廷的倡导，更起了推波助澜的作用。魏孝文帝时，钦慕江南文化学术，朝臣中通晓佛教经学的，如崔光、王肃原为江南人。南方文人到北方多受到重视。东魏北齐时，朝廷上下颇好玄谈，亦杂以佛教理论。孝静帝曾召名僧于显法殿，讲说佛理。文学重臣如杜弼、杨愔、邢邵、魏收，也参加辩论，杜弼也主讲佛经，与专业佛教徒僧达、道顺等往复问难，往复数十番，莫有能屈。杜弼好玄理，尝与孝静帝讲说佛性、法性。对形神生灭问题，北方也有兴趣，《老》、《庄》、《周易》三玄之学，在北方又引起学术界的关注。孝静答杜弼诏："卿栖息儒门，驰骋玄肆，既启专家之学，且畅释老之言。"三教之间交涉渐多，趋向融会，这种新趋势，江南与北方基本相似。北方由文化落后的奴隶制，向封建制转化，不得不刻意摹仿，向南方学习。《续高僧传·菩提流支传》讲北方学风时，说"山东江表，乃称学海"，北方的佛教经学与江南并称。

南方的佛教经学与玄学关系较多，也可以说是从玄学中蜕变出来的。北方也吸收了魏晋玄学的学风，同时由于北方的儒家经学比南方更受重视，士大夫与汉族以外的少数民族帝王贵族共同统治着人民，因而生活在北方的门阀士族与江南的门阀士族有所不同，他们更注重汉代传统经学，北方经学较江南为盛。北朝的政局有一段较长的稳定时期，燕、齐、赵、魏之间，儒家经典著述颇多，超过江南。儒学极盛的地区也就是佛教理论极盛的地区。儒家经学与佛教经学同时繁荣，儒生与僧人相互影响，形成了佛教经学的特色。儒家学者高允信佛法，刘献之注《涅槃经》（《魏书·刘献之传》），孙惠蔚侍讲儒学，也讲佛法，加法师称号。卢景裕在邺，寓僧寺，听讲佛法，李同轨兼读释氏，在洛阳平等寺与僧徒辩论。崔暹好佛经，儒者权会馆于崔家，名僧昙迁乃权会之甥，并从之学《易》、《礼》、《诗》、《书》、《老》、《庄》。释道宠为相州地论学派的重要人物。僧范均从大儒熊安生问学。

此外，如兖州僧人昙衍、定州僧人灵裕，都是从儒家转信佛教的。地论师慧光门下十哲，除僧人外，中有儒生冯衮。慧光通佛教律学，僧范、冯衮均由儒入佛。当时儒家三礼，佛之戒律均盛行于世，江南与北方都很重视。佛教律学兴起，出于客观需要。佛教发展迅速，人数众多，没有一个章程，难以管理。《魏书·释老志》引任城王澄奏：

> 今之僧寺，无处不有，或比满城邑之中，或连溢屠沽之肆，或三五少僧，共为一寺。梵唱屠音，连檐接响。象塔缠于腥臊，性灵没于嗜欲，真伪混居，往来纷杂。下司因习而莫非，僧曹对制而不问。

北朝出家人数达数百万之众，主要原因是群众为了避徭役，且僧法处分极轻，犯戒最重的逐出寺院为止。儒家重礼教，是门阀士族为了保护自己的世袭特权和高贵的社会地位的一种自我保护的措施。

1988 年

从玄学到般若学

般若学说是印度大乘空宗为批判小乘有宗而出现的一种理论。《般若》经典在汉末魏晋时期已译为汉文传入中国，直到西晋初年，这种学说流传不广，还没有在哲学界有所反映，如王弼、何晏的著作中，以及后来向秀、郭象的著作中都没有发现佛教思想的影响。东晋时期，才开始在非佛教徒的《列子》书中有所反映。早期的翻译用词，也多沿用玄学家的词汇，如汉译“真如”为“本无”，译“般若”为“大明”等：佛教中流行的般若学说，都是有意识地发挥玄学的观点。如东晋时期的“六家七宗”就是东晋时期玄学思想在佛教思想中的反映。

佛教般若学借助于中国玄学的社会影响，开始迎合、适应玄学的需要，发展了自己。正如道安所说，“自经流秦土，有自来矣……以斯邦人老庄教行，与方等兼忘相似，故因风易行也”（《鼻奈耶序》）。所谓老庄，指的不是先秦的老子、庄子，而是指的当时玄学以王弼《老子注》及郭象《庄子注》为代表的老庄之学。

玄学提出一种新观点，不同于秦汉时代的哲学，它是在汉代宇宙论的基础上继续发展的一种哲学体系“本体论”。本体论探讨的中心问题即体用、本末、有无的问题。它关心的不是宇宙的结构、生成，而在于探求宇宙的本原。与本末问题相关联的认识有无可能，如何取得精神自由等，也是玄学所关心的。但这些问题都从属于本末、有无的总题目。这种变化，标志着认识的深化、抽象思维的程度和理论概括的水平提高了。

魏晋玄学给佛教般若学提供适宜的土壤，般若学沿着魏晋玄学的道路发展下去，在社会上层知识阶层引起了广泛的影响，从东晋到南朝初，可以说是般若学流行时期，形成了魏晋玄学发展的新阶段。

佛教般若学以论证现实世界虚幻不实为目的，宣传出世的宗教理论。魏晋玄学则是肯定现实世界的秩序，在现实世界中提供一种对世界的理解之学。一个讲出世（佛），一个讲入世（玄）。魏晋玄学关心的中心问题是名教与自然；佛教关心的是世间与出世间。佛教、玄学涉及两大问题，又都可以归结为本末、有无这一对总范畴之下。名教与自然，玄学家有以何者为本、何者为末的争论，如王弼以自然为本；裴頠以名教为本；郭象把名教与自然的关系协调一致，提出了“玄冥”、“独化”的自然论，认为名教与自然不是对立的，而是自然合一的，不但不背离而且还可以互相补充，不能割裂。这种理论对门阀士族的专政政治体制提供了理论支持。既照顾到了封建礼法的合理地位，又给门阀士族上层贵族以精神自由。既享富贵，又得逍遥，身居庙堂之上，其心无异于山林之中。

佛教的出世哲学，当然不能明目张胆地去调和庙堂与山林的对立，但佛教并不真正出世，佛教虽讲出世，它实际上是以出世的姿态关注着世间。佛教信奉者宣称佛与周孔并无二致：

> 周孔即佛，佛即周孔，盖外内名之耳。
>
> ……周孔教极蔽，佛教明其本耳。……渊默之与赫斯，其迹则胡越，然其所以迹者何尝有际哉？故逆寻者每见其二，顺通者无往不一。（《弘明集·喻道论》）

这种儒佛调和论，在当时很有代表性。佛教也想为治道尽力，协助王化，表面上相去很远，好像胡与越南北背道而驰，而根本上是一致的，两家的“所以迹”是一致的。

1988 年

南北朝的社会和各自的佛教

南朝与北朝的社会性质、经济发展的情况很不相同，因而作为上层建筑的宗教理论也各有它的特点。

南朝的佛教配合唯心主义玄学清谈，为门阀士族特权制度服务。例如，当时般若学说即与当时门阀士族的贵无学说相联系；涅槃佛性学说即公然为当时的门阀士族的世袭特权作辩护；南朝的神不灭学说，实即宣传宗教有神有鬼论，乃是为当时的封建宗法制度、血缘关系找“理论根据”。当时僧众中有许多人对儒家的《礼记》、《丧服》极感兴趣，并有不少这方面的著作。儒生与佛教徒沆瀣一气，是当时的普遍现象。

南朝与北朝的社会发展的情况不同，学风各异。北朝的学风比较单纯、朴实，在一定程度上保持着汉代经学的传统。南朝学风在晋宋时期，尚“清通简要”，齐梁以后则尚经论的讲说，以博学强记相夸饰。无论晋宋以前或齐梁以后，都是偏重佛教理论的探寻，与北方佛教偏重戒律、禅定的宗教实践的学风有很大的差别。如果对这一现象进一步加以分析，就可以发现北朝学风的特点是北方社会的经济、政治的特点在学术上的反映。在“五胡十六国”的长期混战中，北朝在北魏文帝以前，经常处于兵荒马乱的战争中，北方少数民族的贵族奴隶主把他们的落后的奴隶制生产方式企图强加在早已进入封建制社会的汉族人民的头上，把农民变成奴隶。因此，北方广大人民被迫起来反抗，北方的大地主阶级中，一部分带着他们的部曲、宾客（按：部曲、宾客都是依附于大地主的农民）南渡。大部分留下的地主，为了保存他们已经享有的封建剥削特权，也进行了一些武装反抗（地主武装在三国以后，即已形成），一部分农民在民族矛盾逐渐尖锐的时候，为了避免当奴隶的命运，被迫暂时地依附于北方的大地主的堡垒周围。北方的大地主阶级为了保存自己既得的封建剥削特权，利用汉代的经学作为精神武器，宣传封建宗法伦理观念，加强宗法制度。一般说来，北方由于战争，生产力的破坏，经济上落后于南朝。北方文人、学者的文化修养一般也比南朝落后。北方门阀士族地主阶级为了保存他们的阶级特权，在文化思想方面为了要抵抗得住当时文化落后的部族的干扰，它们不崇尚名理的辩论，而是教人从行动上照儒家六经字句去理解、记诵并照着实行。封建世俗地主阶级学风，也必然在僧侣地主阶级中有所反映。北方佛教也具有谨守佛教经典的指示，少议论，少发挥，多实行的特点。

北魏孝文帝的“汉化”运动，在客观上对发展北方的文化起过促进作用。所谓“汉化”的实质即是有政治领导地采用了封建剥削方式以及和封建剥削方式相适应的一套上层建筑，如政治制度，政治机构，保护封建所有制的法律，宣传封建统治阶级的文化、道德艺术和宗教等等，用汉族的封建文化代替他们原来的奴隶制文化。这样，就加快了北方文化落后民族由奴隶社会进入封建社会的步伐。实际上，他们用汉化的方式，向北方汉族地主阶级妥协了，汉族地主阶级和异族的贵族统治者携起手来，共同对付广大的汉族农民。剥削阶级利益使他们和异族贵族勾结在一起，联成一气。北方的佛教和经学起了巩固北方统治秩序的作用（北方儒家经学发展的道路和它的特点，这里不谈，现在只讲佛教问题）。北方佛教把禅定作为佛教徒行动的指南，他们把禅定作为宣传绝对服从、乐天安命、温驯、奴化性格最有效的思想工具。在阶级压迫和种族压迫的双重苦难下，北方佛教注重宗教实践的作用，比起单纯用唯心主义的宗教哲学世界观去麻痹人民的反抗意志更为直截了当一些。当然，利用宗教世界观向人民的反抗意志进攻，当时的封建统治者并没有放松了这一方面，只是在两者之间，北方的佛教对禅定更为关心。当时在北方社会相对地落后于江南的情况下，更多地注重宗教实践的推广，少作理论上的发挥，是符合当时统治阶级的要求的。

1962 年

心性论是南北朝佛学的核心

政治、经济方面的实力，也必然反映到学术上。佛教经学与儒家经学（可参看任继愈主编《中国哲学发展史·魏晋南北朝卷》）都有所反映。但就其理论的深刻程度看，佛教经学的抽象思辨水平远在儒教经学之上，它直接承继魏晋玄学，发展为新的哲学体系——心性论。

心性论，是中国哲学本体论逻辑地发展的必然归趣。本体论所涉及的本末、有无、体用关系，基本上从宏观着眼。它超越汉代的宇宙论而探究天地万物之“所以然”，“心性论”，则从天人关系中，透过人的心理、生理现象，进而探究人性本质的“所以然”。佛教经学以佛教的语言“佛性”来说明这一现实现象。“佛性”，说到底，还是“人性”的折光返射。我们不是用神学说明社会历史，而是用社会历史说明神学。因此，佛性问题无处不反映着南北朝社会问题、政治问题。

仅从南北朝流行的四部经（《维摩经》、《涅槃经》、《法华经》、

《华严经》)、三部论（《摄大乘论》、《十地经论》、《大乘起信论》）可以看出他们主要议题为佛性问题。成佛为未来还是在现世，如果有“佛性”，“佛性”是本有还是始有，成佛要靠外力援引，还是靠自己的觉悟和努力。从上列的经论中还可以看出中国当时大小二乘，空有二宗都有译著流传，都有著名学者为之宣扬、鼓吹，有的还得到国王的推动（如鸠摩罗什宣传的中观学派），但社会历史有它的选择标准(历史唯物主义者认为一种学说在一个民族流行的程度，决定于这个民族对于这种学说需要的程度)。这几个重要的流派中，社会上流行的，受朝野上下欢迎的不是大乘空宗，而是大乘有宗。这些佛教流派基本倾向于成佛可能，那些主张不可能的、主张本性为有漏的观点不占优势。这种倾向（或称为趋势），《涅槃》、《法华》、《华严》诸经都有启示性的教义，为后来隋唐时期出现的天台宗、华严宗准备了思想理论基础。《地论》、《摄论》都对阿赖耶识有所论述，他们要从心性论以探究物质世界的起源。心性论管辖的范围不限于个人的精神修养、宗教实践，还要通过心性论去说明宇宙万物的起因。从认识过程说，它从本体论到心性论，是一个认识的飞跃，它们又从心性论反观宇宙本体。从而以心体为本体（如《法华》）或以性体为本体（如《华严》)。

佛教经学还反复论证了人类认识的极限，人类对现实世界认识是否可能。他们的结论并不正确，但他们对人类正常的认识提出怀疑，并指出要注意那些干扰正常认识的生理因素、心理因素、社会因素等。这许多方面，恰恰是中国哲学史认识论没有接触或被忽略，但又不应忽略的方面。佛教经学加强了中国哲学史上一向比较薄弱的认识论环节。无论从正面或反面，都提供了有益的借鉴。

人人有佛性，人人可能成佛的问题，在南北朝时期成了许多宗教流派共同关心的大问题，因而唯识学提到的阿黎耶识这一新范畴，受到普遍的重视。只有建业一个地区受般若空宗影响较大，也可说玄学影响较大，摄论学派受到排斥，其余广大地区，南到广州，北到中原地区，都是唯识学派的势力范围，其势力中心在北朝政权范围之内。这种状况一直持续到隋唐初期。成了中国佛教理论的中心议题，甚至成为驱使玄奘西行求法的动力。大乘有宗、唯识学派，肯定有一个圆满无亏欠的真如世界，肯定通过某种努力修持，可以达到。这种积极追求真理的人生态度，是当时北朝政权处在向上发展阶段、社会思潮在宗教理论方面的反映。佛教经学从宗教理论上表现以北方为基础统一全中国的总形势。

南北朝佛教经学把哲学问题引向深入，从本体论走向心性论，是前进。但前进中遇到新问题，使他们无法解决。因为南北朝时期佛教提出的心性问题，主要借助于外来的唯识学说，它与中国传统文化、传统意识还未融合在一处。如何使心性问题中国化、民族化，为更广大的群众所接受，用佛教的心性论俘虏更多的善男信女，这一南北朝时期的佛教经学的任务，要待隋唐佛教经学继续完成。

1988 年

论中观学派

中观学派所用的方法，很繁琐，也很精密，对中国的理论界，有启发作用。但他得到的结论是不正确的。他的错误有二。第一，他从理论上割裂了因果之间的联系，孤立地看待因果。“因”与“果”毫无联系，“变”与“不变”毫无联系，非此即彼，犯了形式主义过失。第二，经不起实践的考验。实际生活中出现的事实，可以驳倒他所摆出来的那些空洞的推论。

佛教宗教教义要坚持因果轮回观念，而中观学派“因缘无生”理论，破坏了佛教的迷信宗教宣传，用纯粹的概念分析方法斩断因果之间的联系。破坏了轮回说，等于夺去佛教的生命。这也是使它不能长久得势的原因之一。

大乘中观学派不仅“破斥”世界有所谓物的实体，他们对逻辑思维、判断、推理的形式也一概“破斥”，指为不真实。世间无常，一切诸法没有停止不动的时候，它随时变幻，令人无从把握。名言、概念则是凝固不变的。凝固不变的概念不可能反映变化不住的世间法。因此他们断定名言皆属虚妄。逻辑概念要求不矛盾，“生”不是“灭”，“常”不是“断”，而事物非生即灭，非断即常。这种逻辑推理形式也遭到中观学派的反对。他们用印度古代的逻辑形式来证明逻辑推理的不可靠。

形式逻辑的立足点是同一律和排中律，甲是甲，不能同时是非甲。在一定范围内，它是一种正确的认识工具，但它有缺陷和不完善的地方。因为世界是复杂的又是变化的，人类认识既是有限的又是无限的。中观学派指出形式逻辑的不足，这是人类认识深化的表现。必须指出，中观学派反驳形式逻辑的不足，用的还是形式逻辑的方法，并没有站在辩证法的高度对待形式逻辑。中观学派只看到矛盾的对立，没有看到它的统一，不是在矛盾对立统一的规律指导下去评论形式逻辑，它没有从形式逻辑的局限中有所前进，而得出既然有矛盾，一定不真实，推出认识为不可能的错误结论。这种错误结论，不能仅归结为思想方法上的原因，而是受了宗教唯心主义世界观的蒙蔽。佛教大小乘一致努力否认现实世界的真实性。佛教从创立之日起，就从各个不同角度论证世界为虚幻。从小乘发展到大乘，出现了许多经典和流派，它们都论证世界是不真实的。

从认识工具说，中观学派彻底否定了世俗语言、文字的表达能力，认为世俗的语言、文字、概念、判断及推理，都是“戏论”。只有按照佛教大乘宗教世界观去认识世界，才能得到正确的认识。在大乘佛教世界观指导下，语言、文字仍不失为走上解脱的必要工具。

从认识对象说，中观学派把另一个精神世界称为实相。达到这种独立存在的客观真理，是佛教认识论力求完成的最高任务。“涅槃”是佛教各宗派都承认并追求的一种无烦恼的寂灭状态，是佛教宗教实践的最终目的。早期佛教小乘各派以“四谛”、“十二因缘”的实相；以灰身灭智为“涅槃”。大乘佛教反对小乘佛教的这种主张，从大乘空宗起，提出以“法性”为“诸法实相”，就这个意义上说，法性、法相、实际、真际，有同样的含义，指佛教智慧（般若）所能达到的绝对真理，即“实”或“真”的最后极限。

这种最高精神境界，不具有现实世界的一切性质，因为世俗的名词、概念只能用来描述世俗的事物，对于超世俗的另一种境界（涅槃），世俗的名言对它无能为力。对它作任何肯定的描述只能增加误解，把认识引向歧途。但否定词如“非×”，又不能用作描述对象的手段。否定词或肯定词都不能用作描述最高真理的手段。既然两者都不能用，“既肯定又否定”用“非可知非不可知”还是不能用来描述。因为，如果这样，有可能把“非可知非不可知”当成某种实体来对待。这就破坏了中观学派“一空到底”的宗教哲学体系。于是对实相作任何肯定或否定的描述，都将陷于“戏论”。

中观学派总算把大乘空宗的观点贯彻到底了，忠实介绍中观学说的鸠摩罗什，对“涅槃”是否为实体，持怀疑立场，得出“实相不可知”、“涅槃不可得”的结论，“涅槃者，但有名字，犹如虚空，但有名字，不可得取”（《思益梵天所问经·分别品》）。鸠摩罗什一生对小乘涅槃说尽力攻击，对大乘涅槃经类也不感兴趣。他的弟子中，如道生的“佛无净土”论，僧肇的“涅槃无名”论，提出了许多新见解，都不难在鸠摩罗什所介绍的大乘中观学说中找到启发的线索。

佛教既然号召人们出家，教人追求一种彼岸世界，而这个彼岸世界又被说成不可知、不真实。事实上要导致出家无意义，无必要，实相既不可知，涅槃也就不可能。鸠摩罗什倡导的中观学说，在反对小乘佛教、反对唯物主义方面做了最大的努力；在理论上，特别在评价人类认识主观能力方面，提供了可贵的借鉴。同时，也应指出，这种学说给佛教带来了一定的信仰危机。

中观学派对中国的佛教理论界起过诱导作用，对中国佛教的宗教实践起过消极作用。所以这种学说寿命不长，在当时敌不过庐山慧远僧团的势力，对后来影响也不及南北朝时期的地论、摄论深远。

1988 年

中观学派“十八空”

中观学派对《大品般若经》中“十八空”的阐述，表达了这一学派把大乘空宗的否定一切的世界观和方法论贯彻到底，是佛教讲空的理论的最后总结。所谓“十八空”，是把“空”的概念逐步分析，逐步深入的思维过程。批判小乘的世间空，讲出世间空，达到毕竟空，最后引导到认识论方面，主观世界与客观世界有无统一性，人能否认识世界。最后的答案是“一切法空”。《大智度论》讲的十八空，是从十八个方面说明一切法空的方法，而“一切法”并非因运用“十八空”的方法分析才成为“空”的。“非十八空故令色空，何以故？不以是空相强令空故”。因为一切事物本来是“空”的，“不以空智慧破色令空，亦不以破色因缘故有空。空即是色，色即是空”。这里讲的“空即是色，色即是空”，是大乘空宗一贯运用的总原则，《般若经》中反复讲说。它这种公式，适用于分析一切现象（包括物质现象及精神现象），讲到“识”时，它认为“空即是识，识即是空”。“空性”为现象自身所固有，而不依人的意志为转移，又称为“当体空”，后来流传的《摩诃般若波罗蜜大明咒经》（玄奘重译，称《般若波罗蜜多心经》）在民间流传得比《金刚经》还要广泛。此经的核心思想是“非色异空，非空异色。色即是空，空即是色”（《摩诃般若波罗蜜大明咒经》）。大乘空宗的最根本的特征即“自性空”，一切现象从其本质来说是“空”的，不需要外在根据，这个“空”不是论证得出来的。

1988 年

中观学派“八不缘起”

《中论》开宗明义，提出了“八不”的主张：

> 不生亦不灭，不常亦不断，不一亦不异，不来亦不出。能说是因缘，善灭诸戏论，我稽首礼佛，诸说中第一。

《中论》中这“八不”是作为四对范畴提出来的。四对范畴中，第一对“生灭”范畴是关键。“常”与“断”解释世界连续性问题，“一”与“异”解释世界同一性问题，“来”与“去”解释世界转化问题。这四对范畴被提出来，说明佛教大乘理论思维发展，达到了新的水平，它不像小乘佛教侧重于宣传解脱个人苦难的途径，而是从世界观的高度观察世界，并探讨它的本原。小乘佛教用“四大”来解释世界的构成，那是一种宇宙生成论，属于宇宙论的发展阶段。大乘空宗的“八不’，也探究世界的本原，它不是讲世界为何起源的，而是进一步探索世界何以有起源，探求世界之本，这已进入本体论的讨论范围，它与中国的魏晋玄学所关心的问题，属于认识的同一层次。中观学派介绍到中原地区，并引起佛学理论界的共鸣，应当说与当时中国理论界的玄学本体论的社会基础有关。

《中论·观因缘品》首先驳斥了外道和小乘关于世界起源的种种“戏论”。世界不是由“四大”所生，不是由自在天所生。小乘佛教主张世界由众因缘和合而兰，《中论》驳斥了这种观点。它认为世界万物非自生，非他生，也非他自共生；不论从哪个方面说，世界都不能说是“生”出来的，它是“不生”。由于“不生”，所以“不灭”。小乘用十二因缘说明世界起源，构成小乘佛教的缘起说，称为“业感缘起”。但从大乘空宗的观点看，世界本来“不生”，小乘执着“十二因缘”说，是“不知佛意”。中观学派以“八不”为根据，去改造“十二因缘”说。“缘起”说，本来是用来说明世界起源的理论，中观学派却把“八不”当成世界的本源，“缘起”说退居次要地位，中观学派称之为“因缘无生”。

中观学派大力倡导的“八不缘起”说，不是探究关于现实世界是如何构成的，而是用逻辑分析法去论证现实世界的存在、变化如何不可能。夸大了人类思维活动规律、语言表达能力的局限性，论证一切认识皆属空幻。它揭露了认识中的矛盾，但没有认识矛盾存在的价值和意义，却抓住事物矛盾现象，错误地把矛盾当作谬误。人类思维中常用的“二律背反”，在于使两个相反的命题同样可以成立，从而深入揭示其内部矛盾。中观学派的“八不缘起”，也使用了这种方法，它用两个以上矛盾，揭示现实世界的不真实，并把这种推论方法推向极端。连佛教公认的最高境界原则“无为法”（涅槃境界）也被指为不真实，这就破坏了佛教信仰的基本立场。

1988 年

关于《物不迁论》

僧肇（384—414）是东晋十六国时期著名的佛教哲学的理论家。他的哲学思想体系集中地反映了南北朝中国佛教思想的历史特点。他在南北朝佛教史上的地位，正像王弼在魏晋玄学史上的地位一样的重要。僧肇的思想体系标志着佛教传入中国后理论发展的新阶段。他又是中国重要的翻译家鸠摩罗什的四大弟子之一，鸠摩罗什译经的重要助手。

印度大乘空宗是印度后期佛教客观唯心主义一派，大乘空宗在中国南北朝时期得到广泛的传播，有它的社会根源，而僧肇对佛教的滋蔓确曾起过推波助澜的作用。

《肇论》是僧肇的论文集，《物不迁论》是其中的一篇，此外，他还有《维摩经注》等著作。

《物不迁论》力图论证世界上一切事物看来似乎在变化着，其实是不变的。这篇形而上学论文的特点在于它不采取闭着眼睛对事物的变化装做看不见的态度，而是表面上承认有所谓变化，实质上抹煞了事物的变化。他比汉代董仲舒“天不变道亦不变”的死硬派形而上学圆滑多了。他是在巧妙含混的词句装潢下，把形而上学思想偷运给读者的。同时，他的形而上学体系又和他的宗教神学世界观联系着。他论证现实的世界一切事物似变而不变，为了佛教精神本体的万古长存寻找理论根据。

僧肇认为一般人所谓变化，不过是事物的假相。他夸大了事物变化过程中的不稳定性，并把它绝对化。他说，所谓变化必须是某一特定的事物在不同时间阶段里（过去、现在、将来）发生的性质或数量的改变。僧肇认为，过去的时间里的某种事物只存在于过去，现阶段的某种事物只存在于现在，它和过去的某种事物没关系。他说，人们常识上所认为的同一个人或同一件东西，它实际上在过去、现在、将来三个时间阶段没有延续的关系。这就是说，世界上一切现象，在他看来，不过是刹那生灭，各个独立的幻灯片式的映象，世界上根本不存在有物质性的“东西”，没有一个变化的主体，剩下的不过是幻象。

根据科学的理解，“运动是（时间和空间的）不间断性与（时间和空间的）间断性的统一”（《黑格尔〈哲学史讲演录〉一书摘要》，《列宁全集》第38卷，第283页）。僧肇夸大了运动的间断性，否认运动的不间断性，正是为了论证有一个精神性的本体永恒存在，永不变化。如果把这一篇文章和他的另一篇《不真空论》互相参照，将更能帮助认识他的形而上学是怎样建立在唯心主义体系之上的。

南北朝的文体比较注重形式的整齐，音调的和谐，用字也多偏于含蓄、模棱，但这些限制并没有妨碍僧肇以流畅、华丽的词句发挥他那诡辩文章的技巧。由于文章作得好，他的形而上学和唯心主义思想曾博得不少人的击节叹赏，俘虏过不少的信徒。

1979年

关于《不真空论》

僧肇从宗教唯心主义观点否认事物的变化、发展，这一论点集中表现在他的《物不迁论》中。僧肇还不承认一切事物的物质性，认为客观世界是虚幻不实的。客观世界既然虚幻不实，人们即不应当对这一虚幻不实的世界有所取有所舍，应当放弃对客观世界的改造，教人以全力追求佛教的精神世界。

僧肇不同于当时一般拙劣的唯心主义流派，如小乘佛教那样，硬不承认外界的办法，他采取了比较隐蔽的办法，他先说世界的多种现象是“有”的；然后进一步分析，这些多种现象是不真实的，不过是虚假的现象。他说，如果认识现象界是虚假、不真实的，如果把它当作假的现象看，说它是“有”也是可以的。他认为，如果说连虚假的现象也没有，世界只是茫茫一片空虚，必然会与人们的生活经验发生抵触，这对于引导人们接近佛教的真理反而不利。正如《不真空论》所说的：“譬如幻化人，非无幻化人；幻化人非真人也。”唯心主义者把现象界的存在比作幻影，他们说，幻影的人物和故事情节还是有的，只是那些人物和故事不是真的，而是随时变幻着的影子而已。因此，我们说，僧肇的否认外物存在的手法是比较巧妙、细致的。它和《物不迁论》反对运动的那篇重要论文是互相配合的姊妹篇。都是对哲学的根本问题提出了和科学、常识相反的论证。《物不迁论》是一篇宣扬形而上学的著作，这一篇则是一篇宣扬唯心主义的著作。

有些人望文生义，说《不真空论》是讲的“不真空”的原理，这是不对的。这一篇意思是说诸法只是假号，是“不真实”的，所以说它是“空”的。

在这一篇文章里也涉及名实关系的问题，他认为名不反映实，因为实本身就是不真实的。从而引导人们走向名与实没有关系的错误结论。它还认为一切事物的差别，不是事物本身具有的，事物本身无所谓差别（“即物之自虚”）“不假虚而虚物”。所谓差别，只是人们主观加给物的，是人们把物当作物，“物物”的结果。他的唯心主义认识论，集中表现在他另一篇文章《般若无知论》中，这里没有展开论证。

僧肇把一切现象都说成虚幻不实的，这是他的宣扬佛教宗教世界观的一种手法，他的最终目的并非真正教人“空”掉了一切。他否认了现象世界的一切，正是为了引导人走向一个永恒、不变、圆满、最真实的宗教精神世界，在那个彼岸世界是真实存在的，不是虚幻的；那个世界和现实世界恰恰相反，它是真实的，所以不是空的。也就是说：现实世界是不真实的，所以是空的；宗教精神世界是真实的，所以是不空的。如果认为僧肇主张一切完全空无，这是不对的。

1979 年

僧肇的《般若无知论》

僧肇在《般若无知论》中，力图说明佛教般若（“圣智”）和通常人的认识（“惑智”）有本质的不同。他认为，通常人所讲的认识，只限于对现象世界片断的、虚幻对象的认识。而且这个现象世界本身就是虚幻不真实的，不过是人们主观意识造成的假象。僧肇生怕他的唯心主义发挥得不彻底，他一再反复申述，即使有人主张世界是虚无的，主张有一个最高的“无”这样的精神实体，这也不对。因为承认有这样一个实体的绝对存在，就有把世界独立于主观认识之外的嫌疑，连这样以无为本的观点也要破除，才能彻底奠立他的唯心主义神学认识论的基础。

根据以上的思想，僧肇提出了“般若无知”的说法。般若一词是印度佛教专用名词的音译。它是一种智慧，但不同于人们习惯理解的智慧。因为人们习惯的智慧用于认识、分析现实世界，与生活经验是一致的，承认主客观的存在，承认逻辑思维、推理作用。佛教的般若不是用来认识现实世界的，它是一种神秘的直观，译作智慧容易引起误解，不符合佛教的宗教哲学原义。僧肇和一些著名僧人都认为在中国语言里没有相当于印度般若的观念，主张不译。著名的翻译家玄奘曾提出“五不翻”的原则，“般若”即属于不翻之类。僧肇为了行文方便有时用“圣智”来表示“般若”，以区别世俗的“惑智”。与“般若”相当的最高精神是“真谛”。真谛虽然是最真实的，却不同于一般人认识上的任何一种实体。既不是有形相（“有”）的实体，也不是无形相（“无”）的实体。般若不同于通常人所谓的认识，这种认识是“无知”，却是“无所不知”。它是洞察一切、无所遗漏的“一切知”，即最全面最高的智慧，即“圣智”。

僧肇宣扬般若“无知”的目的，并不认为佛教智慧就像木石那样根本无知无觉，而是为了反对把客观物质世界看作真实的认识对象。符合科学实际的、经过千百万人实践所证明了的唯物主义反映论，在僧肇看来是颠倒，是惑智。正常的、符合科学的认识，是主体与客观对象的接触，通过感觉、思维才能得到的。僧肇极力反对这种唯物主义的认识论，他反复说明般若的对象不是任何具体的客观事物，不需要经过任何感觉和思维，不借助任何言语、文字，而是对无相的“真谛”（佛教的最高真理）的一种神秘直观。这样的神秘直观，只有圣人（佛）才能具备。圣人有异于常人的“神明”，他能“不知而自知，不为而自为”。

僧肇在这篇文章中采用了当时流行的自设问难和答辩的体裁。从他的九次反复答辩中，可以看到佛教唯心主义是如何论证其宗教教义的。

《般若无知论》向人们表明唯心主义是怎样设下陷阱的。如果按照他们指引的道路走去，必然被引到蒙昧主义。宗教神学与唯心主义一脉相通，相依为命。唯心主义哲学是精致的宗教，宗教是粗糙的唯心主义哲学。《般若无知论》给我们提供了生动的例证。

1979年

慧远论“神”

“形尽神不灭”的观点，是慧远全部宗教观念的奠基石，他对“神”的理解是：

> 盖神者，可以感涉而不可以迹求，必感之有物，则幽路咫尺；苟求之无主，则渺茫何津？(《高僧传·慧远传》)

神虽无迹可寻，但有感物的能力，证明它是存在的。假若没有一个精神主宰者，人们怎能达到西方净土世界？只要承认有一个彼岸世界可资追求，那就必须首先承认有一个追求它的永恒主体，神的存在。从精神解脱的要求看，需要有一个“神”作为主体，再从佛教轮回的教义看，也需要有一个被轮回的主体，才可以使“三世”说取得群众的信任。慧远在《法性论》中说“至极以不变为性，得性以体极为宗”，这是说精神的本体是不变的，人们要达到这种精神境界，必须超出世俗的见解和脱离世俗生活，在精神上与至高无上的本体相契合（得性以体极为宗）。这观点，在他的《沙门不敬王者论》中有更具体的阐述。

> 神也者，圆应无生，妙尽无名，感物而动，假数而行。感物而非物，故物化而不灭；假数而非数，故数尽而不穷。……则知化以情感，神以化传。情为化之母，神为情之根。情有会物之道，神有冥移之功。但悟彻者反本，惑理者逐物耳。

慧远讲的“神”不是世俗所谓鬼神，而是作育化万物、推动变化的第一性的存在。它不同于具体的物质性的东西，而是物质性的东西赖以存在的根据（母)，慧远的“神”相当于玄学所谓“体”、“无”，才可以“感物而动，假数而行”。形有生灭，神无生灭。慧远的本体论直接继承道安“以无为体”的“本无”学说。

1988年

慧远报应观的主体

因果报应起于古印度，佛教继承了这种传统观点，给以佛教的解释。佛教反对灵魂不灭；中国本来没有因果报应的信仰传统，中国的善有善报、恶有恶报，不是承认本人的灵魂受报，而是报及子孙，家族后代受其报应。慧远的报应论不同于印度佛教的传统观念，也不同于中国传统的报应观念。

印度佛教用一系列因果锁链，将佛教的“无我”论同报应论调和起来。慧远把印度的十二缘生的轮回说作了大幅度地简化，只采取其中的“无明”与“爱”两个环节，与中国的概念“情”与“识”相结合，以此作为促成轮回的根本原因。“情”、“识”的骚扰，使“神”受到“形”的桎梏。轮回过程中，“神”可以感有三界、五道无数的形体，成为业报的主体，但“神”自身是不变的，是为“形尽神不灭”。他曾利用东汉桓谭以烛火喻形尽神灭的缺陷，用同样的比喻来宣扬神不灭的主张：

> 火之传于薪，犹神之传于形；火之传异薪，犹神之传异形。前薪非后薪，则知指穷之术妙，前形非后形，则悟情数之感深，惑者见形，朽于一生，便以谓神、情俱丧，犹睹火穷于一木，谓终期都尽耳。（《弘明集》卷五）

慧远的这种解释，与外来的十二因缘的无我哲理发生了矛盾。即使在汉译经文中有不少神识之词，与慧远的“神”不同，印度佛教传统观念所谓“神识”或“中阴”或“补特伽罗”，诚然可以作为因果连续的中间环节或承担者来理解，但他们都认为情识只在三界、五道中轮回，情识不能作为出世的主体。情识这种神不能解脱出世。慧远则认为情识是对“神”的污染，变化是“神”的沦落。神是始终不变的，因而神承担了转向彼岸世界的任务。“化”与“不变”是慧远用以区分人生与无生、世间与泥洹的一对主要概念。“顺化”是世俗的事，包括三界、五道的轮回中的一切精灵。“不顺化”才是到达成佛之路。他在《法性论》中说：

至极以不变为性，得性以体极为宗。（《高僧传》卷六）

以不变的涅槃为追求目标，要超然于变化的世俗世界。这个不变的涅槃也就是“神”，摆脱形对神的限制。这个观点，对后来隋唐时期中国佛教讲的“不变”与“随缘”、出世间与世间的关系学说发生过影响。这种观点，与慧远关于佛教的法性问题的论述和他的神不灭论、法身观一样，也带有鲜明的魏晋玄学烙印。

在现实世界的背后，探究其不变的实体，在生灭变化的世界上，探求其所以生灭变化的根源。这是魏晋玄学关心的核心问题。慧远的佛教神学是接着玄学讲的，他直接从道安那里承接了“本无”理论，并用这个体系来理解大乘佛教般若学的教义，当佛教理论尚未全部系统地介绍到汉地时，道安、慧远那一辈学者所做出的对佛教教义的阐述，很容易被群众所接受。

1988年

慧远和鸠摩罗什关于“法身”的讨论

对“法身”的理解，慧远与鸠摩罗什有很大的分歧，这不仅由于两人对“法身”的理解有深浅，其中还有更深刻的理论上的原因。鸠摩罗什对慧远提问的细节，都作了答复，但未能解除慧远的疑惑，引起的疑问反而越来越多，如法身的相状，法身的“三十二相”是如何修得的？法身有无身、口、意三业，如有，与世人的业有什么不同，法身寿命长短，法身有神通。其神通是否凭借“四大”、“五根”？慧远对“法身”寻根究底的追问，而鸠摩罗什的回答则不肯定也不否定。只答复说：

> 大乘法中，无决定分别是生身，是法身。所以者何？法相毕竟清净故，而随俗分别。
>
> 法身可以假名说，不可以取相求。

即诸佛所见之佛，“亦从众缘和合而生，虚妄非实，毕竟性空，如同法性”。鸠摩罗什的结论是：“不须戏论有无之实也。”慧远以本无宗的立场观点来看待佛教“法身”，以法身为本无之体，本无之体是实在的，法身也应是实在的。变化多端的世间法是虚幻的。而大乘中观学派，认为一切都是假，佛经关于法身的种种解说也只是假说，本身都是不实在的，如果强生分别，说有说无，都属戏论，不合大乘佛教教义。

慧远还问到，念佛三昧中所现之佛：

> 为是定中之佛，外来之佛？若是定中之佛，则是我想之所立，还出于我了。若是“定”外之佛，则是梦表之圣人。然则成会之来，不专在内，不得令同于梦，明矣。（《次问念佛三昧并答》）

慧远把定中出现的佛的形相分为两种，一种是内心专想而产生的幻相，一种外来的“圣人”，后一种是真实的，不同于幻相。鸠摩罗什认为区别定中之佛与定外之佛，也是虚妄。从俗谛来说，可以承认虚妄也有作用，它能令众生各得其利，引向信仰的道路。大乘佛教中观学派主张“三界之物，皆从忆想分别而有”。连“佛”的形象也是忆想分别而有。这种种议论，在于使人“心厌三界”，从而增信佛教的教义。不可陷于有无真假的追求，流为戏论。

慧远的神不灭论，来自中国的传统的灵魂不灭，把祖先崇拜和天帝的崇拜给以神圣化，把法身作为崇拜的对象，它是人格化的独立实体，慧远无法理解印度大乘中观学派彻底打破一切实体的观点。鸠摩罗什解释“法身”的身字时说：

> 天竺但言歌耶（Kaya)，秦言或名为身，或名为众，或名为部，或名法之体相。或以心、心数法名为身。……众事和合，不相离故，得名为身。……此中真法身者，实法体相也。(《次问真法身寿量并答》)

慧远不了解天竺语“身”的含义，照汉语理解为身体。这两人往复讨论的“法身”，实际上指的不是一个东西。鸠摩罗什指的是诸法实相，以性空为法身；慧远把法身看作全部佛法，即证得法性的“神”的表现。

1988 年

慧远的神和传统的鬼神观念

慧远的神和中国传统鬼神观念有某些继承关系，《孝经》称：

> 为之宗庙，以鬼享之；春秋祭祀，以时思之。

牟子《理惑论》说：

魂神固不灭矣，但身自朽烂耳。

《理惑论》以五谷的根叶喻“身”，以五谷的种实喻“魂神”，这是以“神”有确定的个性。慧远所谓“神”，不同于《理惑论》所讲的“神”，它超乎报应以外，不受世俗的干扰。慧远所谓“神”，有似大乘佛教所讲的“法身”，既是永恒不变的本体，又能圆应无方，“洞玄根于法身，归宗一于无相”（《出三藏记集》卷九载：《庐山出修行方便禅经统序》）。与魏晋王弼的“无”、道安的“本无”有直接继承关系。《周易·说卦》说：“神也者，妙万物而为言者也”；《周易·系辞上传》说，“夫易，圣人之所以极深而研几也。唯深也，故能通天下之志；唯几也，故能成天下之务；唯神也，故不疾而速，不行而至。”“不疾而速，不行而至”，是支遁曾憧憬过的境界，当年的“心无”义的提倡者竺法汰也曾欣赏这个命题的精神境界。慧远融会了当时佛教及儒家的有关观点，形成自己的有神论，既可以作涅槃出世的依据，又能解释为世间轮回的主体。他完善了佛教的神学体系，所以慧远在中国佛教史上，受到普遍重视。

1988年

慧远的报应论

慧远的神不灭论，运用到佛教轮回观，他提出了报应论。慧远否认中国儒家传统的报及子孙的说法，而提出一切由行为者自身负责的报应论。

心以善恶为形声，报以罪福为影响，本以情感，而应自来，岂有幽司？……然则罪福之应，唯其所感，感之而然，故谓之自然。自然者，即我之影响耳，于夫主宰，复何功哉？

(《弘明集》卷五)

慧远认为决定报应的不是有一个高高在上的天帝，而是由于每一个人的自己的行为（行为包括身、口、意三个方面：行动是行为，言论及思想意识活动也是行为）。慧远把赏善罚恶的外因说成是每个人自己行为造成的内因。受报的主体，不再是祖宗与子孙之间的关系，而只限于作者自身，也就是中国流行的“自作自受”。

三业殊体，自同有定报。定则时来必受，非祈祷之所移，智力之所免也。（《弘明集》卷五《三报论》）

把报应法则从“天”和家族中划出来，改为报在自身，这是慧远对中国传统宗教报应论的一大改造。这个改造，非同小可，它对宗教宣传，对缓和社会阶级矛盾大有用处，它从宗教的立场回答了社会上善人不得好结果、坏人反而得到富贵的不公平现象。

1988 年

道生的顿悟说

佛教关于顿悟、渐悟的争论，不是竺道生首先提出的。但道生发展了顿悟说，有时不为当时一般人所理解，引起争论。人们以为顿悟说为道生所发明。东晋道安、支遁都曾提出过顿悟义，如《世说新语·文学篇注》说：

《支法师传》曰法师研十地，则知顿悟于七住。

十地据佛教称为大乘菩萨修行必经的十个阶段，一个阶段称为一住（或一地）。十个阶段又可分为三个大的阶段。第一阶段称“欢喜地”，是起步入门阶段，从一地到六地，次第修习，到第七地出现一次飞跃，得“无生法忍”。十地之中，第七地至关重要。支道林最早提出七地以前的六地为渐悟阶段，从第七地开始，宗教实践及觉悟均已具足，由此前进，到十地则成就法身。

> 支公之论无生，以七住为道慧阴足（《大小品序》所谓“览通群妙”），十地则群方与能（支谓“感通无方”），在迹斯异，语照则一。（刘虬《无量义经序》）

支道林倡群众品类不一，理解水平有高下，虽提出七地以上为顿悟，实际主渐修，而不是顿悟。由道安、僧肇等人主“小顿悟”都属于渐修派。

“顿悟”说的背后，仍体现了魏晋玄学的影子，这种学说仍是玄学体用学说在佛教修习的表现。玄学的“体”（或本），佛教所谓诸法实相，或真如。真如无名无相，超绝言象，或称为道，或称为理。玄学家谓理为万物之全体，不可分、不可割裂。理解即全部理解，不理解即全部不理解。对此最高真理，不能理解其一部分，还留有一部分不去理解（或不能理解），这样的理解等于不理解。顿悟之说，说到底即悟与不悟的问题，“悟”了，即是顿悟，“不悟”即完全不悟。支道林未曾理解玄学的体用本末的关系，他的“顿悟”，可称为渐修，不算顿悟。

但从认识过程及宗教实践方面考察，支道林的主张，还不能说完全不对，认识某种事物，学习某种本领，养成某种习惯，总要日积月累，不能跳跃。只是“理”或“道”是“大全”，不同于某种某类事物，它不可分割。认识最高真理就须靠顿悟，即大彻大悟，而不能一点一滴地去认识。

道生的顿悟说，不同于前人者，即在此。

道生关于顿悟的文章言论，大部佚失，只可从有关著作引文中及其哲学体系中勾画出他的顿悟说的基本脉络。探索道生的大顿悟说，关键在于正确理解他的“理不可分”的原则。

> 十住几见，仿佛大终也。始既无际，穷理乃睹也。（《涅槃经集解》引）

穷理乃睹，即顿悟，是十住以后的结果。道生以般若学融会涅槃学，能使真空（中观学派）、妙有（涅槃学派）契合无间，融会大乘空有二宗。他讲“空”不流于怀疑一切，说“有”不陷于神我。此后，禅宗兴起，奉菩提达摩为始祖，传说已久，实据不多。夷考顿悟说发展脉络，不难发现中国禅宗血脉渊源于本土，似非来自葱岭之外。

1988 年

道生“一阐提人皆得成佛”论的本土血缘

关于“一阐提人皆得成佛”的理论，是南北朝佛教界争议的一大问题，道生在这一大争论中起主要作用。

“一阐提人”，照它的定义，即善根断绝的人，不可救药的人。《经》有明文，不能成佛。但竺道生善于体会佛教的目的在于满足人们精神安慰的要求。虽然他“孤明先发”，话说得早了几年，南方佛教界未见到过北本《涅槃经》，没有经典作为根据，但《涅槃经》早有“四依”的教训，“依法不依人，依义不依语”，只要体会佛教渡世救人的宗旨，《经》上没有说的话，仍然可以当作佛的教导去宣传。只要看看一切众生都有佛性（包括一阐提人）的口号提出后，社会上掀起的一片欢腾、赞叹，就知道这种学说确实符合当时信仰者的要求。既然连作恶多端的一阐提都能成佛，其余众生自然可以顺利地进入佛国

(天堂)。

成佛的资格可以不受限制，成佛的途径又很直截了当，“顿悟”可以成佛，不但给众生指出可能性，还给人们指出应走的道路。道生的学说所以得到崇高的地位，与他巧于适应当时宗教需求有密切关系。一切众生悉有佛性，也与他的佛性论有关。

学术界对道生的“一阐提人皆得成佛”的理论，论述颇多，认为北本《涅槃经》已有明文规定。其实，北本《涅槃》对“一阐提得以成佛”的问题，并不像人们所说的那样明确，经中关于成佛的许诺，也不像人们想象的那样慷慨。他们有严格限制，必须皈依佛教，认真接受佛教教义的“一阐提”才可以成佛。

经过竺道生的发挥，结合中土性善说，以及“人皆可以为尧舜”的传统观念作为背景，道生的学说才得以顺利地产生社会影响。北本《涅槃经》对这个问题只是起了一种触媒剂的作用。道生学说所以受重视，起作用，都需在晋宋间社会基础中找原因。道生的学说是中国的土产，不是从国外输入的，早在大本《涅槃》传入以前，道生已“孤明先发”了。

1988 年

《维摩诘经》与魏晋南北朝的社会心态

《维摩诘经》所以受到朝野僧俗的普遍欢迎，与这个经的思想内容有关。门阀士族地主阶级过着十分悠闲的生活，在玄学盛行的风气下，既要不脱离现实中的物质享受，又要标榜自己超乎世俗物质享受之上的精神境界。这部经也对佛教徒提供了理论依据。当寺院财产有了大量积蓄之后，僧徒养尊处优，羡慕世间生活，把处世间当作出世间，从而极力泯除出家和在家的区别，甚至在家比出家更能体现维摩诘的超越的智慧和高深的理论造诣。

这个维摩诘的生活方式与世俗贵族、富豪的生活方式没有什么两样，所不同的只是他的精神境界高于世俗贵族，比出家修行的菩萨们还高明。原因在于维摩诘具有超人的般若正智和无限灵活的善权方便。南北朝时期，门阀士族地主阶级享有政治、经济及社会地位的特权。他们有条件口头上讲超俗、清高。他们宣称不慕荣利、不关心富贵。这种风气弥漫于朝野上下，连处在统治阶级最高层的皇帝，也口谈玄理，想当起隐士来了。

维摩诘这个人，有广大田园财产，有妻子儿女，有神通，有学问，连佛也要让他三分。佛弟子们知识、理论与这个不出家的居士相比，只有感到自惭形秽。当维摩诘居士生病，佛派他的得力弟子去问疾。那些弟子们一个一个都推托，不敢去。因为维摩诘的道德修养和理论水平比佛弟子高得多。

用我们的眼光看，他能为自己的任何卑鄙可耻的世俗行径找到神圣不可亵渎的理论根据，也可以在神圣不可亵渎的理论掩护下，干出最卑鄙无耻的行径。他积累无量财富，不知厌足。他结交权贵，参与政治。他吃喝嫖赌，自命为人之导师。他不同于俗人的地方，在于他有一种高尚的精神境界。只有佛才具有那种精神境界。维摩诘在南北朝受到普遍的欢迎和尊重，就是因为它把南北朝门阀士族的腐朽生活神化了。把伪君子的二重性格美化了。当时政局不稳定，东晋以后，南朝几十年更换一次政权，当时的门阀士族中纲常名教已讲不下去，南朝头等门阀士族，所谓王谢的后代，对王朝的更替无动于衷，每当旧王朝被推翻，新王朝建立，主持大典，捧玉玺，劝进的，往往是那些高门大族的有名气的人物，像王俭就惯于充当这类角色。

1988 年

《维摩诘经》的佛国论

《维摩诘经》在世俗世间建立了一个精神世界，它称为“佛国”，它不在于宣传如何由此岸世界达到精神彼岸（佛国），而在于教人改变对此岸世界的看法，看法改变了，佛国就出现了。《维摩经》提出一个问题——清净佛国在什么地方。

《维摩经》提出净土、佛国在何处，应该到哪里去寻求？它表示，佛国并不遥远，不是在现实世界之外，也不在现实世界之上，它就在现实世界之中，就在众生日常聚居、生活的地方。竺道生提出了一系列在当时看来是翻案文章的命题，如“善不受报”、“一阐提人皆得成佛”、“佛无净土”，看来似与佛说背离。如果吃透大乘佛教的理论，竺道生那些新观点本来是题内应有之义。

所谓佛国，乃是菩萨为了教化众生而建立的，这个超世间的世界并不在世间之外，只能在世间的基础上去实现。

这里讲的佛国不在现实世界之外，不能造空中楼阁，并不是通过改造世界的途径把不合理的世界变成美满幸福的世界，它只是教人学会大乘佛教的观点（道意）就会进入佛国，追求高妙的佛国。佛国是一种精神境界，清净国土的实现，全靠有一个清净的意识。社会净化，全靠意识的净化。用净心建立净土。鸠摩罗什译的《维摩诘听说经》“直心是菩萨净土，菩萨成佛时，不谄众生来生其国”。罗什自注：“直心，以诚心信佛法也。”僧肇注：“夫心直则信固，信固然后能发迹造行。然则始于万行者，其唯直心乎？”鸠摩罗什译文有“若菩萨欲得净土，当净其心。随其心净，则佛土净”。僧肇注释说“净土盖是心之影响耳”（见《维摩诘所说经·佛国品注》）。

思想支配一切，思想改变一切，思想创造一切。这是大乘佛教的共同主张。只是他们论证的方式各有不同。世界是不是清净，不是世界本身决定的，全在于观察世界者的心是不是清净。

“云何舍利弗，我日月净，不见色者岂日月过耶？”对曰：“非也，非日月过。”佛言：“此舍利弗，咎在众人无有智慧，不见如来佛国严净，非如来咎”。

佛土光明严净，只是由于人们心中不光明严净，众人无有智慧，才视而不见。对现实世界所以产生不同的判断，完全是人们主观认识不同。

譬如诸天同金钵良，其福多者举手自净。如是舍利弗，若人意清净者，便自见诸佛佛国清净。

追求佛国，向往净土，不要改变现实世界，现实世界的秽、净因人的认识而异。只要把它看成“佛国”，它就是“佛国”。引导人们追求佛国，在于拯救人们苦难的灵魂。要使苦难者精神上得到满足，就是得到了佛国。鸠摩罗什的弟子僧肇在《维摩诘所说经注》中说：“万事物形，皆由心成。心有高下，故丘陵是生也。”

1988年

《法华经》的“开佛知见”

《法华经》的“开佛知见”，是一种建立佛教哲学世界观的理论。它有哲学意义和宗教意义，而宗教意义占主要地位，它的理论的建立，目的在于巩固宗教思想信仰。

开佛知见，为了取得佛教大乘的实相观，以追求成佛的目的；他们还认为，众生的根器不同，对有相当文化的群众有说服作用，但芸芸众生，根器千差万别。《法华经》对文化知识落后的阶层，指出了另一条趋向成佛的途径，即偶像崇拜、偶像供养。它提出建庙、造塔、塑佛像，装饰佛寺建筑，都可以使人得到解脱，最后成佛。即使没有这些物质奉献，信奉者只要虔诚礼拜、歌唱、讴颂佛德，乃至"合掌"、"小低头"以此供养像，"渐见无量佛，自成无上道"（《方便品》）。

1988年

《法华经》与观音信仰

《法华经》之所以得到广泛流行，除了它在理论上有自己的阐发外，还把佛描绘成救世主，除了可以保证成佛外，还可以解救当时现实生活中遇到的苦难，满足现实生活中迫切的需求。《法华经》的后部，《嘱累品》以后的一些篇幅，塑造了一个观世音菩萨，这个偶像出现以后，它在群众中的影响甚至超过了释迦牟尼。释迦牟尼似乎还不及观世音菩萨管得那样具体。

> 以何因缘名观世音？……若有无量百千万亿众生受诸苦恼，闻是观世音菩萨，一心称名，观世音菩萨即时观其音声，皆得解脱。若有持是观世音菩萨名者，设入大火，火不能烧，由是菩萨威神力故。若为大水所漂，称其名号，即得浅处……设复有人，若有罪若无罪，杻械枷锁检系其身，称观世音菩萨名者，皆悉断坏，即得解脱。（《观世音菩萨普门品》）

佛教有念佛一派，指的是意念、想念，在心中树立佛的形象。这里说念佛，即口中念诵佛菩萨名（"一心称名"），呼唤菩萨名的宗教实践。《法华经》与后来的净土宗念佛名号以求解脱的方式一样。

照佛教的理论，法身无处不在，真如无处不在。为了普及宣传，佛和菩萨可以适应不同众生的需求，现化为不同形体，“若有国土众生应以佛身得度者，观世音菩萨即现佛身而为说法”。它还能“以长者、居士、宰官、婆罗门、妇女身得度者，即现妇女身而为说法”。佛教诸神中，观世音在中国群众中，算是最能接近群众的一位神灵。

> 若有女人设欲求男（希望生男孩），礼拜供养观世音菩萨，便生福德智慧之男；设欲求女（希望生女孩），便生端正有相之女。

佛的形象多庄严、雄伟，为了在群众中树立他的高大形象，不得不表现得与众不同，如三十二相、八十种好，均非凡人所可企及。佛书记载的种种瑞相自不用说，如佛身上“一一毛孔右旋”，凡人怎能办得到？《法华经》塑造的观世音菩萨形象，在中国广大地区被接受、受欢迎，这个神像没有佛那种高不可攀的气势，而是一位慈眉善目、美丽的妇女的形象，把佛与人世的距离拉近了。

1988 年

《华严经》中的毗卢舍那佛

《华严经》集中地描述了一位毗卢舍那（Vairocana），意为“光明遍照”。《华严经》提出以毗卢舍那代替释迦牟尼的地位，并作为“法身”的形象出现。“法身”是普遍永恒的真理、真如的代表者或体现者，也是佛教神学原理的人格化。佛教认为真理既然无所不在，无时不在，它就不应当局限于体现某一事物或某一佛。《毗卢舍那佛品》中描述，佛能于身上任何部位放出“佛世界微尘数光明”，“如是等一一光明各有佛世界微尘数光明以为眷属。一一光明照十佛土微尘等刹”。在佛光明中照见微尘数菩萨。微尘数菩萨中，于“一切毛孔中各生出十佛世界数等一切妙宝净光明云……”世界的存在是佛的光明普照的结果。佛光普照的范围无尽，世界无尽，佛表现出来诸多庄严美好形象，不应把它看作当真的佛的形象，它是真理的体现，道（法）的现实化(身)。因此，法身是客观存在的。

法身是佛法的化身，诸佛由佛法出，而佛法又是一佛的体现。在《华严经》的体系里，世界处在一种无穷无尽的关系之网中。众生必依靠佛的光明（佛智）才可以见真如，得到解脱，众生既然依佛智而产生，众生自身也有佛智。它说：

> 如来智慧无所不至。何以故？无有无生，无众生身，如来智慧不具足者，但众生颠倒。……如来智慧，无相智慧，无碍智慧，具足于众生身中。但愚痴众生，颠倒想覆，不知不见，不生信心……我当教彼众生觉悟圣道，悉令永离妄想颠倒垢缚，具见如来在其身内，与佛无异。……如来菩提身，无所不在，无处不有。（如来性起品》之三）

可见如来智慧本为众生本有，与佛无异，只是由于受世俗观念的颠倒观念所障蔽（颠倒想覆），才不得解脱。佛教教人通过宗教修习，反观内省，启发自身已有的智慧，以求解脱。当时宣扬这种观点的不止华严一家，如禅宗的明心见性，也主张这种方法。

《华严经》的法身说，把佛教真理说通俗化，以毗卢舍那为代表，通过形象化的表达方式，阐发佛教宗教世界观。把法身作为毗卢舍那佛的崇拜对象和佛理客体化为精神本体。《华严经》从宗教实践的立场，提出众生虽有佛性，但需要佛智的启发。《华严经》中展示了两种最高精神实体，一个是“法身”，这是客观的精神实体；另一个是“如来智慧”，这是主观精神实体。对“法身”来说，“如来智慧”是接受佛光明的主观条件；对“如来智慧”来说，“法身”则是取得自我觉悟的外在条件。这二者没有分出哪一个更根本，这种观点一直是中国佛教所关心的问题。

1988 年

《华严经》的“一多相即”

佛的法身是一，佛的应化身是多；如来智慧是一，如来智慧的运用是多。众生的心是二，心的造作是多。它提出把“一”与“多”统一的范畴，由此推而广之，广泛运用于论述一般与个别，全体与部分的关系。

《十住品》中的第七住，列举菩萨必学的“十法”，其第一法即“知一即是多，多即是一”。《十回向品》之八，也说“于一法中知一切法，于一切法中亦知一法”。《十忍品》中说“观缘起法，于一法中解众多法，众多法中解一法”。从一与多，进而指出两者的关系。从世界的复杂性看，它是多；从世界“但从一心起”来看，它又是一。它承认世界的差别，又要求把差别统一起来。这样看待一与多的关系，有它的合理因素，因而提出。

> 知一世界即无量无边世界，知无量无边世界即一世界；知无量无边世界入一世界，知一世界入无量无边世界……于一毛孔中悉分别知一切世界，于一切世界中悉分别知一毛孔性。(《初发心菩萨功德品》)

从宇宙时间上看有限无限的关系，《华严经》也提出了一些可取的见解：

> 知异劫中有无异劫，知无异劫中有异劫。……知一切劫入

无劫，知无劫入一切劫（同上）。

从心理状态上看有限无限的关系，《华严经》说：

一切欲即一欲，一欲即一切欲（同上）。

在大乘佛教的经典中，把个别与一般的关系讲得这样深透，并把它提到哲学世界观、方法论的高度来考察，《华严经》堪称第一。但是《华严经》把十分丰富生动活泼的辩证法讲死了，讲成了僵化的格式。如果从客观实际去观察世界，而不是从概念推论去论述世界，人们可以发现，事物的一与多，全体和局部的确有着相互依存的关系。"一"与"多"有关系，但不能因为一与多有关系，便混同"多"和"一切"的概念。任何个别事物的存在必然和众多的条件相依存，但不能说任何个别事物的存在，必然以"一切"为条件。在理论上好像更完备无缺欠，而事实上却不可能。这里表现出《华严经》概念的混乱。说全体与部分不可分，但不能由此得出结论说认识部分即等于认识全部，更不能说部分就是全体。《华严经》为了论证其宗教理论，论证"佛法无边"，论证一切事物都分享真如的光辉，才尽力缩小世界与出世间的距离，它的用心是可以理解的，但事实上并不像他们所论证出来的那种关系。

1988 年

《摄大乘论》的"八识说"

《摄大乘论》的理论，在中国哲学界发生影响，主要在于它把人类认识论的过程讲得比较充分，这种理论，丰富了中国哲学史的某些方面。

《摄大乘论》认为佛教旧的“六识”说，不能圆满解释众生轮回的教义。佛教不承认有灵魂存在，主张一切无常，即使有灵魂，它也是无常的，不是永存的。佛教又主张众生受轮回之苦，没有一个受轮回之苦的主体（承受者），轮回之说就有困难。这个矛盾本来是佛教自己制造出来约。佛教为了补救这种困难，想尽了办法，唯识学提出的八识说，就是办法中的一种。

《摄大乘论》学派为了弥补传统佛教六识说的不足，提出八识说，为了建立八识说，提出了“熏习”和“种子”的概念。“熏习”和“种子”唯识学派用作哲学范畴。“熏习”和“种子”本来是一种比喻，如用花熏衣，花香数数升起，令衣着香，花体坏灭，香仍残留衣中，这种作用叫做熏习，此香气叫做习气。人类认识也有类似之处。通过经验的长期熏习，形成观念、习惯，即在离开了直接经验的情况下，熏习留下的观念依然保存在识念之中，名为“习气”。又譬如植物的种子，本是植物的果实，它在适宜的条件下，还会生出新的植物来，又结出同样的果实。储存在识中的习气，也像种子，在特定条件下，会按照观念的体系，引生出与它自身相应的生命体（“根身”）和周围世界（器界）。由熏习而生种子，由种子而生果报，形成循环系列，构成转回的链条，众生由此受苦受难，不得解脱，这是世间产生的原因。

“熏习”成“种”，由“种”成“果”，都来源于识（人类长期形成精神力量）。这种能力来自哪一种识？《摄大乘论》认为佛教传统的六种识都不具备这种创造世间的职能。前六识没有前后相续的功能，而且“易动坏”，又互不相通。前五识各缘自境，各有固定的对象，眼不能听，耳不能见。如脱离自境、自性即消失，所以是“易动坏”。各识之间互不相通。第六识（意识）与前五识也互不相通。意识也有“易动坏”的缺点。像睡眠、醉梦、暂死，坐禅时可以出现使意识不起的境界（无想定、无想天）。各个识生灭相续，按前后顺序次第进行，六识不并起。六识不能成为受熏的对象，起到摄持种子的作用。以贪、嗔、痴为例，它们必须依附于识而存在，与识同生同灭。由于“六识”易动坏，不相联属，中间有隔阻，如世间的烦恼、“惑”、“业”应当有一个被储存的场，否则，轮回将没有被轮回的主体作为受者。这就使佛教失去了用轮回教义推行其宗教宣传的凭借。

阿黎耶识唐代通译作阿赖耶识，意译为藏识、宅识，随其功用不同。还称为本识、显识、果报识、种子识等。“应知依止，立名阿黎耶识”。阿黎耶识是三界六通凡圣众生一切事物赖以产生和变化的最后根据，也可以说是世界的本体。佛教不承认现实世界是真实存在，当然也不承认现实世间有所谓永恒的本体。佛教所指的世界的“依止”有贬义，不是中性词义。

> 此界无始时，一切法依止。若有诸道有，及有得涅槃。
> 诸法依藏住，一切种子识。（《众名品》）

这是说，阿黎耶识从来就是万物存在的根源。此阿黎耶识是三界六道的总根源。阿黎耶识之所以作为世界万物的总根源，是由于言说熏习的作用所致。比如说“眼”这个名称，经常由“眼”这个名称的音声的熏习，有了眼的种子。一切世间，都由言说熏习阿黎耶识而示现，它储存在阿黎耶识中。种子、熏习所包括的“一切种子”，也就是一个概念体系。阿黎耶识的存在，实即概念体系的存在。万物来自熏习，但最初的熏习是从何而起？有没有造成熏习的熏习？《摄大乘论》认为有所谓“无始熏习”，力图把熏习说成没有开端。这种解释可聊备一说，但不能解决既要熏习又无开端的逻辑矛盾。《摄大乘论》把概念实体化，夸大概念的作用，熏习和种子，都是概念转化的不同形态。

一切染污法，都作为种子，藏于阿黎耶识中，它又是对后来染污的根据，引生未来的果报，所以又称“果报识”，阿黎耶识所以成为万物之源，就在于它作为摄持种子、积藏种子引生果报的主体上。有什么样的熏习，就有什么样的种子，不同的种子产生不同的果报。因为人类任何行为必产生相应的社会效应，有善有恶，有非善非恶，形成无尽链条，从而引起业报轮回，生死相续。本识与能熏相互为因，互相依持，称阿黎耶识的自相。熏习既是阿黎耶识的成因，又是阿黎耶识自身显现的一种功能，阿黎耶识自己产生自己，并以自己所产生的结果作为自己存在的根据。

1988 年

关于《大乘起信论》

《大乘起信论》的真伪问题，学术界还有争论，我们还不能、也不必要从两种不同的意见中认定一种。梁启超在《大乘起信论考证》中说：

> 本论自出世以来，注释者百七十余家，为书不下千卷，其影响于我国民思想之深厚，可以概见。朝鲜、日本千年诵习无论矣。逮近世，而英译且有三本，巍然成为世界学术界之一重镇。……一旦忽证明其出于我先民之手，吾之欢喜踊跃乃不可言喻。

梁氏以《起信论》为伪书，可能受南京支那内学院诸位学者的影响，姑且不论；梁氏出于爱国主义热情，赞叹此书，这种心情可以理解，但毕竟科学论证不足。问题的关键不在于论证成书年代及其作者是否为印度学者，而在于考察此书何以南北朝时期风靡学术界。《起信论》受到当时广泛重视，不能仅仅从它的学说本身找原因，还要看到此种学说得以流行的社会条件，使它得以孳长的土壤气候。黄老之学创于战国中后期，发源于齐国稷下，但到了西汉初年，得到适当的条件，才成为显学，与《起信论》不盛行于印度以至失传，反而盛行于陈隋之际，情况有些类似。因为一种学说在一个民族中流行的程度，决定于该民族对这个学说需要的程度。

1988 年

隋唐佛教宗派与寺院经济

隋唐时期的佛教宗派，已不再像南北朝那样作为宗教团体而存在；它除了学术上保持其家学传授的关系以外，还有寺院财产的继承关系，所以从南北朝末期到隋唐时代的佛教宗派的封建宗法的特点和教义上的排他性表现得特别强烈。甚至为了“传法”的关系，寺院内部的倾轧表现为对抗性的矛盾。如南岳慧思有好几次几乎被毒死，禅宗的惠能在从弘忍处得到传法的衣钵后，也几乎送了性命。像这样的事例还很多，事实可能有所渲染、夸大，但宗派之间为了争正统、争庙产的继承权而引起激烈的内部斗争，是经常发生的。僧侣地主阶级毕竟是地主阶级。地主阶级的剥削本质决定了它的残酷性。证诸中外宗教史，这类事例极多。

资产阶级学者把隋唐时期各宗派的传授仅仅说成是学术渊源的师承关系，显然是不妥当的。隋唐时期各宗派之间的斗争，既有宗教派别的排他性，也有寺院财产的独占性。

1962 年

天台宗的“一念三千”和“三谛圆融”

智𫖮发挥的“三谛圆融”的观点，在于说明一切事物不具有客观存在的物质性的基础，事物只是因缘和合的假想。因缘是假说的一种关系，它不是独立存在的实体，所以说是“空”的。大乘佛教所谓“空”不等于“不存在”或“空虚”，而是“虚幻不实”。这种意义的“空”，他们有时又叫做“妙有”，它又是无自性的存在，没有任何质的规定性，所以叫做“假”。“中道”是“空”和“假”的统一。天台宗的认识论，是先掏空了认识对象的客观物质基础，然后再去“认识”。他们的神秘主义的认识论和他们神秘主义的世界观完全吻合。中离不开假和空，空离不开假和中，假也离不开中和空。这种玩弄名词的手法即所谓“三谛圆融”，说穿了，无非是主观精神与主观精神的符合与一致。人们认识能力和范围只限于认识思维中的对象，这是他们的认识论原则——“三谛圆融”。他们认为没有心，就没有了一切，这是他们的宇宙观——“一念三千”。

天台宗力图抹煞客观世界的真实性，目的在于证明“真如”的永恒性、绝对性（“一切法真实如是，唯是一心，故名此一心以为真如。若心外有法者，即非真实，亦不如是”）。天台宗所理解的世界一切皆空，并不意味着什么也不存在，他们空的是客观物质世界的一切现象，他们空物质世界，正是为了肯定他们的宗教的核心，“真如”，精神实体的不空。

1962 年

法相宗的根本观点

法相宗的根本观点在于论证世界只是“识”的作用，而没有什么离开识的客观物质世界存在。法相宗比佛教其他学说不同的地方，在于它更彻底地全盘否定了有所谓物质世界存在，它把一切现象都归结为识的作用，“识”决定现实世界的一切；只有进入真如世界后，“识”才失去它的作用。他们这种说法不过是骗人的。进入真如世界，只能说它是用更高级的精神境界代替了低级的识的活动，而不能说精神活动不起作用。相反，倒是把精神活动抬到超越一切、至高无上的地位。

1963 年

法相宗的“种子说”

法相宗建立的“种子”观念，可能看到谷种、稻种能产生新的谷和稻，由此主观地推论出世界万物的产生也应当有它的种子。又由于他们否认有物质的客观世界，他们认为一切都是人的“识”产生的，从而认为种子离不开人的主观的精神，它不是物质性的，只能是精神性的。他们又认为人的主观精神（心）最根本的是第八识，种子藏住的地方在第八识的里面。种子和第八识是虚构的互相依存的精神实体。

无着认为种子是本来就有的，《瑜伽》说种子有七义，世亲的《摄大乘论释》中说种子有六义。不论种子有六义或七义，它的根本意义在于说明种子是一切法（东西）的根本原因，所以又称为“第一缘起”。无着认为种子是本来就存在的。世亲以下，有不同的说法。有一派遵循无着的成说，认为种子“本有”，还有一种说法，认为种子是由现行熏习才有的。“现行”（前七识）在生灭的过程中留有余势，这种余势不会立刻消灭，投入第八识中，即形成了种子，这一类的种子是新熏种。种子作为因缘（因果关系的因），产生后一刹那（后一念）的种子。护法、玄奘、窥基等综合了本有和新熏（即始有）两种说法。照法相宗的理论，如果只有新熏种，不立本有种，开始时即无因而起，理论上有困难。如果只讲本有，不讲新熏，也不容易说人类的前念对后念，前一事物对后一事物的影响的关系。

法相宗建立了种子学说，为了便于他们解释世界上一切心理现象和自然现象的起源、变化的原因。当然，他们的原因，只不过是精神的原因。

1963 年

法相宗的因缘说

因缘，是法相宗的关于万物起源的重要观点。它是种子和前七识（现行）交互影响的产物。种子生种子，种子生现行（前七识），现行生种子。法相宗的因缘说，认为事物的成因不是由于外界物质原因（他们不承认有所谓物质），而是由于精神。物界、心界，都是种子的产物。

法相宗的因缘说，已涉及因果关系的问题。法相宗反对无因论，认为一切事物的生灭都受它的因果关系的制约。我们必须指出，他们所讲的因果，不是指的现实物质世界的客观规律。他们说：

> 此识（按：即第八识）无始因果，非断常义。谓此性识无始时来，刹那刹那，果生因灭。果生故非断；因灭故非常。非断非常，是缘起理。故说此识恒转如流。

从科学的观点来说，因果不是抽象地存在着，而是事物的规律所表现的现象间在一定条件下所具有的本质的、普遍的、必然的联系。这种联系是在一定的条件下，一定的时间里出现的。正因为如此，所以它体现了物质运动的规律性，也就是事物的本质的关系。列宁说：规律就是“本质的关系或本质之间的关系”（《黑格尔〈逻辑学〉一书摘要》）。因果关系，正是事物间的一种本质联系。唯物主义者的因果观，认为一定是前因后果，体现事物在时间中的发展过程。而一切唯心主义者都在因果关系上进行歪曲。法相宗的因果观，首先指的不是物质性的事物，不是客观的实在，他们只是指的在心中前一观念与后一观念的刹那生灭的因果关系。因果范畴，在他们的哲学体系里被歪曲为“识的流转相续”。

1963年

法相宗的成佛论

法相宗企图从理论上打通人间和佛国两个世界，使人们逃避现实，进入佛国。他们说阿赖耶识包括有漏种子和无漏种子。有漏种子不断经过善行的熏习，可以从有漏转到无漏。阿赖耶识即转成“无垢识”，阿赖耶识就不存在了。但佛教大乘法相宗的体系，本有种是“法尔故有”的，不是由真如产生的。熏习种也不是真如熏成的，它是前七识所熏的。真如对于本有种或熏习种都无能为力。真如是无为无作，不能产生万物。真如既不能产生万物，又如何使人舍染归净呢？

1963 年

玄奘的成就和国家的支持

玄奘是中国历史上杰出的翻译家、旅行家、中印文化交流友好使者，中国佛教重要宗派创始人。他的成就的每一个方面，都足以载入史册，永远为后人怀念。集合众多的成就于一身的杰出人物，历史上很不多见，玄奘是我国，也是世界上，为数不多的天才之一。

玄奘的翻译成就，超越前人，由于他具有超越前人的学识和毅力(前人论述比较详备)，别人无法与他相比。同时还要看到，国家为玄奘提供的优厚条件，别人也无法与他相比。翻译事业要取得成功，要有两个条件，第一个条件是译者的学识、毅力，这是主要的；第二个条件是外力的支持，包括财力、物力、人力。这两个条件同时具备的机会不多，可以说是千载难逢。熟悉中国佛教翻译史的人都知道，历代都有有才华、有学识的僧人，有志于发展佛教翻译的人，由于得不到政府的支持，抱憾终生。这种情况玄奘以前、以后，以及与玄奘同时期，都存在过，他们都不及玄奘幸运。晋朝名僧道安说过："不依国主，则法事难立。"道安的个人经验不失为传播宗教的普遍经验，可以放之四海而皆准。古今中外，宗教得到正常发展，都是在国家支持下得以实现的。

玄奘译经事业的成功，还得力于唐朝的宗教保护政策。唐朝统治者重视南北朝以来的佛教社会影响，对待宗教采取保护、引导、扶持政策。唐太宗、武则天都是中国古代杰出的政治家，他们从唐王朝的长远利益考虑，给佛教以政策支持。照唐太宗个人倾向，更偏爱道教，武则天个人倾向，更偏爱佛教，而唐朝的政策是三教并重，儒、佛、道同样受到保护。他们制定政策没有受个人爱恶的影响。

还要指出，实现政策与国力的盛衰有关。唐朝宪宗迎佛骨，遭到韩愈的批评，懿宗迎佛骨也引起人民不满。实际上武则天也在法门寺迎过佛骨。规模之大，花费之多不在宪宗、懿宗之下，且有过之。洛阳奉先寺开凿石窟大佛像，前后十几年，所费不赀。只是当时国家财力丰厚，没有更多的人反对。玄奘生逢唐代开国盛世，才能完成他的译业。如果玄奘是在唐末而不在唐初，他携回的经卷不必说翻译、传布，恐怕连保存也困难。古人说"知人论世"。英雄人物的产生和他的时代是不能分开的。离开了时代，离开了一定的社会环境，把英雄说成神，是不符合历史实际的。

1994 年

菩提达摩论

菩提达摩的学说，可以考见的不过如此，他的禅法较以前的禅法简单得多。他还用《楞伽经》四卷作为教材，传授给慧可。他把印度输入的复杂的坐禅法简单化，使之简便易行，把偏重身体的训练，引向偏重思维训练。菩提达摩的禅法的特点，反映了当时北方学风的特点。当时北方学风在一定程度上保持着汉代经学的传统。北朝佛教是北朝儒学学风在僧侣阶级中的反映。达摩到北魏时，自称“南天竺一乘宗”，据《高僧传》说，当时“文学之士多不齿之”。他的地位不显赫，他必须依附当时的势力才能生存。《楞伽经》与当时北方流行的地论学派比较接近，他把禅定修养方法简化，也与当时北方佛教重实行，不大重视理论的学风相适应。当时北方地论学派和南方的摄论学派，都以“阿赖耶识”为中心问题，中国佛教学者认为这是有关佛性的大问题。佛性问题从南北朝到唐代，一直是群众关心的重要问题。菩提达摩的禅法，走的是中国佛教发展的道路，一开始就侧重佛性问题。

1994 年

弘忍的禅学

弘忍继承道信耕作自给的传统，不辞劳苦，“役力以申供养”使他的僧团不靠政府供养，得以自给。后来的《百丈清规》用文字形式把这一传统固定下来，成为禅宗团体生活的法典。唐朝后期，战乱频繁，禅宗发展未受影响，很大程度上得力于这种小农经济的生活方式。

《楞伽师资记》说，弘忍“萧然静坐，不出文记，口说玄理，默授与人”。敦煌发现的《最上乘论》一卷，题作“五祖禅师述”。禅宗诸大师多半不出文记，他们的学说多为后学根据记忆，予以补记。因此，很难说多少著作是自著的，也很难说多少记录是伪造的。这种实际情况，给禅宗史的研究者带来了困难。

弘忍的禅学主张已不大清楚，有几点可以肯定。第一，弘忍继承道信坐禅的修养方法。第二，坐禅以外的其他实践，同样能体现佛道："四仪（行、住、坐、卧）皆是道场，三业（身、口、意）咸为佛事。"第三，贯彻般若空宗的扫除名相的宗旨，即神秀向武则天介绍弘忍依据"文殊说般若经一行三昧"。这三方面大体包括了后来禅宗各个支派的宗旨。禅宗自弘忍死后，分头在大江南北向外扩展。荆州玉泉寺在黄梅的上游，沿江再上溯，到成都保唐寺。由黄梅向北传到嵩洛一带，向南传到广东岭南。弘忍不善于言说，有时为了教学方便，随机答问，尚未形成自己完整的体系。

弘忍继承道信，"生不瞩文，而义符玄旨"（《楞伽人法志》）。他传播禅宗的教义，影响逐渐扩大，往求道者"十余年间，道俗受学者，天下十八九。自东夏禅匠传化，乃莫之过"（《传法宝记》）。这虽出自弘忍的弟子们的记述，基本符合历史事实。因为道信以前禅门学者确实不算多，从弘忍开始，禅宗逐渐壮大，连远在广东的惠能都慕名来弘忍处求教，可见禅宗经过弘忍扩大了影响。"东夏禅匠传化，乃莫之过"，这是和他以前的禅学者比较而言，并不是说后来没有人超过他。据《宋高僧传》记载，"（弘）忍与（道）信俱住东山，故谓其法为'东山法门'"。道信提倡远避尘嚣，守一静坐。弘忍也"萧然静坐，不出文记，口说玄理，默授与人"。因为他名声大，显庆间，朝廷屡召他进京，他均拒绝。他认为"大厦之材，本出幽谷，不向人间有也。以远离人故，不被刀斧损斫……后乃堪为栋梁之用"。他要"养性山中，长辞俗事，目前无物，心自安宁"（《楞伽师资记》）。

弘忍不肯出山，他的弟子神秀应召到洛阳，武则天问他的师承，神秀回答说他"禀蕲州东山法门"。又问传授依据的是什么经典，神秀答"依文殊说般若经一行三昧"（《楞伽师资记》）。神秀对武则天的询问想必不敢乱说。弘忍传法的指导思想为般若学派（即大乘空宗）是可信的。《坛经》记惠能北上求法以前，在广东曾见人诵《金刚经》，知为弘忍所授，也应有所依据，不能看作是后人捏造。

《楞伽经》与《金刚经》本来属于两个体系，前者重在见性，后者重在破相。从佛教的理论体系来看，本不矛盾，破相的目的在于显性，显性的手段要通过破相。唐朝建国，儒教经学融会南方经学与北方经学，编成《五经正义》。佛教禅宗先用《楞伽经》，后来又用《金刚经》，也反映了禅宗南北统一后的总趋势。我们没有必要去争论弘忍的禅法以《楞伽》宗旨为主，还是以《般若》宗旨为主。

1994 年

用禅宗的思维方法研究禅宗

禅宗以不立文字相标榜，各种抄本中，文字有歧异，详略有出入，各个流派的传教人根据各自的理解在禅宗的大方向、总体系范围内有所发挥。研究禅宗与研究其他宗派的方法也应有所不同。如研究法相宗，一字一义必须搞清楚，否则难以达到准确的理解；对禅宗文献资料，则不能一字一句地抠字眼，而是要把握其总体脉络，用禅宗的思维方法来探究禅宗，才可以更好地理解它。

1994 年

神秀北宗禅

神秀是弘忍以后的一个重要流派，可惜后来受惠能一派的排挤、曲解，长期被湮没。据唐人张说《大通禅师碑》述说神秀宗旨是：

> 专念以息想，极力以摄心。其入也，品均凡圣；其到也，行无前后。趋定之前，万缘尽闭；发慧之后，一切皆如。捧奉

《楞枷》，递为心要。

张说的上述介绍，也包含有息妄修心的意思，但领袖应当有他的独到的见解和号召群众的一些主要言论。幸好敦煌手写佛典文献中还保留了一部分材料，其中有几种可以代表神秀一系的禅法。敦煌本《菩提达摩观心论》及《绝观论》等著作，借用达摩的名义，阐述北宗禅的一些主要思想。

现在以《无心论》、《观心论》、《绝观论》等写本进行剖析，从而考察其确立时期北宗神秀一系的概貌。北宗禅提出“无心论”。“无心”是从扫除执着的观点提出的，也是大乘佛教破除法执的一种教人方法。无心不是一切皆无，一片空无。他的“无心”即教人不起执着心，破除执着心，才可以体验真心。

《观心论》认为心有两种，一为净心，一为染心。染心净心同时并存，习禅者在于使净心增长，染心消退。净心是成佛的基础。染心本来无体，只是受三毒的障蔽，才使得净心不得萌发，修心、观心，都是为了增长净心，消除染心。后来这一派的继承者，强调观心，修净舍染，不能离开渐修功夫。

但观心、修行，不离于心，“欲得净佛土，当净其心，随其心净，则佛土净”。这等于说，世界的净和染不在外界而在人们的内心。净土在内不在外。因而，他们反对念佛。

1994年

南北禅宗异同

禅宗自达摩以下，都不出文记，口说玄理，师徒传授多耳提面命。由于禅法中一部分要讲道理，一部分讲修炼。修炼时如何守一，如何静心，必由老师亲身传授、示范，不能依靠文字。其讲道理部分，也要多方解说，因人示教。而且禅师们多来自田间，多为农民，有的识字不多，有的不识字，不善于文字表达，这也是禅宗不立文字的客观原因。禅学大师们文化不高，但智力超常，未悟时下同凡俗，一悟即可径超十地。这又是与佛教其他宗派大不相同的地方。

学术界长期误认为，南北两宗的宗旨相去天悬地隔，南宗重言下顿悟，北宗重渐次修习；南宗重慧解，北宗尚禅行。这恐怕是一种误解。北宗禅法不是不重义解，也不是不重顿悟，其中有些警辟见解，与南宗禅几乎没有什么差别。如果不加说明，羼在今本《坛经》里，恐怕也没有人会相信不是惠能的宗旨。从现存关于神秀一派的资料看，神秀与惠能毕竟都属于禅宗，应当认为是一宗中的两大支派。两派之间有差异，但不像神会等人所描绘的两派有着是非真伪的大问题。把神秀、惠能的学说，与同时天台、华严、法相宗对照，禅宗与其他三派的差别更大。禅宗南北两派的差别是存在的，但不很大。

南宗禅和北宗禅后来衍变为势不两立的仇敌，但在思想上并不是根本对立，毫不相干的两个流派。南北两宗的共同的地方比相异的地方更多。从基本倾向说，南宗倾向于顿悟，北宗倾向于渐修。这种分歧在禅宗后期较为突出。神秀、惠能时代，南北两宗都有顿悟、渐修的思想。渐修是达到顿悟的手段。顿悟以后，也非无事可干，还要修炼，时时提醒自己，使顿悟的成果得以巩固。

南北禅宗的对立，不是纯学术的争论，学术争论不至于拼性命。在现存的南北禅宗双方资料中，其修行方法，宗教理论有不少共同点。神秀与惠能的私人交谊也还正常。《坛经》的激烈破除名相，扫荡执着的观点，神秀也有；不废坐禅又不拘泥于坐禅，不主张读经却又不废读经的主张，神秀、惠能都有。神秀的禅法比起早期禅宗的慧可、道信来，有明显的突破。神秀禅法的保守派形象是后来惠能后学塑造出来的，神秀的思想也相当解放。

神秀一派的北宗禅学不但影响到中原地区，还扩散到甘肃河西走廊。敦煌一带也有过禅宗影响。据敦煌文书及藏传佛教文献资料记载，在唐德宗年间，入藏禅宗大师摩诃衍曾与藏地佛教开展过辩论，这场辩论前后持续了十几年。据藏文记载，藏僧胜利，汉地禅师被遣回沙州；据汉文资料，汉地禅师胜利，在西藏地区大宏禅教，法人戴密微倾向此说。从实际情况看，禅宗教义在辩论中很难获胜。因为禅宗是明心见性之学。判定禅宗境界高下、得失，在体认而不在于言说。禅宗的宗教训练也一贯轻视言说，禅宗不适于对面互相辩论。现在藏地佛教流派颇多，却不见有禅宗在流传。这也说明禅宗是汉地佛教小农经济在佛教中的反映，它适应于汉地文化发达地区，而不适于汉文化影响较小的地区。

禅宗分为南北两宗，起于神会等人的门户之争。惠能在世时，与神秀互通音问，互相尊重。《旧唐书·神秀传》，神秀尝奏则天，请追惠能赴都，惠能固辞。神秀作书重邀之。惠能谓使者曰："吾形貌短陋，北土见之，恐不敬吾法。又先师以吾南中有缘，亦不可违也。"遂不往。当时社会上还没有"定祖"的说法，时称南能北秀，只是说明惠能、神秀活动的地区，一在南，一在北，没有学派对立的意思。

1994年

惠能南宗禅

惠能（638—713），相传是一个不识字的和尚。有的写作慧能。他的生平及活动，基本根据今存《坛经》一书中。

惠能的宗教哲学主张，与唐代的时代思潮互相呼应，也是集中到佛性问题、成佛问题、解脱问题上。

惠能认为道在自悟，不假外求。

自悟的方法既然在于自悟，惠能提出的"禅"与"定慧"的理解，与旧禅学有所不同。他提出修心，须做到"无念"。惠能又提醒学人，且莫把无念当作一个事物或对象来追逐。

惠能对“坐禅”的解释，比达摩的“入道四行”有所发展。

隋唐佛教一向以定慧为双修的原则，如天台宗等都以定慧比作鸟之双翼，车之双轮，缺一不可。惠能提出的定慧，所指内容与其他宗派不同。

法身问题，惠能也提出自己的新见解。

惠能的三身佛的解释，完全不同于传统的理解。他没有把血肉之躯的色身，看作成佛的累赘，而是把成佛修行的基础寄托于色身。

西方无净土，佛国不在西方，净土自在心中。

顿教与渐教的差别，惠能认为是方法问题，不是原则的差别。人们相沿成习的观点，认为惠能主张顿悟，排斥渐修。《坛经》并未提出这样主张。

惠能的体系，从总体来看，还是以大乘空宗、般若学为基本框架。他不但一再提到《般若经》的神妙作用，他采用的思想方法也未脱般若学派、《中论》不着边际的格局。

关于惠能思想的总结集《坛经》，已有十几种流行的版本，内容详略不同，由此引起学术界长期的争论。我们今天可以断言，这十几种不同的版本，没有所谓真伪的问题，更不是神会一人所编造。据唐人韦处厚《兴福寺大义禅师碑铭》（《全唐文》卷七一五）记载，禅宗南派自惠能以后，袈裟止而不传，传法道统的凭证就是《坛经》一卷。韦处厚的文章说得很清楚；从惠能弟子神会以后，“竟成《坛经》传宗”。《坛经》成为后来南宗禅师传法的凭证，和当年惠能的袈裟有同等的合法性，它所起的效用却超过当年惠能得到的传法袈裟。袈裟只有一件，只能付给一人，《坛经》可以人手一卷，凡是信奉南宗禅的和尚，只要他肯手抄一卷《坛经》，并通晓其大意，就算得到南派禅宗的真传。《坛经》人人可以传抄，人人可以宣说其义理，由此派生出不同版本，这是很自然的。因此，我们说，《坛经》十几种版本，都可以用来表述惠能思想，无所谓真本、赝本。传抄过程中，难免有详略，有讹替，何况禅宗大师们一般说来，虽有过人的理解力，但文化水平不高，字句出入更是不可避免的。

《坛经》版本引起争议较多，原因在于专家学者们习惯于用辨别一般古代典籍的方法来辨别《坛经》，难免枘凿不相入。一字一句的歧异，对一般典籍关系重大，研究禅宗也要知人论世。禅宗大师们连语言文字本身也视作"蹄筌"、"月指"，纪录中多几个字，少几个字，多几句话，少几句话，禅宗看来更是无足轻重。我们上面的看法，表明我们对《坛经》版本的看法。中外学者们对《坛经》版本的考订工作，是值得肯定的，有贡献的。

1994 年

宗密的禅法

宗密生活的时代，佛教各宗派间已有融汇的趋势，宗密在这一方面起了促进的作用。他曾从华严宗第四代祖师澄观学华严宗，有著述多种，被奉为华严五祖。他还从禅宗大师学禅学，按禅宗传法世系，他属于禅宗南派，据宗密同时人裴休撰写的《圭峰禅师碑铭》，宗密应当为惠能的第六代传人。宗密既学禅宗，又学华严，《宋高僧传》把他归为《义解》篇，也是有根据的。还有一种推测，认为宗密的禅学不出于南宗惠能，而是出于智诜一系，亦可备一说。我们从宗密所著的有关禅宗资料中，可以看出他与禅宗各派均不相同，他代表了禅教融合的学风，他用"如来三种教义，印禅宗三种法门，融瓶盘钗钏为一金，搅酥酪醍醐为一味"（《禅源诸诠集都序》），与纯粹的禅学都不相同。

宗密治华严宗，同时又信禅宗。他致力于调和两宗，但他没有达到预期目的。原因是他受佛教经学章句之学的治学方法的影响甚深。他用华严宗分析名相、综合推理的判教方式来对待禅宗，而没有用禅宗的思维方式去对待禅宗。即使在禅宗内部也并没有因宗密的调和而趋于和解融洽。宗密对禅宗的一些评价并没有受到后来禅宗各派的重视，因为他的贡献，在于真实反映了唐朝中、晚期调和三教的时代思潮，而不在禅宗方面。从严格的禅宗观点看来（无论南宗禅或北宗禅），宗密的禅学升堂而未入室，其未达有间。《宋高僧传》没有把宗密归类到“习禅篇”，而归类为“义解篇”是有道理的。

1994 年

超脱与成仁

禅宗得以在中国广泛传播，经久不衰，有许多因素，其中一个重要因素是中国有千千万万小农经济存在。自给自足的经济生活产生自己解脱的宗教思想，是十分自然的结果。禅宗从五祖弘忍开始，便制定了教团的生活规范。一方面是宗教训练，修心；一方面是从事生产，自己养活自己。从事农业生产，既锻炼了思想品质，克服怠惰习惯，又为僧团积累了财富。他们用日常生活用语启发门徒，“运水搬柴无非妙道”。“运水搬柴”是每天都要接触的生活经验。这类教学经验，在法相宗、华严宗就不曾用过，因为禅宗是农民的佛教。

运水搬柴，既然都是妙道，由此再进一步，事父事君又为什么不可以成为妙道呢？禅宗与儒教合流，直接参加政治生活，儒教把禅宗消融了。

禅宗的发展可以大致分为前后两个时期。前期以弘忍、惠能等创立、成长时期为一阶段。分成五宗（临济、沩仰、曹洞、云门、法眼）为后期，这属于另一阶段。后期禅宗从农民禅逐渐向文人禅转化。早期禅的开创者主张“不立文字，直指本心”；后期禅却写有大量文字记录，《灯录》、《语录》文字占了主导地位，比那些专靠文字章句传播的佛教宗派的文字还多。禅宗后期多以诗歌的形式说禅理，这也是唐代科举取士，文人必习诗赋的习惯带到禅宗里来的反映。禅宗丹霞天然禅师本来打算参加科举（选官），中途遇到禅师指点，劝他“选官何如选佛”，他便舍弃了选官的机会而投向禅宗。这类情况也表现在道教方面。如吕洞宾，相传为科举失意的文人；又如《无能子》、《化书》的作者都属于文人参加道教的实例。天下大乱时期，连提倡入世的儒教也采取了明哲保身的方式，只求保全自己的身家和富贵。典型例子即号称“四朝元老”的冯道，先后在四个王朝做官而且不断升迁，还得到当时的称赞，说他“履行有古人之风”，他的“宇量得大臣之体”。冯道的行为风格体现了当时儒教信徒对待乱世的超脱原则。

经过五代、北宋，禅宗文化逐渐变成文人禅、参话禅，与士大夫合流，与在朝的文人日趋接近，远离泥土，走向市廛，混迹庙堂，逐渐消融于儒教，明清以后，士大夫参禅，皇帝也参禅，《红楼梦》中贾宝玉也参禅，那不关禅宗的事，另当别论。

禅宗早期的禅师们都从不同的角度提出如何解决现实生活中的问题。禅宗后期的禅师们，文人习气增加了清谈家的倾向。在话头上做文章，并不是严肃地对待现实生活，他们不去引导人们解决矛盾和困惑，而是指引人们绕过矛盾，取消困惑。

禅宗留给人们的思想资料，充分显示出中华哲人的智慧。缺少了禅宗提供的这份文化遗产，将是中国哲学史的损失。禅宗大师们的用力所在，毕竟是解决个人问题，仅限于个人的解脱。为国家危亡而献身，为争取民族生存而牺牲，杀身以成仁，舍生以取义的品格，在禅宗里是找不到的，也不是禅宗所提倡的。作为一个深闳博大的中华民族的传统文化，禅宗精神不可无，所谓“禅宗大德”却不能太多。禅宗思想境界的超脱，首先要构筑在广大的、认真负责、百折不回、千千万万扎根现实生活泥土中不超脱的人群的基础上。禅宗为中华民族传统文化提供了有价值的精神财富，但不是唯一的财富。禅宗的兴衰过程如实地反映了它在中国哲学史上所占的地位和价值。

1995 年

敦煌本《坛经》

敦煌本《坛经》，写成的时代约为780年。惠能传法偈与后来诸本有异，从敦煌本《坛经》到最早的《祖堂集》的中间相距约一百七十年，后三十年乃《景德传灯录》的《传法偈》，于是惠能传法偈遂成定论。禅宗不立文字，而重在直观的体验，敦煌本《坛经》错别字连篇累牍，说明传抄者的文化水平不高，是个小知识分子，但其中道理却不可低估，见解是深刻的。弟子们记录容有出入，有详略，但各种版本的《坛经》确实是惠能禅宗的言行录，不容置疑。敦煌本《坛经》的发现足以表明，禅宗思想当年传播的广袤程度。从常情推论，内地关于《坛经》的记录当不止一本，惠能弟子除去法海外，尚有多人，神会就是比法海活动能力更强的一个。各种抄本内容有出入，是自然的。如“风幡之辩”不见于敦煌本《坛经》，而见于《历代法宝记》，该书成于大历年间（766—779），略早于敦煌本《坛经》。敦煌本《坛经》足以说明禅宗势力已远及河西走廊，中原地区流行的其他版本和说法还不能由此一个版本就作出判断，认为其他版本都是伪造的。

禅宗早期不重著述，大量著述是在五代以后，语录已泛滥成灾。早期禅宗多为口传心印，以后各种版本《坛经》虽达十余种，而基本思想完全是惠能一派的，而不属于神秀、普寂、义福以及《禅源诸诠集》中所收集的其他流派。我们今天研究惠能的思想，敦煌本《坛经》给人们提供了较早的一件有价值的资料。但也要考虑到，此后的其他版本，成书迟，其中包含的思想可以很早。此种事例，中外不乏先例。如《老子》成书于战国，其中有战国的时代痕迹，但此书基本上可以代表老子的思想，这一事实已被学术界所承认。从《老子》一书的完成上溯到春秋时的老聃本人，达一二百年，比敦煌本《坛经》的写定惠能传法时期要长得多。再如《山海经》一书写成图文并存的定本，约在晋朝，其中许多事迹多为史前传说，利用《山海经》以解释远古史地，不失为一种可行的依据。远古史前传说到《山海经》的汇编成书，当在几千年以上。因此，运用敦煌本《坛经》同时兼采宋以后的现存各种版本的《坛经》作为原始资料，说明惠能的禅宗思想，指出它的思想特征，不但是可行的，而且是必要的。

1983 年

《中华大藏经》的校勘方式

《中华大藏经》（汉文部分）以《赵城金藏》为底本，与八种版本的大藏经对勘，逐句校对，只勘出各种版本的文字异同，不加案断。我们采取这种方法，有以下几方面的原因：

校勘版本学界，习惯于崇信古本，我们经过实际勘察，发现任何版本都不是十全十美，都有差错。善本中（包括《赵城金藏》在内）各有优缺点，因此，我们要求集诸版本之长，不主张“定于一尊”。

《赵城金藏》以外的八种版本都有它的特点，有的属于海内珍本，有的是世界孤本，都可称为善本。众多善本不但专家学者个人无力备齐，即是国家大图书馆也不能八种善本具备。我们借这次编辑整理《中华大藏经》（汉文部分）的机会，集诸善本于一编，有了这一部《中华大藏经》等于同时拥有九种版本的大藏，为皮藏者和使用者、研究者提供了方便。

我们校勘的目的，不在于勘误而在于会同。经过检查，这些不同版本出现的文句异同，多半不涉及义理，往往各有道理（当然也有明显错误的），如果一定由编辑者决定取舍，难免失之武断，徒耗人力，并不科学。还应指出，每一种善本的特殊价值并不是由于它的至美至善，而在于它体现了各自时代的某些特征，这类特征是别的版本不能取代的。如《房山云居寺石经》可谓善本，其中有些石刻佛经体现了《辽藏》的面貌，但其中也有刻工贪图省工，出现许多上下文不相连属的“一”字，从一般校勘原理看这与字形、字音、字义或上下的错简毫无关系，只是由于刻工按版计酬，为了省力，又能占满版面，才出现了不应出现的许多“一”字，汉字中只有一字笔画最少，刻起来又省力，用来充字数最方便。像这类缺点，并不能动摇《房山云居寺石经》的历史地位，瑕不掩瑜。这里只是说明中国过去雕印的众多版本的“大藏经”，没有一种是尽善尽美的，《中华大藏经》（汉文部分）的出版，博取众本之长，避免众本之短，会同诸本合校，标出异同，不下案断，正是极端负责的客观精神。

1988 年

论翻译

翻译一种专业书，译者要具备一些必要的条件。译者要通晓译出和被翻译的两种文字，这是人们都明白的道理。但是还有更重要的一条，即译者通晓这门学问的基本内容，而不是望文生义。佛教有它的特殊的范畴，同样一个名词，佛教经典中有特定的涵义；不了解它的思想体系的大致规模，光靠抠字典是译不好的。也就是说，译者一方面要知道原著的意思，还要力求译文所包涵的意思是原来的，而不是附加的。如果译者对所译著作涉及的专业比较熟悉，在翻译中还能随时发现原著中的失误和不妥的地方。《印度佛教史》的译文中加入了不少“译者注”，不要小看这字数不多的小注，它如实地向读者指出了原著的问题和缺失，也表现出译者的学识和造诣。细心的读者将会从中得到必要的知识，这些知识恰恰又是读原著所得不到的。

译文要忠于原著又要明白畅达。这一点许多汉译本早已做到了，但是也有不少译著没有做到，读起来显得别扭。从事翻译工作的都深知此中的甘苦。道安有“五失三不易”的体会，确是经验之谈。王世安先生的译文的优点是文字简明。简是要言不繁，明是晓畅通顺。只要和原文对照，不难发现译文简明不下于原文，其清晰条畅，举重若轻，或为原文所不及。

1987 年

第四编

道　学

道教研究的重要性

中国三大宗教（儒、释、道）是中国传统文化的三大支柱。学术界对儒教经典研究得较多，对佛教经典研究得较少，对道教经典研究得就更少。造成这种状况的原因甚多，由来已久。按照封建正统观点，认为只有儒家的经史子集才有资格代表中国传统文化，佛教、道教典籍属于旁支，文化价值不大。这是长期流行的一种偏见。清朝编纂《四库全书》，这是中国封建社会最后一次文化丛书结集。共收书 3461 种，79309 卷。存目的有 6793 种，93551 卷。两项共计一万余种。其中所收佛教典籍，属于《子部·释家类》，共十三部 312 卷。所收道教典籍，归于《子部·道家类》，共收 44 部，430 卷。佛、道两家的典籍共计不到一千卷。

封建儒家学者们总认为佛道两教的典籍价值不大。我们从中华民族传统文化的整体来看，佛道两教与儒家传统文化同样重要，同样影响着中华民族的文化生活、家庭生活、社会生活以及政治生活。佛教、道教的影响，其深远程度当不在儒家经史四部之下。三教交互融摄，构成唐宋以降中国近一千多年来的文化总体。不研究中国佛教就无从了解中国文化和中国历史，这一点已逐渐被学术界人士所承认；对道教研究的重要性，似乎没有像对佛教那样重视。事实表明，道教典籍中可供发掘的东西非常丰富，其重要性决不下于佛教，甚至更重要。

1989 年

道教概述

道教生长在中国本土，约与佛教同时活跃在舞台上。但道教的命运不济，错过了大发展的机会，让佛教占先了一步。一步落后，步步落后，二千年来，一直没有能超过佛教。唐朝时道教可谓极盛，它得到皇帝的支持，受到特殊的恩宠，道教的信徒人数和天下道观的数量也只有佛教的二十分之一。

汉末、魏晋，天下大乱，老百姓走投无路，往往投靠宗教。那时中央政权对全国失去控制，正是宗教发展的良好时机。由于黄巾起义打过道教的旗帜，黄巾被打败，道教也受牵连，统治阶层对道教存有戒心，有很长时期对道教不敢信任。这时佛教接受了中国封建宗法思想，乘机宣传其三世因果报应轮回之说，扩大了地盘，在帝王、贵族支持下，招纳了大量的信徒。

南北朝时期，北朝道教经过寇谦之的改造，南朝道教经过葛洪、陆修静、陶弘景的改造，取得上层统治者的支持，才有了较大的发展。这中间已比佛教的发展落后了若干年，错过了大发展的时机。在道教典籍的搜集、整理方面，道教丛书的集结工作也比佛教落后了一步。道教有很多做法是从佛教那里学来的。佛教最早把自己的全集称为“一切经”，道教编集道教的全集也称“一切经”。由于“一切经”这个名称被佛教占用在先，后出现的道教的“一切经”则称为“一切道经”，以区别佛教的“一切经”。唐玄宗时，曾令编纂《一切道经音义》，也就是当时的《道教大辞典》。唐武宗时已出现过“道藏”一词，但未能通行，“道藏”一词正式确立，是在宋代佛教“大藏经”以后的事。

宗教的存在和发展要靠民众，为了更大的发展则须依靠政权上层的支持。东晋时期，佛教最有名的推动者道安也懂得“不依国主，则法事难立”。道教的发展、宣传也遵循这一个原则，既注意拉拢上层，也注意普及于下层。有上层的支持，经济来源有保证，为寺院经济创造条件；有下层群众的广泛信奉，才能壮大宗教的声势，才可以更加促进上层的重视。只有上层而下层信徒不足，则缺少存在的基础，难以发展；有下层群众而没有上层的支持，也不能长久。佛教、道教在中国都有悠久的历史，历久不衰，除了社会的客观原因外，与道教、佛教的主观努力也有极大的关系。他们宣传宗教，既要结交上层权贵，又要俘虏下层群众，针对不同信徒的需要，推行其宗教宣传内容。

道教开始拥有群众是从下层开始的，如东汉的黄巾（内地道教）、张鲁（巴蜀的道教）多以下层群众为对象。中国农村长期愚昧落后，缺医少药，以符水治病，驱妖捉鬼，祈福禳罪，与民间巫术、占卜、星相、图谶等迷信相结合，道教活动得以广泛蔓延，道教典籍中也保存了这一部分内容。

道教为了取得上层统治阶层的信赖和支持，也尽力满足他们的需要。地主阶级自南北朝以来，形成世袭的特权阶层，他们生活优裕，总希望长期活下去，即使不能永生，也想长寿。道教为了迎合他们的精神生活和肉体生活的需求，向他们推销养生、服食、炼丹、房中等宗教内容。道教外丹教法在南北朝隋唐盛行不衰，即得力于上层贵族特权阶层的信奉和支持。炼丹要耗资财、费人力，穷人不敢问津，中产人家也办不到，只有特权阶层大贵族对此有兴趣。

道教和其他宗教一样，着重宣传神的启示，自称他们的典籍，为神仙颁赐，他们制造文书，以宣达神意，因而道教中颇多书法家。最有名的王羲之手写《黄庭经》与道士换鹅的故事流传甚广，王羲之是世代信奉天师道的道教徒。

道教宣传的重点和宣传内容都保留在道教的典籍里，从今天保存下来的《道藏》可以窥见道教发展变迁的各个侧面。从汉末到明清，社会思潮不断变化，与社会思潮相适应，佛、道、儒也在变化，三教之间又有互相影响、互相渗透的关系，这种互相融通、渗透的关系也表现在道教的典籍里。

1989 年

道教的发展阶段

综观道教发展的历史，可以分为四个段落（或称为发展时期）。

南北朝时期，道教得到当时帝王贵族统治者的支持，跻身社会上层，这是它的第一个发展时期。唐朝皇族与老子攀亲，自称李耳的后裔，政治上予以扶持，大力推行道教，这是第二个发展时期。北宋真宗开始，后来徽宗继续崇奉道教，用道教麻痹人民，陶醉自己，借以遮盖北方强邻压境造成的耻辱，这是道教发展的第三个时期。明代中叶，帝王迷信道教，妄图成仙，道教曾受到皇帝宠遇。皇帝纵容道士干预政治，参加政府内部的权力争夺，这是道教发展的第四个时期。

元朝初年道教也曾受到皇帝的重视（如丘处机），但元朝统治者不专重某一种宗教，对基督教、伊斯兰教、汉地佛教、藏传佛教也都重用（道教为了装点自己，故意把元朝皇帝说成一个道教信奉者，正如印度佛教徒把阿育王说成佛教信奉者一样。阿育王除佛教外，也保护其他宗教）。中间还有一次焚毁道经的劫难。

明中叶以后，国力衰竭，内忧外患，朝廷自顾不暇，对道教不能从财力上支持。清朝当权者及上层贵族起自关外，承袭萨满教传统，对道教不感兴趣，道教历代享受的特殊宠遇有所裁抑。道教发展在上层社会受阻，势力转入民间，转变成秘密宗教团体。这些民间宗教也有自己的经典，但不被政府承认，不能公开传播。日后如重新编辑“道教全书”（或称“新道藏”）时，流传于民间的这部分道教典籍应当收入。

1989 年

内丹学与心性论

《道藏》中所保存的若干思想资料在中国思想史上占有重要的地位。它与佛教一样，在这里都有所反映，各个时代的重要哲学思潮及其资料丰富了中国哲学史的内容。如魏晋以后，哲学界关心和讨论的中心问题是“本体论”。以本体论取代两汉的宇宙构成论。这一变化，说明中华民族理论思维的深入和提高。从本体论转入心性论，是中国哲学史发展的又一次提高。在隋唐时期，佛教各大宗派，如天台、华严、禅宗都各在自己学术领域里有所建树，佛教的心性论处在时代思潮的领先地位。道教的理论也适应了这一时代思潮。世人论道教内丹之学，多认为它由外丹发而来，这种说法不为无据，但还不能算全面地说明问题。内丹说，实际上是心性之学在道教理论上的表现，它适应时代思潮而生，不能简单地认定内丹说的兴起是由于外丹毒性强烈，服用者多暴死，才转向内丹的。“内丹说”在道教，“佛性说”在佛教，“心性说”在儒教，三教的说法有差异，而他们所探讨的实际上是同样的问题。以道教来看，《抱朴子》的道的理论已偏重于本体论，但不纯熟。唐代司马承祯的坐忘学说则是典型的心性论。当时道教与佛教相呼应，各自从自己的立场阐发心性之学。佛教道教倡导于前，儒教反而显得落后，后来韩愈、李翱等人也跟着探索这一领域，这种理论兴趣和思维水平到唐末、五代更加成熟，成为学术界的中心议题。宋代理学兴起心性论与治国平天下的封建政治学说相结合，形成理论完备的儒教体系，成为心性论的主力。佛、道二教没有能够继续发展，仍停留在原来的水平上，反而落后了。

1989 年

全真教与儒教

金元时期出现的全真道及其相关的教派，它与以前及后来的许多道教流派不同，这些特异的道教的政治背景前辈学者有很好的论述。应当指出，金元时期的全真教把出家修仙与世俗的忠孝仁义相为表里，把道教社会化，实际上是儒教的一个支派。儒教在宋代形成后，成为中国封建社会后期的思想支柱的中心力量。南宋灭亡，儒教并未受到损伤，朱熹建立起来的儒教体系几乎全部在元代得到继承，政统转移，而道统赓续。皇帝换了姓氏，中华民族的传统文化反而凭借元朝强大武力推广到更边远的地区。儒教势力强大，体系完整，超过佛道二教，其实，它包含了佛教、道教的心性修养内容。

1989 年

三教鼎立中道教的命运

研究道教，不能离开佛教，也不能离开儒教。佛教与道教看起来长期有争论，事实上这两教基本上同兴衰、同荣辱、同命运。佛道两教均受过政治压迫、迫害，佛教遭受的政治打击的次数比道教还要多些，原因在于他们的势力强大，达到与国争利的地步，政府就出来干预。佛道两教互相吸收，道教吸收佛教的东西更多于佛教吸收道教的。唐代为三教鼎立，唐中叶以后的总趋势为三教合一。宋以后儒教形成自己的庞大体系，以釜底抽薪的方式，从内部吸取佛道二教的修炼方法，如静坐、养神、明心、见性等，这都是孔孟所未讲的新内容。儒教从佛道二教那里补充了新内容。

中国的佛教早已中国化，佛道两教相比较，道教更具有中国封建社会农民型的朴素意识，道教似不及佛教机巧。道教在佛教初传入时帮了佛教的忙，佛教势力壮大后却反戈相击。像《老子化胡经》这一段公案，先后聚讼达千年之久。老子化胡本属无稽之谈。佛道两教争高下，道教没有倾全力从理论上争是非，而是采用农村乡里间争辈份的方法，编造事实，抬高老子。佛教初传入中国，为了便于立足，希望与中国名人拉上关系。佛教徒中不乏饱学之士，他们并不是看不出老子化胡说的荒谬，但他们忍让着，任凭《化胡经》广为流布，并不进行反驳。佛教显然是利用道教为自己开路，可以认为双方互相利用，毕竟佛教利用道教的成份更多。等到佛教势力强大到足以自张一军时，则发动教徒，利用一切手段攻击《化胡经》，最后一次大辩论发生在元朝，假借元朝统治者的干预，连道藏的经版都销毁掉。当然，流传了千百年的《化胡经》，山陬海隅，所在多有，光靠一次行政禁令是毁不尽的。

1989 年

汉魏晋南北朝道教概况

在中国道教史上，东汉至魏晋南北朝是最初的重要发展阶段，即原始道教从民间兴起，并逐步演变发展为成熟的官方正统宗教的时期。

东汉末年爆发的黄巾起义标志着秦汉时期中国封建专制国家大一统局面的结束。起义失败后，各地军阀豪强势力乘机割据混战，拉开了长期分裂战乱的序幕。此后经过魏蜀吴三国鼎立与西晋的短期统一，东晋十六国的动乱，以及南北朝的分裂对峙，直到隋朝重新统一全国，中国封建社会先后经过了约四百年之久的分裂。在这段分裂时期，封建社会不仅在政治、经济制度上发生了许多重大的变革，而且在思想文化方面也出现了新的情况。儒家学说虽然仍是封建国家正统的思想意识形态，但是随着两汉经学的衰落，它在思想文化上的“一统”地位已相对削弱，而东汉以来开始形成的道教与外来的佛教却在这一时期有了很大的发展，逐渐成长为封建官方上层建筑和意识形态的重要组成部分。这一新的变化，为隋唐时期儒释道三教鼎立局面的出现奠定了基本格局。

魏晋南北朝之前，道教在东汉中后期迅速从民间蓬勃兴起，形成了太平道、五斗米道等民间道教团体，这是道教发展的一个高潮。汉末黄巾起义因统治者的镇压而失败，汉中张鲁政权也因投降曹操而归于覆亡，使道教遭到沉重打击。进入魏晋后，统治阶级对民间的宗教活动严令禁止，遏制了早期民间道教组织迅速发展的势头。虽然五斗米道仍在民间传播，从西南一隅发展到全国各地，并逐渐渗透到上层统治阶级中间，成为当时道教的大宗，但是五斗米道在教义上却没有太大的发展，基本上还是“以鬼道教民”的民间宗教团体，并且在其内部还出现了组织散乱、科律废弛的现象，分化出许多互无统属的道派。从总体上看，民间道教的发展逐渐趋于衰落。

在民间道教的活动受到遏制的同时，适合魏晋门阀统治阶级利益的神仙道教却在兴起。汉末魏晋间，一大批神仙方术之士在社会上十分活跃，逐渐形成一些师徒相传的神仙道教团体。某些信奉五斗米道的门阀士族分子也在把民间道教引向士族神仙道教的发展轨道。两晋之际的著名道教学者葛洪，便是这一派突出的代表。他在东晋初所撰的《抱朴子内篇》一书，对以往的神仙信仰和各种方术作了系统的整理和理论上的阐述，并对民间道教和某些“流俗道士”的活动猛烈抨击，这对道教从原始民间宗教向成熟的官方宗教的方向演变发展，在理论和实践上都有十分重要的意义。葛洪去世后，以晋哀帝兴宁二年(364) 丹阳士族杨羲、许谧等人制作《上清经》为开始的标志，从东晋十六国后期至南北朝时代，中国南北方都出现了由门阀士族道教徒(其代表人物有寇谦之、陆修静、陶弘景等人) 发起的道教改革活动，道教的发展进入新的高潮。以重视经典科教与神仙养生之术为主要宗旨的道教新派别孳乳繁衍，成为道教发展的主流。而民间道教经门阀士族改造后，终于消融在南北朝新道教中。隋唐时期，道教、佛教的发展都进入鼎盛时代。南北朝以来形成的茅山派、楼观派是当时道教的正宗，三洞经典体现了道教最高的教义理论和修炼方术，而早期天师道的符箓禳祈之术，仅仅作为经典科教的一部分和道士入门的初级功课而保留下来。

总而言之，自东汉迄魏晋南北朝，道教的发展凡经三变：（一）东汉晚期为原始道教从民间崛起和形成的时代。（二）三国两晋之际，民间道教的发展转趋停滞，五斗米道组织发生分化，一部分逐渐与神仙道教合流而丧失其原始民间宗教的本色。（三）东晋以后，民间道教经过改造，进一步发展为以仙道为中心的成熟的官方化的新道教。当然，历史的递嬗演变，并不像刀割斧截般地整齐绝断。上述三变，只是就这一时期道教发展总的趋势而言。道教经过这一系列的复杂变化，完成了从孕育产生到发展成熟的过程，为以后一千多年的进一步发展奠定了基础。

1989 年

隋唐道教

南北朝时期，北朝的寇谦之和南朝的陆修静、陶弘景等先后对道教加以整顿和改革，道教逐渐由分散的原始状态进入相对统一的成熟阶段，由民间性质的宗教逐渐趋向上层，在一定程度上得到统治者的扶植和崇奉，逐步成为统治者所控制和利用的官方宗教，为隋唐道教进一步的发展和繁荣打下坚实的基础。

隋唐时期，尤其是唐代，是我国道教全面发展的繁荣时期之一。

隋皇朝建国之初，隋文帝利用道教编造“受命之符”，为他篡夺北周政权制造舆论，故隋文帝对道教加以扶植和崇奉，使道教有所发展。因隋文帝幼时由尼姑养育，自称“我兴由佛法”，对佛教尤为重视，规定三教的序位是佛教为先，道教次之，儒教为末，佛、道行立的序位是佛先道后，故道教与佛教相比，其发展在隋代较为缓慢。道教对以后的影响较小。

在唐皇朝近三百年的统治中，道教始终得到扶植和崇奉，道教的地位处于儒教和佛教之上，居三教之首。道教教主老子不仅被尊为唐宗室的“圣祖”，而且先后被册封为“玄元皇帝”，和“大圣祖高上金阙玄元天皇大帝”，事实上已成为道教的至高神和唐皇朝的护国神，道教也得到前所未有的尊崇。

唐皇朝崇奉道教，主要是出于政治上的利用，信仰的因素倒是次要的。李唐皇朝利用老子姓李，攀附为同宗，尊老子为“圣祖”，自称是老子的“圣裔”，以利用老子在历史上的广泛影响来提高唐宗室的社会地位。它们神化老子，尊崇老子，并以老子降灵等名义散布宗教谶言，编造政治神话，制造皇权神授的舆论，以达到神化唐宗室的政治目的。唐初和唐玄宗时期，还利用《老子》的清静无为思想作为治国的理论依据之一，对唐初的繁荣和唐玄宗的“开元之治”都曾起过一定的积极作用。唐皇朝抬高道教地位，规定道教的序位在佛教之前，也是利用道教来抑制佛教势力发展的一种政治策略。唐皇朝是充分利用道教为政治服务的皇朝之一。

唐代崇道以崇奉老子为核心，当时不仅老子被推到至高无上的尊位，而且《老子》一书亦被尊为《道德真经》，成为道教的首经。道家的庄子、列子等均被尊为“真人”，其著作被尊为“真经”。《老子》成为王公大臣和贡举人必读之书。唐玄宗亲自注疏《道德真经》，颁之全国，令士庶家家习读，使《老子》得以广泛的传播。由于唐皇朝的倡导，唐代研究老庄思想的风气很盛。王公大臣及儒生、道士等纷纷研究和注疏《老子》、《庄子》，据不完全统计，隋唐时仅道士注疏笺解《老子》即近三十家，其他受老庄思想影响的理论著作也很多，如通玄先生的《道体论》，司马承祯的《坐忘论》等等。唐代佛教禅宗的形成和发展，也受到老庄思想的影响。隋唐是对道教理论研究的兴盛时期，它建立了较为系统的理论体系，“重玄”哲学思想的形成，即是这一时期的产物。

隋唐对道籍的整理和研究亦较重视，隋皇朝设立玄都观，研究三教之学，整理道教教义，当时所编的《玄门大义》，体系已较完备。唐代对道籍继续加以收集和整理，唐玄宗于开元年间收集道书，编纂成藏，名《一切道经》，道籍成藏实始于唐。

道教仪法在南朝陆修静时已初具规模，唐代道士张万福、张承先和唐末五代的杜光庭等对道教科仪、经戒法箓传授等进行系统的整理和增删，使其更趋复杂和完备。唐以后的道教仪法，基本上以唐代仪法为准则。

隋唐道教炼养术有较快的发展，司马承祯的《服气精义论》、《修真精义论》等均是当时著名的修炼理论，其他类似的著作还很多，这对推动炼养术的发展起了积极作用。由于唐代诸帝大都相信服用金丹可以长生延年，不惜投入大量财力物力命道士制炼金丹，使金丹术得到进一步的发展。唐代太宗、宪宗、穆宗、敬宗、武宗、宣宗之死均与服用金丹有关，于此大致可见当时金丹术的兴旺。由于一些帝王服金丹而死，一些炼丹道士亦因而被杀，唐以后的帝王和道士大都吸取这一教训，这又促使金丹术由外丹向内丹的转变。

唐末五代，由于社会动乱，很多道教宫观被毁，道士星散，道教衰落。一些儒生和失意的王公官吏，为避乱而纷纷隐遁于山林，有些即与道教发生联系或成为道士，它们以避世保命为主，不求闻达于诸侯，修炼亦以内丹为主，促使了内丹术的迅速发展。唐末的吕洞宾、钟离权等即成为后来内丹派的祖师爷。

唐代道教的音乐、舞蹈、绘画、雕塑、文学、建筑等亦得到了全面的发展。唐玄宗时的《霓裳羽衣曲》、《降真名仙之曲》、《紫微送仙之曲》，以及《紫微八卦舞》等，是在唐玄宗授意下创作、在太清宫祭献老子时所演奏，具有皇家宫庭的艺术水平。唐代一些帝王命画家绘画道教神像，如吴道子所画老子像的刻石，仍流传于今，敦煌仍保存有唐代的道教壁画。唐代对道教绘画艺术作出了贡献。唐代以前，道观中的神仙塑像甚少，唐玄宗命全国各大宫观皆塑老子像，并在太清宫塑玄宗像立于老子之侧，自此道教宫观中供奉雕塑的神像逐渐盛行起来，促使道教雕塑艺术的发展。高宗、玄宗等亲作青词、表章供道士祭献和祈祷时用，一些大臣，文人亦竞相效尤，提高了道教文学的水平。自南朝道教宫观制度形成后，道教宫观逐渐增多，到唐代，道教宫观几遍及全国，有些宫观建筑规模宏大，极为富丽，如太清宫、太微宫、紫微宫等主要供奉老子的宫观，其规模可与皇家的殿堂相比拟，对以后道教宫观的建筑规模和建筑艺术都有直接的影响。由于唐代帝王，尤其是玄宗的倡导，使道教艺术得前所未有的发展并达到较高的水平。

唐代道教的兴衰，对以后道教的发展有着广泛的影响。唐代道教是道教发展史中的一个重要环节。

1989 年

宋元道教

宋辽金元（960—1368）四百余年间，道教进入了一个发展、变革的新阶段。

这一时期，各种社会矛盾相当尖锐，民族矛盾尤为突出，道教的兴盛、发达，与贯穿这一时代始终的民族矛盾关系至深。

北宋王朝虽然结束了五代五十余年的动乱，使社会生产、文化得以发展、繁荣，但其国力远较汉、唐为羸弱，辽、西夏、金的侵扰，严重威胁着赵宋王朝的安全。为了乞助于道教神灵以解除心理上的不安全感，安定民心，缓和国内阶级矛盾，北宋历代帝王对道教皆相当崇奉，真宗、徽宗尤以崇道著称。真宗在与辽立澶渊之盟后，为粉饰太平、神化皇权，仿效李唐，制造了“天书”下降、“圣祖”降灵等道教神话。真宗还命王钦若、张君房等校刊、编辑道藏。徽宗以“教主道君皇帝”自居，宠任林灵素等符箓道士，通过行政命令强制推行神霄道教，一度崇道抑佛。辽国、西夏统治者，对境内道教亦采取保护政策。

金、南宋统治者吸取了宋徽宗崇道亡国的教训，对道教在长时期内皆无特别的崇奉，实行严格的管理。但这一时期，南北战事频仍，后期又加上蒙古的入侵，民族矛盾、阶级矛盾更为激化，阶级压迫、民族压迫的沉重苦难，促使民间的道教活动空前活跃。在女真族为统治主体的北方金国，兴起了太一教、大道教、全真教三派新道教，广泛流传于民间，呈蒸蒸日上之势，金廷于防范之外，不得不予以承认，到金贞祐南迁后的衰落时期，对新道教更多所利用。在南宋，也有净明道、金丹派南宗等新兴道派出现，民间的斋醮祈禳等道教活动，十分盛行。

在蒙古贵族所建立的大元帝国，民族矛盾始终是最大的社会问题。元室为笼络人心，缓和民族、阶级矛盾，对各宗教都大加提倡，对道教各派皆扶植利用，各派道教首领和名道士封官赐爵，得“真人”等赐号者颇众。一批失意儒士和有民族气节的人士纷纷涌入道教，使道教呈现出十分鼎盛的局面。

宋元时代道教兴盛的表现之一是道派分化繁衍，新道派纷纷出现。这一时期，除传统的正一、上清、灵宝三大道派继续传衍外，还出现了太一教、真大道、全真道、金丹派南宗、净明道、清微派、神霄派、东华派、天心派、武当派等新道派。从南宋末起，江南诸道派归正一派所统领。

宋元新道派在教义、教制等方面多带有革新传统道教的特色，反映了新兴庶族地主的宗教意识。正一、上清、灵宝三大旧派的教义教制，也有所发展、革新。

这一时期各派道教教义的共同特点，是顺应三教思想融合的时代思潮，盛倡三教同源一致，融摄佛、儒二家之学，使这一时期的道教学说带有融合三教的浓厚色彩。三教所共同探讨的心性问题，成为这一时期道教哲学的中心课题，所谓“天下无二道，圣人无二心”，心性被看作三教共同之源。在宋代，道教受佛教禅宗影响最深，金丹派南宗、全真道皆以结合、融合道教内丹与禅宗之禅为其学说的特质，提倡明心见性、性命双修、其心性之说，颇近于禅。至元代，道教哲学更多融汇理学，元代新出现的净明忠孝道，便是一个道教与儒学、理学融合的典型。

宋元时代的道教教义，还以内丹术的盛行和内丹学的成熟为一大特点，专主内丹修炼的群众性教团全真道、南宗首次创立。全真道、南宗继承、发扬钟吕系内丹，沿内丹与禅双修的方向发展，形成在修炼次第上先性后命与先命后性两派。《悟真篇》、《翠虚篇》、《金丹大要》、《中和集》等一批内丹学专著相继问世，内丹理论在传统道教内丹术、炼养术和宇宙论的基础上，融摄佛、儒之学及中医、天文学等知识，臻于成熟化。道教内丹哲学对儒学影响甚深，是周敦颐、邵雍哲学思想的一大渊源。南宋理学大家朱熹热衷于内丹术。

这一时期盛行的内丹术还影响于诸家符箓道法，各符箓道派率皆融合内丹与符箓，倡“内道外法”、“内丹外用”，以内丹修炼为施行符箓咒术之本，强调书符念咒时须正心诚意，以“一点灵光”即先天元神事之。道教符箓道法至此而成熟化、理论化。道教斋醮科仪也进一步完备，出现了卷帙浩繁的斋醮科仪全书《灵宝领教济度金书》等。

教义、教制充分成熟化的宋元道教，为明清道教奠立了定制。

1989年

明清道教

明清两代（1368—1911）五百多年，是道教从停滞走向衰落的阶段。在内部，教团的腐化，在外部，理学的强力排斥，民间宗教的争夺地盘，失去统治者的崇奉扶植等多种因素，促使道教渐趋衰落，道教的衰落，大体上与整个封建社会的衰落同步。

明清两朝封建统治者对道教的态度颇有不同。明代诸帝对道教皆相当尊崇敬奉，对道教教团管理严格。明太祖一再敕令，清整佛、道二教，他从顺应民俗、宣扬封建伦理纲常的目的出发，保护道教，命道士编成斋醮仪范，突出宣扬封建伦理的内容，定为玄门统一格式。明成祖崇奉真武神，利用真武显圣的神话为其政治目的服务，大修武当山道教宫观，建斋设醮，并派人多年寻访高道张三丰，表现出虔诚的神仙信仰。成祖以后的明室诸帝，对道教的信奉多局限于低层次，营事斋醮，迷信扶乩降仙、各种方术。明世宗朱厚熜，尤为宋徽宗以后唯一的崇道昏君，醉心于长生，宠任道士邵元节、陶仲文等，方士求宠成风，宫中斋醮无虚日，文人以青词为仕进之途。明毅宗（崇祯）一度崇道排佛。满清贵族对道教本无信仰，入关后对已衰落了的道教无多重视，利用道士斋醮作法之事，比前代要少得多。从乾隆朝起，道教的政治地位日渐下降，被统治者看作名山胜景的点缀品，失去了影响政治的力量，乾隆以后国家对道教的管制，渐形松弛。

元代中叶以后，道教诸派渐归于正一、全真两大派，从明初起，正一天师成为全国道教的统领和代表人物，世袭官爵。正一、全真两派由于长期贵盛，宫观经济不断发达，使教团渐趋腐化。明清历代正一天师，无一以道法名世者，有些天师如第四十六代张元吉等，贪淫暴恶，成为大恶霸地主。正一天师官爵的世袭，颇为儒臣所反对。明代对全真道不大重视，该派在有明二百多年间较为沉寂，但在清初合宜的社会条件下，全真道龙门派经王常月等道士的公开传戒，一度出现中兴景象。

明清两代，道教教义、教制总的说来无大的发展。明代编定的一些斋醮科仪，如《道法会元》等，收入了多种符箓道法。第四十三代正一天师张宇初的《道门十规》，适应明太祖整顿道教的需要，提出了振兴道教之策，欲图推广金元全真道风于整个道教界。王常月中兴龙门派，也是力图复兴初期全真祖风，并适应封建统治者宣传纲常伦理的需要，强调持戒为本。这一阶段，道教内丹学尚呈发达景象，张三丰、陆西星、伍守阳、柳华阳、刘一明、闵小艮等人的内丹撰述，把内丹术进一步通俗化、明朗化，对内丹理论的阐发也有超越前人之处。这一时期的道教著作中，三教思想融合的色彩更为浓厚，尤多和会儒学、理学。

明清两代道教教义虽然无大发展，但道教思想却进一步通俗化，流传于广大社会，渗入社会文化的各个方面。被道士通俗化了的内丹术，超出仅在道教中传播的范围，作为一种炼养术，传向社会，在儒士中影响尤深，明儒王守仁、王畿、罗汝芳、林兆恩等，皆热衷于道教内丹术，清初大思想家王夫之，对内丹术亦涉足甚深。一批道教劝善书如《太上老君感应篇》、《文昌帝君阴骘文》等，经官僚文士的倡导，作为一种宣传封建伦理的通俗读物，广泛流传于民间。扶乩降仙之风，在道士、儒生中十分盛行，一批假扶鸾所造的道书，如《太乙金华宗旨》、《吕祖三宝心灯》、《天仙金丹心法》、《吕祖东园语录》等纷纷出世，或阐述金丹，或宣扬三纲五常，皆具有三教融合的色彩。各种大大小小的道教神庙，如城隍庙、真武庙、吕祖庙、关帝庙等，林立于城镇乡村。道教的神仙信仰、金丹修炼说，渗透于这一时代的大量通俗文学作品。各种民间宗教，亦多吸收道教思想。至清末，道教虽已十分衰微，但其宗教思想作为一种传统信仰，在民间影响还是很深。

1989 年

道家、道教以及对日本等国的影响

为了避免长期积累下来的观念含混，有必要把道家与道教严格区别开来。总括起来，有以下四点值得注意：

（一）先秦无道家，只有老子哲学、庄子哲学，以及与他们的哲学相应的老子学派、庄子学派。

(二) 汉代的道家代表西汉时期融合各派的一种思潮，它以黄老清静无为思想为基础，包括儒、墨、阴阳、名、法各家的部分内容。

(三) 学术界习惯把老庄学派称为道家，是后起的一种学派分类观念。东汉时期严君平《老子指归》开始有了以老庄为道家的倾向。魏晋玄学早期“老庄”联称，后期“庄老”联称。魏晋以后，以老庄为道家的分类法得到承认。这个“道家”不同于司马谈的道家，仍属于哲学。

(四) 道教是宗教。它有团体、教派、教义、宗教规范仪式、宗教组织、固定数量的信徒、固定的教派传授系统、共同信奉的经典、固定的传布地区等。以上这些特点，使它区别于道家，与儒、佛并称为三教。

以上四点是用来区别道家与道教的标志。

道教是中国土生土长的宗教，不像佛教那样有广泛的国际影响。但也不能说道教作为宗教的影响只限于中国，道教对日本影响就很大。日本的神道教与日本天皇及朝廷的制度，有不少道教的影子。最近日本道教研究专家指出：(一) 日本天武十三年 (685)，为行使中央集权，制定“八色之姓”，八姓中“真人”列为第一等级，“真人”为道教术语。“天皇”一词也源于道教。(二) 象征天皇的两种神器，镜和剑，都是道教的法器，用以照妖降魔，天皇传位时，以镜和剑授与新天皇。(三) 天皇宫廷尚紫色，道教称上帝居紫微垣，天皇宫殿门称“紫门”。推古女帝即位第十一年 (603)，圣德太子制定六色十二阶冠位，大化三年 (647) 制定七色十三阶冠位，只有最高官位阶得用紫色。唐宋规定紫色为高级官员的服色，和尚、道士中有声誉、地位的得赐紫衣。唐文化习尚，也影响到日本宫廷贵族。(四) 祝天皇长寿的祝辞，据《延喜式》载，“谨请皇天上帝，三极大君，日月星辰，八方诸神，司命司籍，左东王父，右西王母，五方五常，四时四气，捧以银人，请除灾祸。捧以金刀，请延帝祚。咒曰：东至扶桑，西至虞渊，南至炎火，北至弱水，千城百国，精治万岁，万岁。”这完全是抄自道教的祠祀辞句。只有在中国方位才好说东至扶桑，日本即扶桑，不必称东至。(五) 天皇拜四方仪式，据《江家次第》载，“圆融天皇天禄四年（974）元旦拜四方仪式，天皇朝北遥拜北斗七星中的本命星，并念咒文曰："贼寇之中，过度我身，毒魔之中，过度我身……魇魅之中，过度我身，万病除愈，所欲随心。急急如律令。"这咒文也是照抄道教的。（六）神道教。《日本书纪》在《孝德纪》中"唯神也者，随神道也"，"天皇信佛法，亦尊神道"，"佛法"与"神道"对置。从奈良到江户，把天皇家族的始祖天照皇大神当作国家神祭祀，立伊势神宫。日本是神国，天皇是神的子孙，是人间神（参见福永光司教授《日本文化与道教》，该文发表于1982年中日学术座谈会，《世界宗教研究》1982年第2期，有中文本）。

道教的宗教影响，除日本外，朝鲜及越南也有经过改变的道教信仰。

近三十年学术界道教研究的风气遍布全世界。北美洲、澳大利亚、法国、意大利、西德、英国，都有研究道教的学者及研究组织，也出版了不少有价值的著作，日本学者的研究成绩尤为显著。

1987年

由道教衍生的民间宗教

中国的道教发展至明清时代日趋走向民间化和世俗化，从而生成形形色色的民间秘密宗教。而这些众多的民间宗教与土生土长的道教有着密不可分的关系，可以说，中国的许多民间宗教是道教的流衍或异端。

所谓民间宗教，相对正统宗教而言，它不为统治阶级所承认，只能在民间秘密流传，被当局称为"邪教"或"匪类"。民间宗教与正统宗教虽然有着本质的区别，但从宗教意义上讲，两者并没有隔着不可逾越的鸿沟。世界上影响深远的正统宗教没有一个不是由民间宗教孕育产生的；而后起的一些民间教派，又往往是正统宗教的流衍和异端。

这两者在组织、信仰、宗教仪式诸方面有着千丝万缕的联系。

道教在获得正统地位以前，也是一个在底层流传的民间教派，即民间道教。早在战国时代，道教的原始形态便出现了。当时楚人崇巫术，重淫祀，而燕赵齐鲁则盛行着神仙方术。这两者都是汉代民间道教发端的源头。汉末，有大规模组织体系的道教出现了，求道鹤鸣山中的张陵及其家族创五斗米教，无疑受到了盛行南方巫风巫术的影响；而北方张角兄弟所创太平道教又受到神仙方术及流行于世的谶纬经学的启迪。这两派道教都为统治阶级所不容，遭受镇压。

民间道教从秘密流行到为封建当局公开承认，历经二三百年。其间由于封建文人的改造润色，它有了一套较为完备的教阶制度与仪式规范，教义的内涵也发生了重要变化，遂为南北朝时代的部分统治者所喜闻乐道，从而跻身于封建统思想三大支柱的行列。但依然有部分道教流派在民间蔓延，成为社会的动乱因素。当时以所谓教主李弘为旗帜的造反事件不胜枚举，而孙恩、卢循领导的起义也表现出道教某些教派对抗现行秩序的巨大力量。由此可见，在南北朝代，道教仍然呈现着一种复杂的格局。

唐宋两朝，道教鼎盛一时，真正发挥了作为正统宗教的社会功能。但金元时代，封建社会走向下坡路，道教再次呈现出纷繁复杂的局面。金代，北方大乱，中原文化毁于一旦，儒家思想亦被弃之不顾，部分读书人出入佛老，寻求救世或避世良方。新型的道教教派——全真道应运而生。当时王重阳修道终南山，倡三教合一，主张炼养，成为此派开山祖。数十年间，全真派流传底层，直至1219年，其弟子丘处机为元太祖召见，全真道才从民间教派走上正统地位。元代中叶，这支道派在与佛教的争宠中骤然失势，除部分大观外，信仰下移，再次走向民间，开了黄天教等民间教派之先河。与全真道同时问世的混元道不具备成为正统教派的条件，数百年间在底层发展，到明代演化成红阳教、混元教等教派。

明清时代，社会发生了急骤的转折，封建制度已经无可挽回地没落了。封建制度的衰落不仅表现在政治、经济、思想、文化诸领域，也突出地表现在宗教领域。清初莲宗居士周克复曾生动地描写过那一时代的宗教世界：

> 如近世白莲、无为、圆顿、涅槃、长生、受持等教，无非窃佛祖经纶绪余，创野狐之禅，播穷奇之恶，诳诸无识，贪财倡乱。始犹附佛而扬其波，继之角佛而标其帜。嗟！嗟！末运法弱魔强，释教至是而坏乱极矣。（周克复：《净土晨钟》卷九）

“末运法弱魔强”不仅表现了佛教历史命运的衰微，从某种意义上讲，道教更有甚者。佛、道两教衰落了，代之而起的是不可遏止的民间宗教运动的狂潮。明代成化、正德间，以罗祖教的兴起为转机，至明末仅大的民间教派就出现了数十种之多。罗祖教、黄天教、三一教、红阳教、混元教、闻香教、西大乘教、龙天门教、圆顿教、收元教等等是其中较著者。这些教派脱离了佛、道两教的范畴，有各自的势力范围、教主、经书和教法，在宗教领域中形成了一种奇特的历史现象。这一运动在明末农民大革命中经历了暂短的沉寂，在清代以更加蓬勃的气势向前发展。从已发掘出的史料来看，整个清代至少出现过二百余种民间宗教和秘密结社。它们活动在除西藏以外的广大地域，几乎无时不在，无处无之，构成了难以数计的地下秘密宗教王国，形成了对抗封建政权的异己力量，这是对专制统治的一种无声的对抗和离异。在清代新崛起的大教门有八卦教、一炷香教、青莲教、金丹教、黄崖教、刘门教、真空教等等。它们的兴起为民间宗教运动的发展起了推波助澜的作用。

道教衰落了，这仅仅是指作为正统宗教的道教的衰落。道教的影响不仅没有消失，反而以新的形式在民间宗教世界重新迸发出来。其中最突出的是道教修炼内丹的理论与实践。两宋以后，道教外丹的理论与实践由于不能适应客观环境的需要，逐渐为历史淘汰，修炼内丹成为教内一时风尚。修炼内丹者无疑在对人身功能的探求上有不可磨灭的成就，但内丹家希望通过修炼，打破生与死的界限，寻求永生的门径，却是一种虚妄。而且它的神秘主义色彩、单传独授的组织形式，繁缛礼仪与深不可测的实践都使它无法扩大本教派的影响，并进一步导致各类异端思想和行动的出现。在民间宗教中，修炼内丹成为一种普遍的宗教内容，虽然师徒授受之际往往保留着宗教的某些神秘主义色彩，但道教那套单传秘授的清规戒律却荡然无存了。道教修炼内丹的理论和实践在民间宗教这里被改头换面而且通俗化、普及化了。可以毫不夸张地讲，道教在明清时代对民间宗教的影响是首屈一指的。其中对黄天教、三一教、红阳教、混元教、圆顿教、八卦教、一炷香教、金丹教等教派的影响尤为突出。修炼内丹，成为这些教派宗教活动的重要内容。大批宝卷以讲解这方面内容为宗旨，从明初中叶以迄近代，数百年而不绝。

1989 年

论道书的编辑

统观道书编集的过程，可以看出随着历史的发展，道教典籍逐渐增多的趋势。第一阶段的道教典籍约一千余卷。第二阶段的道教典籍，唐玄宗令道士史崇玄等搜集道书约二千卷，并编纂了《一切道经音义》。玄宗后来又继续搜求道书，编辑总目曰《三洞琼纲》，数量增至三千七百余卷。道教发展的第三阶段在北宋，真宗时搜集道书总集名曰《宝文统录》，增至四千三目余卷。这时已采用佛教《开元释教录》的分类编目法，按千字文分帙编号。宋徽宗时，崇宁、大观年间，刊行雕版道藏，道书增至五千四百余卷。金元时期，北方也有道藏雕版，旋成旋毁，没有保存下来。元世祖至元十八年（1281），道藏经版全毁，经典也丧失殆尽。道教发展的第四阶段在明朝。英宗正统九年（1444），雕版刊印，次年完成，名曰《正统道藏》，共五千三百余卷，较宋雕版道藏略少。万历三十五年（1607）又续补一百八十卷，合计起来，比宋道藏略增。明以后，道教与佛教均被儒教排挤到不重要的地位。因佛教势力本来大于道教，佛道两教一齐衰败的情势下，道教的势力显得更弱一些。

明中叶以后，国力衰竭，内忧外患相仍，朝廷自顾不暇，对道教不能从财力上支持。清朝当权者及上层贵族起自关外，承袭萨满教传统，对道教不感兴趣，道教历代享有的特殊宠遇有所裁抑。道教的发展在上层社会受阻，势力转入民间，转变成秘密宗教团体。这些民间宗教也有自己的经典，但不被政府承认，不能公开传播。日后重新编辑“道教全书”（或称“新道藏”）时，流传于民间的这部分道教典籍应当收入。

1988 年

第五编

杂　著

《中国行业神崇拜》一书的特点

李乔同志《中国行业神崇拜》一书的突出优点是资料搜罗宏富，它的史料价值不在于关于行业神“崇拜”的论述，而在于“行业”罗列的齐全。关于中国行业的兴起、发展和分工，过去有过一些著作，但研究得还不够。研究它，既离不开文献依据，还得结合社会调查。李乔同志善于利用工作的条件，不辞辛苦，深入社会各行业，结合文献进行社会调查，汇集的记录是可信的。今后随着调查研究的深入，还会有新的资料被发现，将有所补充，但我相信不会有重大的突破，因为它搜集的材料相当齐全，是作者长期积累的成果，短期突击是搞不出来的。

它是一部记录中国各行业从业者信仰的资料性的专著，给社会史、经济史、特别是中国近代经济史、社会史提供了可贵的原始资料。它客观地描述了各行业的发展活动状况，给专业研究者留出了阐发的余地，用实践纠正了学术界多年来轻视史料，喜欢发空论的流弊。

它反映了近代中国手工业分工的实际状况，反映了中国手工业行会的封建性，行业分工纷杂而缺乏严密统属。这种现象表明近代中国手工业、工商业没从中世纪的躯壳中蜕化出来，带有更多的封建性的特点。

它反映了近代中国科学不发达、文化落后，广大从业人员处于半愚昧不觉醒的状态，不能掌握自己命运，不得不靠神灵保佑。

它反映了近代中国行业独占性和下层社会原始互助的遗风。行会成员可以得到同行的保护和困难救济。行会之中的掌权者有的是上层绅士，广大成员则是劳动者，中间有剥削者和受剥削者。处在社会最下层的乞丐业，当然说不上富有，但丐头也能在众多的乞丐中敲骨吸髓、进行剥削。这些现象都是近代工人阶级尚未出现，劳动人民尚在朦胧阶段的情况。有了行会，同业中毕竟还可以凭借集体力量保护本团体成员的一些权利。“行业神”是用来团结同行的一面旗帜。在中国封建社会后期，政权集中，人民没有集会结社的自由，用迎神赛会形式，既可团结同行业群众，又可以举行一些群众性的娱乐活动，使同业人员有一个定期协商公务的机会。行业神的崇拜不过是个外壳，社会活动、经济活动才是它的实质。至于那众多行业的“祖师爷”的来历有无历史根据，是捏造还是附会，尽可姑妄言之，姑妄听之，无足轻重。

千百年来，人们总是用迷信说明历史，我们则用历史说明迷信，这是我们的原则，也是我们的方法。

1995 年

《古代基督教史》的特点

徐怀启先生是我国基督教研究的专家，这部《古代基督教史》是他晚年从事《基督教史》的著作的一部分，全书未竟，只有这一部分留下来。现公开出版，无疑是为我国文化界增加了一份财富。

该书掌握资料运用资料方面，经过消化、提炼，并不是轻易地下笔。它慎重、客观，没有什么多余的评论，留给读者自己去判断，这种态度是可贵的。因为徐先生晚年所处的环境多受极左思潮的影响。1979 年全国宗教学会议上制定宗教学研究规划，学术界开始有了起色。从此，宗教学，作为一门学科，可以讨论、分析、研究了。在长期禁锢状态下一旦获得解放，有些人还不大习惯，仍有忽左忽右的现象，难以避免，应当看作是正常的。不幸的是，徐怀启先生从 1979 年以后，身体一直不大好，未能充分利用这一有利的大气候，把平生丰厚的积累，及时整理出来留给世人，固然是徐先生的遗憾，更是学术界的损失。

古代基督教史，和其他宗教的古代史一样，都夹杂着大量神话传说成分。如何处理这些真真假假的资料，可有种种方式：有沿袭着旧日传说跑的，甚至利用现代科技手段、传播媒介（如广播电视），向群众展示耶稣当年受难后的裹尸布；也有采取粗暴的态度，对流传资料不予理睬的。徐著，不轻率地肯定或否定有关神话传统。而是把有关的重要资料介绍出来，留给读者去判断。

他叙述的方法，也比较现代化，没有繁琐的引证，而是简练地把结论交结读者。每一个论断，都有坚实的、大量的材料作为基础，好比舞台演剧，分出前台、后台，前台与观众见面的人物和道具，都是在戏剧中不可缺少的，而更多的道具、材料、设备都在后台，未与观众直接见面。写书也一样，有些作者不善于驾驭材料，把材料一股脑儿搬出来展示，使舞台非常拥挤，冲淡了主题，浪费了空间。徐著取材极为广泛（下过功夫的人，更能体会到这一特点），不把可有可无的资料都展示给读者。当前史学著作中，有两种偏向，一种是不接触原始资料，辗转引用，出处无据；一种是大量摘引，流于繁琐。徐著《基督教史》则避免了这两种偏向。

研究基督教，不可避免会遇到神学理论问题，如“意志自由”，就是千年聚讼的老问题。现以徐著《基督教史》208～211页（华东师大出版社1988年版），讲意志自由的一段为例，可以看出作者对基督教神学的造诣。

> 什么叫意志自由？无拘无束地愿望做什么，就可以立定志愿去做。什么叫做选择自由？摆在面前有二个以上的可能，自己可以按照自己的愿望和考虑选其中的任何一个可能。如果一个人的某个行动，是经过他自己的理智，依照客观世界道德秩序所作考虑而选择的，并且通过意志的决定，这个行动才具有道德的意义，否则就不可能具有任何道德的意义。

就是说，由于有意志自由，行为者在行动之前有完全的选择自由，如果谁做了错误的选择，犯了罪，那是咎由自取，不是神所预定的。由此可以得出结论，人对自己的犯罪是应该而且必须负责的。既然自己负责，犯罪是自由的，犯了罪就不可能自由得不受惩罚。

> 就亚当的犯罪来说，在没犯罪之先，他有绝对的自由。他可以犯，也可以不犯。一旦犯了罪，他就没有自由来处理这已经犯了的罪。在没有破坏他与神之间的应有的关系之前，他是绝对自由的。他可以破坏，也可以不破坏。如果他一旦破坏了，他就没有丝毫的自由……于是人类开始了漫长的堕落时期。

在基督教史的研究著作中，我国国内的一些出版物，关于从中世纪以来的理论叙述，很少达到这样深度、这样明晰的。徐著为基督教史研究打下了一个良好基础。当然在宗教史领域里，还有更多的工作要做。

《圣经》上说的犯罪，是触犯了道德规范，而道德规范本身又是谁来规定的？行为不遵守上帝的禁令就是犯罪，"上帝的禁令"如果规定得不合理，又该不该冲破它？道德规范，事实上是客观存在的。人们对本民族的道德规范在一定时期内，没有任意选择的自由。时移世变，又有新的道德规范出现，由新的代替了旧的。新出现的道德规范也还不是由人自由选择的。总之，越深究问题越多。高明的上帝也答复不了人间的难题。

社会发展的历史表明，宗教是人类社会发展到一定阶段才会发生的一种社会现象。人类社会的初期还不能产生宗教。从没有宗教到产生宗教，标志着人类社会的进步。宗教是历史的产物，也受历史发展规律的支配，自有其兴废过程。

宗教的发展变迁与社会历史的发展变迁息息相关，社会历史变化了，宗教也发生变化。宗教生活受社会生活的制约，尤其是政治生活的制约。历史上有些民族，原先共同信仰某一种宗教，由于政治的原因（有的被迫，有的自动）改信了另一种宗教。这类例子很多，中国有过，外国也有过。宗教存在于民族中间，有全民族共同信奉同一种宗教的，有一个民族有多种宗教的。也有同一个民族，早先信奉一种宗教，后来又改信另一种宗教的。至于个人的信仰的改变那就更不稀奇，有阶级存在的社会里，有的宗教信仰流行于社会上层，有的信仰流行于社会下层。这种差异都不是宗教本身造成的。

学术发展前进的内在条件是百家争鸣，学术要发展就要避免外来干预。回顾几十年的经历，我们的学术界恰恰在这两个方面发生过不少过失。今天幸运地有了百家争鸣气氛，可惜有时还不习惯运用它，有时巴不得对所有问题都马上得出一致的结论。有的学术问题难于仓促下结论，要长期研究；也有的学术问题可以诸说并存，不需定于一尊。比如关于宗教起源的问题，可以从人类学、社会学、考古学、语言学许多方面进行探索，目前虽有许多说法，似乎还没有一家的说法可以使人满意。只有让大家去分头研究，不能求速效。

徐怀启先生的《古代基督教史》是一部有分量的学术著作。有了开端，还要有人继续开拓才行。有待开拓的领域还很多，如通史以外的断代史、专人、专著的研究，有的还没有起步。研究人员的工具也不完善（理论工具、语言工具、社会实践知识等），要大家共同关心、努力，宗教研究不同于宗教信仰，不能看成仅仅是宗教界的事，它是文化建设的一部分，应当全民族共同关心它的发展。

1989 年

整理古籍也要走现代化的道路

整理古籍，我国自乾嘉以来就有优良传统，当时大量有关古籍整理的成果，有的已被国内外学者所公认，有些结论已可视为定论。

乾嘉学者，处在封建专制主义占绝对统治的时期，客观上不允许他们有对君父不敬的言行，著作中当然要有所顾忌。当时学者们主观上也不能不带有几千年长期封建传统教育的烙印，思想还不解放。从整理经史子集的成绩来看，关于史、子、集方面的成绩较多，而对“经”的整理成绩，相对来说少些。其中原因之一，就是对圣贤经传不敢怀疑，从思想上就不敢放言高论。

就取材印证方面说，古人的眼界也还不够开阔，眼光多盯着古代典籍。典籍以外，如地下考古实物，如民间社会习惯，中原地区以外的兄弟民族文化（包括民族学、原始宗教、民族语言学、人类学、社会学等）没有涉及。当时的学者精通本国语文，而不通晓外国语文，或精通汉语，而不通晓其他兄弟民族语言。这也给他们的成就带来了局限。近代西方汉学者如高本汉、伯希和等人，整理中国古籍有所创获，不是他们读古书比乾嘉学者多，而在于他们有比乾嘉学者多一些的工具。当然，他们也只是在某一方面有所前进。

语言工具只是工具的一种。此外，还有整理古籍现代工具，像近十几年被普遍重视的计算机，西方已经用到古籍整理方面，编制索引分类，已取得可观的成效。

此外，乾嘉学者以及西方资产阶级学者所不具备的，那就是历史唯物主义。有了历史唯物主义，才能使人们心开目明，取得高屋建瓴之势，进退自如。这一方面，理论界、史学界早已注意，在整理古籍方面似当须更多地引起重视。历史唯物主义的原理不难懂，难的是把他运用到古籍整理的具体工作中去，而不是生搬硬套。不以历史唯物主义作为指导，就谈不到现代化。这要靠大家共同努力才行。

学问的发展趋势，今天大家看到的，有两个方向，一是向深度发展，一个部门学科的一个分支的一个局部的专题，在很狭窄的范围内越挖越深；二是学科之间要求开展横向的联系，一门学科解决不了，要众多学科的配合。比如整理古籍中的天文志、地理志，光靠古人的研究成果已不够，还要结合现代的天文学的推算，来加以验证；讲古代的地理，四夷的交往，要结合现代的地理研究成果，结合世界史，就更能说明问题。利用地下的发掘的古文物可以充实古籍中记载的不足。如秦始皇陵的车马坑的实物，可以明确无误地说明古书上的车制。参考我国少数民族流行的对歌及春游习俗，有助于对《诗经》、《国风》的理解等等。

再如整理古籍，古人受正统儒教的影响，对经史子集以外的佛、道两教，没有给以应有的重视。佛、道两教遗留下来的古籍很多，却没有人对此很好地整理，更说不上很好地利用其中的有用资料了。其实，佛教及道教典籍今天已不能用过去的旧眼光对待，把他们排斥在中华民族正统文化之外，它也是中国传统文化的一部分，而且是重要的一个部门。搞不清楚佛、道两教的文化，也就无法全面认识中国的传统文化。随着《中华大藏经》（汉文部分）的整理出版，我们将逐步建立起“佛典文献学”，这将成为一个新的分支学科。世界宗教研究所今年将在这一方面招收硕士研究生和博士研究生。这也是古籍整理工作中待开辟的一块生荒地。道教古籍的研究也刚开始，因为道教内容比佛教更芜杂，有了文、史、哲的知识还不够，还得运用化学、生物、医学等现代自然学的知识和测试手段。这方面的工作，我们也开始注意，并已起步。

总之，整理古籍，也要开创社会主义建设的新局面。乾嘉学者的好传统，我们要继承，同时要提高、前进，超过他们。既然要现代化，整理古籍除了文、史、哲等传统文化知识外，还要吸收其他学科的知识，如上述的考古学、人类学、地理学、自然科学等等。表达方式也要相应地作些改变。乾嘉以来相延已久的整理古籍的术语已感不够，需要增加新的术语和表达方法。有时要有百分比符号（%）、现代数学公式、化学方程式，有的需要用图表、图片、或绘图来表示。光靠语言文字，已不能满足需要。这是后话，暂时可以不讲。

1986 年

族姓之根与文化之根

中华民族屹立在亚洲东方，创造了灿烂的中华文化。中华文化哺育的中华儿女遍布全世界，可以说世界上几乎没有华人没有到过的地方，连千万年来冰雪覆盖的南极，近年来也矗立起华人的考察站。

祖国的繁荣昌盛，举世为之瞩目。中华儿女，当年由于多种原因，离乡背井，在异国他乡开创了生活道路，在不同的生活领域展示了自己的才华，建立各自的事业。中华民族是文化根基深厚的民族。华人离开故土千里万里，经历了几个世代，总是对故国寄予深切的萦念。“月是故乡明”，这是每一个文化根基深厚的民族共同的感情。缺乏传统文化教养，或文化基础薄弱的民族往往缺乏这种民族凝聚力。

人口的流动，在人类历史上，中外古今，屡见不鲜。有的由于大的政治变动，如东晋南渡，大量移民中有上层官员，也有大量百姓及依附的部曲，这是由北向南的人口变迁。军事戍边屯垦，他们的后代留居在屯戍地区。这是由南向北的人口变动。他们定居，带着自己的知识、生产技能，丰富了当地物质生活和文化生活。

种姓迁徙，有时涉及重大历史事件，有的则属于个人遭遇。比如地区战乱、水旱自然灾害造成的人口迁移，往往是大量的。也有在异乡为官、为商、子孙留居不返的，也有趋避政治迫害、落籍他乡的。这些复杂现象，如果留意寻考，小则可以丰富地方志、族姓谱牒，大则可以弥补史书所失载，裁正国史的阙失。关于这方面的工作，尚未引起国内学术界广泛注意，大量方志、族谱、出土碑志的文献资料还未得到充分运用。我们无妨把视野再扩大一些，中华民族、汉民族的根也值得寻一寻。

现在中华民族总人口数约十二亿，其中汉族占绝大多数。事实上中国没有纯粹的汉族。秦汉统一以前，华夏与夷狄的界限已不大划得清楚，华夏人放弃其传统文化即是夷狄；夷狄接受中原传统文化即是华夏。《论语》说“礼失而求诸野”，中原地区没有保存下来的典章制度（礼），在边鄙还能找到。孔子已认为商周以来的传统文化与边鄙地区文化早已趋同。唐朝韩愈继承了孔子这一观点，说“诸侯用夷礼则夷之；进于中国，则中国之”（《原道》）。

中华民族博大深厚的文化传统，形成了坚强、持久的凝聚力。中华民族把文化认同看得比种姓血统认同更重要。

中华民族是众多民族长期融合的结果。历史上大的民族融合共有五次。第一次在春秋战国，第二次在魏晋南北朝，第三次在10—12世纪宋、辽、金、西夏及蒙古早期，第四次在元朝，第五次在清朝。中国历史上汉唐为盛世，而唐朝繁荣超过汉朝。史书记载隋唐皇家为汉族(李唐自称老子后裔)，实际上他们是汉族与北方民族混血的后裔。两朝开国皇后长孙氏、独孤氏都是北方少数民族。上自帝王将相，下至商贾百姓，胡商胡姬与中原地区各族人民长期共同杂居、互相影响，互通婚姻，共同创造了隋唐文化。唐代文治武功，文学、艺术、音乐、歌舞，各方面的成就都达到当时世界先进水平。唐代广大人民性格开朗、豪迈奔放、能歌善舞，与当时国际交流正常开展，国内民族平等，不存在种族歧视有关。

中华民族有两千年政治统一的历史。政治统一可以形成中华民族的凝聚力，这是外因；足以形成中华民族凝聚力的内因是它具有共同的道德观、价值观、哲学世界观、长期培育而成的民族意识。秦以来有全国共同的汉字（书同文），有各族共同遵循的道德规范（行同伦）。靠了这两条，不受方言隔阂，不受山川限阻，广大人民聚拢在一起，形成中华民族的共同体。中华民族（包括五十六个民族）不论民族大小，都为中华民族的发展、进步出了力。中华民族今天的成就是全国各族人民共同的功劳，汉族人数最多，多做些贡献也是应该的。

中华民族有自己的文化传统，有自己的根；西方国家，比如欧、美诸国，也有它们的文化传统、有它们的根。中外交往日益扩大，不同文化接触，有时兼容、有时牴牾，像近年来关于“人权”问题成了中西交往经常争论的热点。如果双方探寻一下各自的文化传统，就比较容易找到造成分歧的根。虽不能彻底解决分歧，至少可以增加互相了解。

中国传统文化把个人、家庭、国家以至世界（天下）看作和谐的整体，古代中国以小农经济立国，小农自然经济以家庭作为社会的基层细胞。一家一户是生产单位同时又是消费单位。千千万万个家庭在高度统一的中央集权政府管理下进行活动。政治上的高度统一与经济上的极端分散成为长期并存的一对矛盾。这是秦汉直到鸦片战争二千多年的中国国情。二千多年来，中国的哲学不论什么流派，基本上都致力于论证政治集中与经济分散两者协调的问题。传统中国哲学都在论证个人与集体的一致性，不但利害关系一致，而且在理论上个人与整个宇宙是不可分割的整体——天人合一。

农业小生产者的世界观，以它的生活实践体会认为世界像生物机体，人在自然界的地位像田园诗那样和谐、稳定。个人、家庭、国家是和谐的整体。中国传统文化中理想的人格——圣人以拯济天下人的饥寒为己任。理想的社会原则与天道一致，都是“损有余以补不足”。“先天下之忧而忧，后天下之乐而乐”，把个人的忧乐消融在天道之中。

站起来的中国人民正建设有中国特色的社会主义，继承中华民族的优秀文化传统，把消灭贫困放在第一位。首先解决十二亿人的温饱问题。个人利益服从集体利益。集体居先、个人居后，对每一个中国人来说，这是无可争辩的真理。

西方文化，从古希腊以来，即强调权利与义务的关系，为了摆脱中世纪神权统治，进入近代社会，把个人自由放在突出地位，强调“天赋人权”，用人权对抗神权，在西方社会也会认为是无可争辩的真理。

由于中国文化传统与西方文化传统发生歧异，双方观察问题的方式和标准也产生了歧异，互相交流中产生了隔阂。中国传统文化对待民族关系，不大重视种族的血统，肤色的差别，而以传统文化为标志。即使在中国强盛时期，也很少用暴力对待不同种族。“四海一家”、“民胞物与”，成为中华民族历代王朝执行民族政策的准则。而今天号称“人权”发达的某大国，自称关心个人自由，关心监狱中罪犯的伙食摄入热量，而不关心社会的稳定，枪杀、暴力、抢劫、吸毒、爱滋病蔓延成灾，老百姓购买自卫枪支，比到邮局发信还方便，社会集体并没有安全感。用集体的不安全换取个人为所欲为的自由，高喊“人权”的某些国会议员们对此见惯不惊，熟视无睹。这里无意评价中西方文化的优劣得失，只是揭示出，文化寻根这个大题目，值得深入发掘。人类自以为上知天文，下知地理，对自己却所知甚少，难道不应当引起重视吗？

文化寻根，比起种族寻根更有现实意义和学术意义。这个大题目如果做得好，不但有益于中华民族的自我发现、自我认识，对于开拓世界文化交流的前景也有所帮助。

1993 年

从孔门说诗看孔子教学

《论语》有一段关于孔子和弟子谈论《诗》的记载：

子夏问：“‘巧笑倩兮，美目盼兮，素以为绚兮’，何谓也？”

子曰：“绘事后素。”

（子夏）曰：“礼后乎？”

子曰：“起予者商也，始可与言《诗》已矣。”（《论语·八佾》）

子夏所问的诗，前两句原保存在《诗经·卫风·硕人》篇，后一句不见于今本《诗经》，可能孔子所据为另一版本，原诗描述一个美女的形态和神采。子夏长于文学，这几句诗对他来说，应该不难理解。子夏却要追问这首诗是什么意义（何谓也）。孔子告诉子夏，这诗的意思是说

"先打好白底，然后再在上面彩画"（绘事后素）。子夏由此又推衍出"礼节仪式的重要性不是第一位的"（礼后）的结论。抛开原诗的字面涵义，探求更深的言外之义，驰骋联想，尽情发挥的解诗方法，在今天大学中文系也未必得到教师的认可，却得到孔子的赞许，认为子夏得到读诗的诀窍（起予者商也，始可与言诗已矣）。

这里看出孔子的教学方法的一些特色。孔子善于因材施教，对不同的对象提出不同的要求，善于启发学生去独立思考，要学生举一反三，反对死记硬背，鼓励学生充分发挥各人的创造性。

师生问答涉及范围相当广泛，讲如何做人（仁），如何做官（为政），如何对待父母（孝），都是一些大题目。没有发现孔子如何教学生识文断句的记载，孔子不对学生讲授文化启蒙识字的初级课程。孔子以"文、行、忠、信"为教，都是比较抽象宽泛的大题目。

孔子的儿子孔鲤在庭前经过，孔子问他学过《诗》没有，又一次孔鲤从庭前经过，孔子问他学过《礼》没有。孔子不知孔鲤学过什么课程，可见他不参与初级班的教学工作。汉末马融设帐授徒，不亲自为初级班讲授，命高年级弟子为低年级弟子讲授。这种办法或来源于孔子，也未可知。

孔子教学方式类似大学的讨论班（seminar或称读书班），而不同于今天大学的课堂讲授，先生讲，学生听；先生说，学生记。《论语》还记载：

> 子曰："参乎，吾道一以贯之"。
> 曾子曰："唯。"
> 子出。门人问曰："何谓也?"
> 曾子曰："夫子之道，忠恕而已矣。"（《里仁》）

孔子以后，孔子的传人孟子也不主张死记书本知识，他说："尽信书，则不如无书。吾于武成，取二三策而已矣。"（《孟子·尽心》下）。孔孟开创的借题发挥，多方引申的学风，一代一代传下去，形成后来汉儒的"家法"，即所谓学派。《汉书·儒林传》所列的都是各学派的代表人物。

孔门说诗的精神在于即兴阐发，因人因事而异。后来学者扣住诗的一章一句，给以固定的解释、注疏，不符合孔子的精神。《诗经》三百篇，孔子提出解释的总原则是“思无邪”。《诗经》分明有男女相赠答的爱情诗，也有男女幽会的描写：不能说它“无邪”。孔子曾明确批评“郑声淫”，淫，当然是“邪”的。孔子的“思无邪”，指的是孔子对《诗》的诠释原则，阐发诗的微言大义时，即使对那些男女爱情诗，淫奔之诗，也不能按照原诗的“邪”思去阐发。像“巧笑倩兮，美目盼兮”描写美人的诗句，孔子要联系上“礼仪”这些大道理，从文句以外阐发出新义。这种解诗法，在当时具有革新意义，是个创举。孔子开创了阐发微言大义的诠释学。孔门说诗新义为解诗开了新生面，新义世代相传，形成文字，记录成册，有齐、鲁、韩等众多流派。《毛传》也是一派。所谓讽刺××，歌颂××，都是诗经的阐发义，诠释学，不能当作《诗经》的注疏来理解，它本来不是用来解释《诗经》的文句的。

北宋的几位诗人（如欧阳修等）和南宋的朱熹，对《诗经》进行重新估价，力求恢复《诗经》的本来面貌，取得了不少成绩，他们功劳不可没。但是，我们也应指出，《毛传》说诗，是孔门说诗的正统。这种学风直到清代王夫之，还恪守不渝。

《毛传》作者比朱熹更接近《诗经》流传的年代。朱熹凭直观，一眼便能看出《诗经》的那些男女爱情诗、幽会诗，而《毛传》作者反而看不懂，这是不可能的。说《毛传》作者有意曲解，也没有根据。《毛传》继承孔门的传统，它讲的是《诗经》“发挥义”。时代不同，年代隔久了，后人把《诗》的“发挥义”当成《诗》的本有义，与《诗》的原文对不上号，强为解释，就显得支离难通。所谓歌颂××，讽刺××，本来可以因时、因地、因事而异，不是固定不变的。后人忘记了，或者不理解这种孔门说诗方法，把记录的文字看死了，僵化了。这样，既不能联系当前发生的“实际”，进行讽刺或歌颂，又无助于了解《诗经》的本来意义。为读者着想，要求恢复《诗经》的本来面目，是可以理解的，也是正确的。近代学者如闻一多、胡适、郭沫若等，沿着朱熹等人的方向继续探索，利用近代社会学、民族学的成果，把《诗经》的研究推进了一大步，他们对恢复《诗经》本来面目做了贡献。

我们也应看到，汉代经学又有汉代的特点，它善于联系实际，发挥微言大义，起过积极的社会作用。后人忽略古今社会的差别，也没有考虑到古人说经与今人研究《诗经》用字的差别，于是产生汉学与宋学的对立。“知人论世”，做到并不易。

1995 年

思想家和政治家

推动历史使命的人物与参与政治变革的人物是两种类型，不能一身二任。杰出的哲学家、思想家是历史使命的指路人，但他们往往不具有参与政治变革的能力，有时由于不具备政治变革的条件。如孔、孟、荀、老、庄、韩非、董仲舒、二程、朱熹等人，都以各自的角度指出当时的历史使命，对中华民族大一统的巩固和发展提出了极有价值的见解和理论。杰出的政治变革家，如秦始皇、刘邦、刘彻、李世民等人，能把哲学家、思想家的图纸变成建筑物。董仲舒是汉武帝统一王朝的设计师，为了一件小事，董仲舒几乎死于武帝之手。程朱是巩固宋王朝的设计师，却遭到严重的政治迫害。从根本上看，董仲舒与西汉王朝、程朱与宋王朝的统治者血肉相连，目标一致。

知识分子的伟大作用在于为民族的历史使命设计蓝图，指出方向。到主客观条件成熟时，将有另外一些人把图纸变成大厦。大厦落成时，当年的设计师们骨肉已朽。许多深沉博大、高瞻远瞩的哲学家、思想家，往往命运多蹇，这也有它的必然性。因为几十年甚至几百年以后的事，往往不被当时的大多数人理解，甚至遭到误解。但是，必须看到，知识分子的神圣职责，不在于他自己是否看到他的理想的实现，而是看他们的理想是否符合民族的历史使命。有抱负、有理想的中华民族知识分子，不应妄自菲薄，要为促进民族历史使命而尽力。当务之急是推动中华民族的现代化，既包括五四时期提出的民主与科学，还要充实社会主义的新内容。为了使中国走向现代化，经历了辛亥革命、北伐战争、共产党领导的土地革命、抗日战争，直到新中国成立，这都是完成历史使命所经历的政治变革。建设具有中国特色的社会主义新中国，是中华民族近一百年来不断追求的目标，这就是它的历史使命。新中国成立还不到五十年，当务之急是解决几千年未能解决的吃饭问题，先要生存，然后是温饱，再就是发展。要求一个早上使旧中国彻底改观是不现实的。道路是漫长的，只要全民族对此引起重视，全力以赴，总是可以达到目的的。

1992 年

文化发展的势差规律

文化是人类社会生活中一种综合性的实体，它具有民族特征、地区特征及时代特征。

中华民族有文字记载的历史有四千年。它发展经历的道路漫长而曲折，但总的进程是进步、提高，而不是停滞和倒退。

遥远的三皇五帝时期且不说。从殷周算起，有文字记载可以考查的历史，一直到当前的20世纪末期，我们可以看出中华民族文化的发展，经历了五个重要阶段。

春秋战国是中华民族文化奠基时期，对后世影响很大的主要思想流派，都在这一时期形成。春秋战国时期对中华民族所起的重要作用有点像古代希腊文化对欧洲的作用。没有古希腊文化，就没有后来的欧洲文化；没有春秋战国文化，中华民族后来形成的文化面貌可能不是今天这个样子。

秦汉统一，又是一个重要时期。秦汉统一，奠定了后来中华民族团结、和谐、共同抵御外来侵略的民族意识，此后二千年，人们认为统一是正常现象，分裂是不正常现象。车同轨、书同文、行同伦，这种文化心理状态牢固地树立起来，迄今仍是维护民族统一的向心力。

宋、辽、金、元、明、清近一千年的历史表明，中华民族在发展，在壮大。中华民族内部各族互相学习，共同提高，共同主宰天下，从而使中国的封建制度高度完善化。中国的封建社会制度，在人类历史上具有典型性。

五四以后，西方近代文化涌进中国，中华民族传统文化受到强力挑战，它的优缺点受到严峻考验，也从此打开了眼界。中华民族文化中在纲常、名教之外，增加了科学与民主的新内容。

新中国成立，进入社会主义时期，中华民族文化中又增加了马克思主义。马克思主义的基本原理与中华民族传统文化相结合，孕育着中华民族的社会主义新文化，从此中华民族文化汇入世界文化的总潮流，中华民族也将为全世界做出贡献。

中华民族文化的发展、进步，是在我们生息蕃衍的这块九百六十万平方公里的土地上进行的。中华民族的文化是不断融合、吸收各个兄弟民族的先进文化才发展壮大起来的。春秋战国以前，华夏文化与其他民族的文化不断接触，齐、鲁、燕、晋、秦、楚、吴、越各有自己的文化。经过列国竞争，战国后期剩下七个大国，按地区来分，其文化类型大致可分为邹鲁文化、燕齐文化、三晋文化、荆楚文化四种。在四个文化区域内，有些生产关系比较落后的少数民族不断被具有先进的文化的民族所影响，他们由无阶级社会进入阶级社会，从早期奴隶制进入封建制。以先进的生产关系，促进落后的生产关系，在中国历史上已成为通例。宋、辽、金、元、明、清历代历史都证明这一通例。

由宋、辽上溯到公元四五世纪，也可以看出南北朝各族由部落联盟制进入封建化的过程。

判断进步与落后的标准是历史唯物主义指出的社会发展原则。社会发展要经历五种生产方式，即原始公社、奴隶制、封建制、资本主义制及社会主义共产主义制。人类社会沿着这五种生产方式的顺序前进着，后一个超过前一个。除了共产主义社会尚未出现外，其余四种生产方式，世界上并存着。

历史已经表明，不同的文化接触后，高层次的文化必能影响低层次的文化，相同层次的文化接触后，谁也支配不了谁，往往相持一个相当长的时期，最后融合成一种新的文化。

中国文化在封建社会里，它长期处在高度发达的状态，它的生产力发展到封建社会可能达到的最佳效益，中国传统文化长期在世界领先，就是指封建制度下说的。世界进入资本主义阶段，中国的封建文化才显得落后。中国从明万历（16 世纪）年间，其颓势已经开始。由于西方资本主义尚不够强大，双方没有正面发生冲突，还可以自我陶醉，不感觉落后，一旦面对面地较量，鸦片战争以后，屡战屡败，才不得不服输。

中华民族文化发展的经验表明，不同的文化相接触后，先进的一方必然影响落后的一方，落后的一方必然受先进的一方的影响。先进一方是施者，落后的一方为受者，这种现象，好像水之趋下，不可逆转，故称之为“文化势差”（Cultural Potential Difference）。

当前中国面临对外开放的新形势，这是促使中国现代化的国策，一旦开放，再也封闭不住，它将永远开放下去。随着开放，国外的腐朽的病态的文化势必随着潮流涌进来，给我们社会主义国家带来不少新的麻烦。

我国是社会主义的民主国家，但封建主义残余势力还相当顽固，从社会意识到生活方式，处处可以看到封建主义残余势力的影响。中国本来就有资本主义影响，随着开放的潮流，资本主义影响势必大量涌进。中国立国之道是四项基本原则，它是社会主义文化的基础。当前现实生活中，并存着三种文化体系：封建的、资本主义的、社会主义的。

为了加速四化建设，各方面都在努力。同时不得不看到社会上经常受到非社会主义文化的干扰。比如损公肥私、世袭制、特权思想、一言堂、关系网、虐待老人、压迫子女，等等。许多弊端，有的属于封建文化中的糟粕，有的属于资本主义文化的腐朽部分。有些好心人，看到那些败坏社会风气的现象，很着急，有人提出要利用传统的封建文化来抵制腐朽的资产阶级文化。从文化势差的道理来看，用封建传统文化抵挡不住资产阶级文化的侵蚀，用封建文化更无法消灭封建文化糟粕的影响。唯一的出路是利用文化势差，用方兴未艾、朝气蓬勃的社会主义文化才可以战胜一切不正之风，为四化建设打好基础。

1987 年

精神文明的内容

我们所说的“精神文明”，其范围到底有多大？包括什么内容呢？据我的理解，它的范围宽广得很，包括了社会主义全部的上层建筑在内。有几个大的方面，如法律。宪法，是法律中的根本大法。宪法下面一些具体的、分门别类的法如民法、刑法、企业管理法等等，也都在建立、完善中，这是社会主义精神文明建设的一个方面。又如道德，包括人与人之间的各种关系：家庭关系、夫妻关系、父母、兄弟、子女、师生、上下级等等好多关系，应当怎样建设起来，这也是精神文明方面的问题，还有文学、电影、戏剧、音乐、舞蹈、绘画等等，它对社会有什么责任，这也是一个方面。教育、教育的内容、教育制度、培养的目标等等，都属于精神文明。离基础比较远的一部分，哲学，也是精神文明。在旧社会，在资本主义国家，哲学有很多流派。我们现在所讲的哲学，就是马克思主义的哲学，具体地说就是辩证唯物主义、历史唯物主义。马克思主义的哲学，是为人民大众服务的，为改造主观世界、改造客观世界这个任务服务，是我们认识世界、改造世界的工具。宗教在旧社会属于上层建筑，封建社会里依靠它来维护封建制度，资本主义社会依靠它来维护资本主义制度。在新中国，宗教是旧社会遗留下来的意识形态，我们今天不能说它是社会主义的上层建筑，因为社会主义巩固社会秩序、改变社会风气、稳定人的思想等等，不需要靠上帝来帮忙。但宗教活动是历史上遗留下来的，有的还与民族习俗结合起来。如欧洲，基督教过圣诞节，一些社会主义国家把这一天叫“枞树节”，就像中国人过春节一样。又像小乘佛教有浴佛节，今天的泼水节，不一定是佛教徒才参加，已经成了一种民族习俗。广义地说，这些都属于精神文明方面的内容。精神文明搞得好，可以加快社会主义建设，搞不好则可以推迟社会主义发展的步伐。这个问题今天已提到全民的议事日程上来了，大家都很关心，特别是党的文化教育和社会科学工作者更觉得这个问题十分重要。

1982 年

中华民族善于吸收外来文化

中华民族优良传统中的第一点，是我们中华民族善于吸收外来文化、消化外来文化，我们从来不去照抄照搬。外来文化如果不改变它的面貌，就无法在中国站得住脚。比如说佛教，在佛教的起源地印度，一个人要是出了家，地位就要比一般人高出一等。出家人是“佛的弟子”，父母见了他要礼拜，君主见了他也要表示十分的敬意。可是在中国就不行。佛教传入中国后发生了好几次争论，结果还是要拜父母、拜君王。佛家的僧规戒律中规定了祝愿的时候首先要祝愿皇帝万岁，其次才是祝愿佛祖。这说明中国的传统宗法文化根基十分深固，外来文化必须被迫改变自己的面目。

由于善于吸收各种文化，我国远在古代、春秋战国以前就形成了华夏文化。华夏文化是当时各民族文化交流、融合互相学习而发展起来的。汉朝有丝绸之路，开始沟通了西方的文化。唐朝，东西方文化交流有了更进一步的发展，宗教也更系统了，这从敦煌壁画可以反映出来。中华民族的兴旺发达，是对外来文化采取开放的、选择吸收的态度，而不是封闭的、拒绝的态度。

1982 年

正确对待传统文化

现在西方资本主义世界正面临着一种不可解脱的社会危机，社会问题成了堆，他们无力解决。他们发动了所有的思想家、哲学家，包括他们的“上帝”在内，但谁也没有办法。于是他们转过头来向东方文化找出路。东方的学问，儒教、道教、佛教，甚至喇嘛教，目前在西方很有市场。这种东方热，也不是第一次出现的。记得第一次欧战结束后，梁启超到西欧去游历，写了一本《欧游心影录》，就谈到当时欧洲一些思想家认为欧洲大战打得一塌糊涂，民不聊生，还是东方好，要向中国学，梁启超也鼓吹，“人家还要向中国学，我们更应该好好保存传统文化。”那时正是五四前后新思潮大传播的时候。历史好像喜欢开玩笑，今天又重演了一遍。西方的危机无法解决，石油危机，产业萧条，核战争的威胁等等，一波未平一波又起。西方人士转过头要向东方找治病的偏方。面对这种情况，我们要有清醒的认识，不要以为我们的一切传统文化都是什么灵丹妙药，包医百病，比西方高明万倍。我们要正确地看待我们的传统，给予适当的地位，既要看到我们封建文化的优良传统，又不能停留在封建文化优良传统的水平上自满自足，以为人家还要学我们的封建文化，到底是我们比人家高明，那是很危险的。

1982 年

救亡，与中国近代历届政权的寿夭

鸦片战争以后，中国面临着生死存亡的严峻形势。传统哲学的治国平天下理论，从内部巩固集权的专制政体，已难以应付外来侵略势力。救亡、图存，推动中国的现代化，成为中华民族的主要任务。中华民族遭逢千古未有之巨变，忽视近代科学技术、民主政治，仅依靠圣君贤相拯民生于水火的仁政思想已不能满足中华民族的要求。鸦片战争后直到新中国建立前，历届统治政权多属短命，原因在于他们没有挽救民族危亡，促使中国现代化。“同治中兴”，是清王朝打败太平天国后自己给自己加上的称号。道光、咸丰、同治、光绪历届政府背离了中华民族的历史使命，不但没有中兴，反而把中华民族推到毁灭的边沿。

中华民族当前的历史使命是力图使国家富强，促进国家的现代化。凡是不能挽救国家危亡，不能推动现代化的政府，总归是短命的。

1992 年

我们应该求助谁

对于从国外渗透进来的那些腐朽的思想和习气，我们用什么来抵制呢？用我们过去的那些封建传统来抵制吗？我看是抵不住的。从社会发展阶段来看，封建主义比资本主义差了一个社会发展历史阶段，所以用封建主义不可能抵制住资本主义。我们只有加强社会主义、加强共产主义教育，用社会主义道德、共产主义世界观来教育全党，教育青年，教育各族人民，才能有效地抵制那些资本主义文明带来的不健康的东西。

如果回过头来求救于孔、孟、老、庄、程、朱、陆、王，或谭嗣同、孙中山，那是注定不行的。早在六十多年前，封建主义和资本主义就曾较量过。五四时期，新旧两派势力发生了激烈的斗争。在北京大学，有陈独秀、胡适、李大钊、鲁迅这些以《新青年》为首的一派，还有那些留长辫子的老教授的一派。旧派写文章用文言文，还组织孔教会来抵制新思潮，用孔孟之道来抵制西方资产阶级文化。结果，败下阵来。用封建主义作武器，非败不可。旧的东西对我们也有作用。它是一面镜子，可以照一照我们现在是不是连那个封建主义的精神文明都达不到，那就更要引起警惕、认真对待，那就要赶快提高社会主义的觉悟，建立无产阶级世界观。抗日战争前后，艾思奇同志在上海写了《大众哲学》，当时他不过是一个二十多岁的青年，可是这本书却印了三十三版之多。一些青年看了他的书，就投奔了延安，参加了革命。这部书之所以畅销，能打动人心，主要是它讲的道理，代表了真理，所以就有影响。国民党那时也想抵制，要唱对台戏，他们当时大力推销西方的康德、黑格尔、尼采、叔本华。国民党人推销西方资产阶级哲学的同时，又抬出程、朱、陆、王，号召回到古典去。给程朱的唯心主义哲学以新的解释，注入一些新生命。可是对抗下来，他们失败了，新的马克思主义取得了胜利。我们今天拨乱反正，继往开来，要靠什么？我们建设社会主义精神文明，必须依靠马克思主义思想的指导。在这里，我们指的是基本的原理，不是说每件事情、每项工作，查查书上怎么讲我就照着办。要在马克思主义的书上找现成的答案，那是愚蠢的。

1982 年

清除小农经济思想的影响

思想、意识形态方面的变革有时候并不是与政治上的变革相一致的。如果说政治上的变革是短时期的、跳跃性的过程，那么，思想、意识形态方面的变革就是一个长时期的、不间断的连续过程。因此，政治上的变革是不能代替思想、意识形态方面的变革的。我们只有了解这一点，并且按照这种观点去观察和研究历史，才可能真正地把握住历史。以上就是我首先所要说的一个根本的看法。

在这一根本的看法之下，我想着重谈一下我国经济、社会发展为什么长期徘徊不前的问题。我认为，我国经济、社会发展之所以长期停滞，其中一个最主要的原因就是小农经济的意识支配着我们思想的各个方面。中国革命走的是以农村包围城市的道路。在一定的意义上，这不能不说是占了小农经济的便宜。没有粮食，自己种；没有布匹，自己织；没有枪炮自己造。然而，占了便宜的我们却也因此而吃了小农经济的大亏。革命胜利以后，我们在很多方面并没有抛弃小农经济的作法。

所谓小农经济，主要有如下几个方面的特征：

家长制。在小农经济中，必须有一个有经验的家长领导进行生产。家长制是与小农经济分不开的。

不计成本，没有经济核算观念。在小农经济中，生产是为了自己消费，不是为了交换，因而不可能有成本、核算等观念。

自给自足。小农经济是在一个狭小范围里进行自给自足的生产和再生产。五八年的大炼钢铁，就是这种自给自足的反映。

血统论。“文化大革命”中，很多干部子女由于父母而受牵连，而落实政策后，这些干部子女似乎又沾了父母的光。

小农经济与宗教是联系在一起的，所谓宗教，都有这样一个共同的特征，这就是把解放力量寄托在外部的、异己的东西上面。有人说中国没有宗教，我认为中国是有宗教的。这种宗教就是从朱熹开始的儒教。儒教一开始就是为小农经济服务的。拜天祭地、三纲五常、重男轻女等等，无一不反映小农经济的要求。

小农经济的上述种种特征，至今还对我们的思想有很大的影响。长期以来，我们把注意力集中在批判资产阶级思想，而放过了危害极大的小农经济思想。我们应该特别注意这一问题，对小农经济思想进行深入的分析和彻底的批判。

当然我们要彻底抛弃小农经济的思想，重建一种新的思想体系决非易事。从历史上看，要建立一种代表时代特征的新思想体系，首先得具备三个条件：

第一，政治相对稳定，经济相对繁荣。

第二，思想资料的大量积累。

第三，在前面两个条件的基础上，还要有伟大的思想家来建立这种新的思想体系。

尽管从目前的情况来看，我们还不具备这三个条件，因而也不可能很快创立新的思想体系。但是，我们要为新思想体系的出现准备和创造条件，而这正是我们的历史使命。

1988 年

正确对待中医

中国医学确实有极其光辉的成就。几千年来，全国人民的医疗和保健的责任完全负担在中医的肩上。中医对人口众多的中华民族立下了不朽的功勋，因而在广大人民中间享有很高的威信。有些西医认为难治的疾病，往往经过中医治疗收到奇效。连具有偏见、反对中医的人们也无法否认中医能把病治好。

但也不可否认，今天也还有些人，特别是有现代科学知识的人，认为中医的理论“不科学”。我们很难设想，经得起几千年来实践考验的中国医学，对几亿人口现在继续发挥着保健作用的中国医学是建筑在“不科学”的基础上的；我们也不能承认中国医学只有一些片断的实践而没有系统理论。历代的科学史早已表明理论经常会落后于实践，中国医学也不例外。但却不能因此而做出中医只有实践而没有理论，或中医的实践是一套技术，和中医的理论“毫不相干”的结论。科学发展的历史也恰恰说明了没有理论指导的实践就是盲目的实践，盲目的实践找不出事物的客观规律，这样就不会产生科学。我们认为中医的理论基本上是符合科学原则的。

我们反对不恰当地夸大中国医学的作用和成就，把现代科学所获得的最新成果都说成“古已有之”，这样就会陷入复古主义、国粹主义的危险。我们也不能容忍把中国医学的伟大成就一笔抹煞，说它缺乏科学根据，这样也会陷入对祖国文化遗产的虚无主义的错误。只有实事求是，有几分说几分，才是科学地对待祖国文化遗产的态度。

1956 年

人才的涌现与配置

为什么人才多涌现于改朝换代之际？

凡是人才都不同于庸众，它比普通人有些“出格”。太平年月，一切按常规办事，“出格”人才不但没有脱颖而出的机会，甚至遭到庸众的排斥、压制。鲁迅曾说过，从前猴群中，有猴子试着用两只脚走路，群猴认为它大逆不道，把它咬死，从此，猴群中只有四只脚走路的被保存下来。汉朝李广是个将才，如果生活在秦汉之际刘邦打天下的时代，他的才干决不在开国功臣绛、灌之下，早已封侯。偏偏生在汉代太平盛世，用俗吏考勤的规章制度来要求李广，尽管他战绩卓著，只落得被迫自杀的结局。汉武帝对匈奴也打了不少胜仗，主要靠汉朝积累了半个多世纪的雄厚的物力致胜。汉武帝用的大将多是靠裙带关系录用的，像卫青、霍去病、李广利等，都不能算作头等人才。

五四以后，中国出现了工人阶级，进入了规模更大世界范围的新旧交替时代。这是前所未有的大变革。几千年相因袭的旧习惯、旧制度受到前所未有的冲击。如果说，以前人才辈出多在改朝换代之际，从旧中国到新中国的这一变革，可以说是亘古未有最大的新旧交替"之际"。

新中国诞生前，面临中国革命的实际，要求用武力夺取政权，农村包围城市，最后夺取大城市，建立全国政权。革命的现实，要求中国出现推翻旧中国、建立新中国的人才。时代的要求加上革命的锻炼，果然一大批革命领导人涌现出来。他们差不多都是能文能武的全才。革命要求打仗，不会打仗的成不了人才。革命要求组织群众，不会做群众工作的成不了人才。长期的锻炼、培养，我们国家以毛泽东为首的第一代革命家，人才都集中到党、政、军这三个方面。这三方面的人才又是互相融通的。我们军队的政委也能打仗，军事首长也往往能兼任地方行政干部。这种人才的优势一直维持到新中国成立之后若干年。长期的革命战争，使得新中国的人才绝大部分集中到党、政、军三大部门，建国后，工业建设、文教建设、现代科学建设、商业流通网络的建设，需要大量的人才，可惜没有引起注意，或者可以说，人才培养的重心没有从打天下的格局转变到治天下的轨道上来。选拔、任用、培养人才的着眼点仍然放在党、政、军这三大部门。建国后，若干年来，文教、财贸、工交、科技各部门的干部的配备，相对来说，都较弱于党、政、军三大部门。我国面临向全世界开放的新局面，我们从事企业、农业的干部显得无能为力。成千上万企业长期亏损，难于扭转，农牧业遇到低水平的丰收，就造成卖粮难，卖猪难；小的天灾，就无力抗拒。有百万人口以上的大城市，没有很好地发挥大城市的综合功能，甚至有人把大城市当成包袱，连吃菜、乘车、运垃圾、住房子，都被看成额外的负担。有时中央领导过问某一项工作，这项工作会有起色；未过问的，依然无能处理。可是中央领导又怎能从冬贮大白菜、做豆腐、运垃圾都一一管起来？古人说"百年树人"，这并不等于说培养人才非整整一百年不可，但人才的成长，发挥社会效益，短期突击是不行的。

人才出于时代的需要，人才必须经过实践锻炼。革命战争时期靠打仗，发动群众来锻炼人才。今天的人才的成长，靠打新的战争——工业仗，农业仗，商业仗，全世界是战场。长期形成的习惯，党政军干部要第一流人才，而工业、农业、商业（广义的）好像用不着第一流人才。这种旧眼光不改变，就难以跟上时代的步伐。

试与西方先进国家比一比，可以发现他们的第一流人才都集中到企业（工商界）当总经理，当董事长，而在政界（包括他们的总统、总理）基本上没有第一流人才，甚至是些第二、三流的人才。除去东西方社会制度不同这个差别外，双方也有共同的规律，比如说，要使生产力不断发展，这是社会赖以存在的根本依据。今后人才的培养、选拔，除了党、政、军三大门类外，还有三大门类，即工、农、商。工、农、商的人才得不到应有发展，或发展得不够快，说不定就要受制于人。这是关系到国家安危的大事，千万不能大意。

1986年

人才的选拔与流动

才与德的关系，古人虽然发表了不少议论，有的偏重于用才，有的偏重了任德。从汉末历宋、元、明、清，直到现在，仍然成为用人机构所关注的课题。这种争论，带有中世纪的封建主义的人才观的特点。封建社会所谓“德”，基本内容即对君主或王朝的“忠诚”。至于为人民，为社会，为群众谋福利，维护民族根本利益的道德品质，并不是经常被提到最重要地位。有时国家、民族的利益与君主个人利益不一致时，只好为了君主利益，牺牲国家、民族的利益。宋代名将岳飞的“德”与“才”都很突出，当爱国与忠君不得兼顾时，他只能顾忠君这一头。封建主义的德与才标准必然带着封建主义的狭隘性。“文化大革命”中有多少忠于社会主义事业的干部被“四人帮”迫害致死，临终前，怀揣着“红宝书”含冤离开了人世。封建主义的“德”，所谓“孤臣孽子之心”，“臣罪当诛兮，天王圣明”，带给社会主义的灾难，决不可低估。

才德的关系，用现代化的标准看，关键不在于用人唯才或唯德，而在于用人唯民主，唯法制。唯有民主可以真正从群众中选拔真才，靠一两个“伯乐”是不够的，何况伯乐不常有，有时伯乐也有失误；唯有法制，可以制裁贪污黩职以及无能之辈。

还应看到，人是会变的。肯上进的人，给以机会，可由中材进为上乘；不求上进的人，随时会掉队。一个人的道德品质也是随着人的社会地位、环境而改变着。古代关于德才的许多议论可供借鉴，其共同缺点是把“才”与“德”看死了，认为生性如此，终生不变，这不符合事实。林彪叛国摔死后，有些批判文章说林彪当年上井冈山时就存心搞阴谋，连仗也不会打。我认为林彪不是一贯无才无德，只是晚节不终，后来变坏了的。

在社会主义体制下，人才的成长与阶级社会的人才成长有相同处，也有不同处。社会主义的一个特点是有整体性、计划性。生产有计划，流通有计划，人才培养和使用也有计划。与计划性相联系的是组织性。有组织，有集中领导，我们就能把千万人的力量融合成整体力量，因而我国能在十几年内办成外国人要几十年才能办到的事。

如果能发挥社会主义的优越性，有计划、有组织，集中领导，人才成长得就快。我们迅速取得的原子能科学的成就，航天技术的成就，既出了成果，又培养了人才。

同时，运用得不好，也有不利的一面。西方资本主义世界，提倡自由竞争，人自为战，优胜劣汰，才智之士，奋勉上进，容易出头。社会主义不鼓励个人奋斗、自由竞争。人才流动受到限制，缺少像战国时期人才流动的机会。有的人才归部门支配。楚汉相争时期，发生过“萧何追韩信”的故事，韩信不见用于楚，弃楚归汉，汉王不用，他又要另寻去处。我国现在的用人制度统得太死，“韩信”想跑也跑不了，用不着萧何去追。韩信不被追回，不被重用，终于成不了“韩信”。

经济体制统得过死，不利于流通，造成经济损失，这个积弊已被发现，正在纠正中。人才体制统得过死，造成的损失不易用币值计量，也不是一眼就看得出的，似乎还未引起重视。正因为不能用币值计量，又不易看得见，我们就更要给以足够的重视。

1986 年

创业人才与守成人才

以大家熟知的三国历史人物为例，江东孙氏集团中，孙策为创业人才，其弟孙权为守成人才；北方曹操为创业人才，其子曹丕为守成人才；西蜀刘禅低能庸劣，创业、守成都不够格。三国分立并存的局面，当然是当时的政治，经济等各方面力量相互制约决定的。但是也应看到三方处在关键地位的领导人才素质，也是维持鼎立的一个条件。

有的人，虽干了创业的事，但不算创业人才，像隋文帝杨坚即是。杨坚充当了唐王朝的铺垫。

唐太宗有一次和大臣们谈论创业与守成哪一个艰难。房玄龄说创业难，魏征说守成难。两人争辩，相持不下。唐太宗说，房玄龄参加过唐朝创业的全过程，故深知创业之艰难；魏征于唐太宗即位后，参加中央政府，故认为守成难。他认为两人都有道理，创业艰难，守成也不易。古人关于创业与守成的争辩，对我们今天的人才讨论不无启发。

古代，封建社会的改朝换代，从旧王朝的覆灭到新王朝的建成，这一段时间叫做创业过程。这段时间一般不太长（至于通过宫廷政变，夺取政权，情况各异，与现在我们讨论的创业无关，另当别论）。秦汉以后到清朝建国，二十多个朝代，少的不到十年，多的十几年。中国共产党从成立到中华人民共和国的创建，历史上算是最长的，也只有二十多年。

创业有风险，打天下要死人，此中艰难是人所共见的。取得天下之后，任务在守成，不至于非流血死人不可，人们往往忽略了它的艰巨性。

创业以后，国家要安定，生产要恢复和发展，这个过程一般总要五十年左右，差不多要经过两代人不断努力才能办到。历史上盛夸的汉、唐盛业，这两个王朝从开国到人民丰衣足食，差不多都用了五十年左右的时间。汉初，“天子不能具纯驷，将相或乘牛车”。唐太宗几次要到泰山封禅，由于河南到山东数千里，田地荒芜，人烟稀少，沿途地方供应困难而作罢。

小农经济社会，由于生产规模的狭小，使得人们视野狭隘，看到仓里的粮食多了，容易自满。小农经济的特点是经不起贫困，耐不得富有。创业时可以兢兢业业，成功后有时忘乎所以。李自成和他的将士们经得住血和火的考验，一进北京，被纸醉金迷轻歌曼舞打垮了。

创业要创业人才，守成要守成人才。这两种人才各有特点，很难兼备于一身。最明显的例子莫过于五代时期的后唐庄宗李存勖。他亲手创业，取得成功，可以说他按规划完成了预定的任务。由于他不能守成，亲手创建的事业又亲手把它断送掉。史书记载：

> 庄宗以雄图而起河、汾，以力战而平汴、洛，家仇既雪，国祚中兴，虽少康之嗣夏配天，光武之膺图受命，亦无以加也。然得之孔劳，失之何速？岂不骄于骤胜，逸于居安，忘栉沐之艰难，狥色禽之荒乐。外则伶人乱政，内则牝鸡司晨。……大臣无罪以获诛，众口吞声而避祸。夫有一于此，未或不亡，矧咸有之，不亡何待！（《旧五代史》卷三四）

宋代欧阳修在《新五代史·伶官传序》中也议论李存勖的成败，说：

> 方其盛也，举天下之豪杰莫能与之争；及其衰也，数十伶人困之，而身死国灭，为天下笑。（《新五代史》卷三七）

假使这位李存勖创业之后，立即去世，他将不失为英主而载入史册，当不至于“为天下笑”。

创业与守成的难易，可以从两个方面来分析：

第一，国家政权的创业时间比较短，守成则需要的时间较长。恢复生产，起码要半个世纪，不能再少。这就要求守成者要比创业时期付出更大的毅力，半个世纪决不是咬咬牙可以熬过来的。

第二，创业时的敌人是看得见的，它就站在自己阵营的对面。守成时，要克服的敌人既有看得见的（外在的），也有看不见的（内在的）。像“狗色禽之荒乐”、“伶人乱政”、“牝鸡司晨”这类败坏事业的敌人，不都是来自外部，更多的情况下来自创业者的身边的亲信，来自思想上生活上的弱点。

还要看到“守成”不同于仓库保管员，只要攥紧钥匙，就算尽到职责。守成是在相对安定的政治环境下，发展生产力，开创新局面。看起来，守成人才不像创业人才有轰轰烈烈的壮举，也看不到血与火的考验，但守成搞不好也要死人，有时要付出血的代价。有时一个大的决策的失误，造成的损失不下于一次大的战役的伤亡。历史上的长平之役，赵卒被坑四十万人，我国的历史上，由于措施失当，造成赤地千里、灾民遍野，广大人民遭受的伤亡要比四十万人多得多。

封建社会的小农经济模式，所谓创业与守成，都带有小农社会的特点。创业者要敢冒风险，守成者要勤俭持家。皇帝是全国小农经济的总管，皇帝身上也必然体现小农经济的一些特点。如刘邦、李世民、朱元璋、李自成等，都属于这一类型：成则为王，败则为寇。成功了，则贵为天子，富有天下；不成功，则身家难保，要有几分冒险精神，带有政治赌博的气质。“兴仁义之师”、“吊民伐罪”，那是事后追加的理由。

守成人才，也有小农经济的特点，省吃、俭用，积粮备荒，控制大规模的兴建。发展生产、扩大再生产的观念，古人不曾有过。守成失败，天下大乱，于是重新整顿封建社会秩序。一治一乱的历史现象交替出现。这是小农经济模式与封建大一统的政治模式长期共存的矛盾。

今天所谈的“创业”与“守成”与历史上的创业、守成有本质的不同。历史上的创业，是小农经济封闭型的社会。今天要创的业，是社会主义的大业，不再是小生产而是现代化大生产。创业，不是一家一姓取得政权，而在于推进全社会生产力的大发展，使物质生活极大的丰富，精神境界极大的提高。守成本身就包含着创业的因素。这是现代化的社会的创业观与守成观与封建社会的创业观与守成观的极大的差异。没有开创精神就不能守成，不进则退，停滞即死亡。

今天对创业人才与守成人才的要求，显然与封建社会对这两种人才的要求有本质的不同。用旧标准培养不出新人才，如果连旧标准还达不到，那就谈不上创业和守成了。小农经济、小生产的眼界狭小，往往只看到眼前微小的近利，而不见全局。不克服小农经济的局限性，谈不上创业，更难以守成。

1986 年

武则天与宗教

武则天与一般宗教信徒不同，一方面，她私用宗教为自己谋取权力，另一方面，也借宗教以自我安慰。说武则天虔心于佛教或任何一种宗教，不合事实；说武则天无法无天，完全把宗教作为工具，一点迷信也没有，也不合事实。她信奉的不止佛教一种，她的宗教信仰有较高层次的宗教神学体系（如华严宗），也有世俗群众，神鬼迷信，福祸报应，神仙巫术之类低层次的宗教活动。从武则天身上不难看出唐代社会宗教活动的缩影。

武则天利用她的丰富的政治斗争经验，她祈求的差不多都达到了目的，贵为天子，富有四海，享有至高无上的权力，她自以为想办的没有办不到的。只有一件事，她以天子之尊也无能为力。面对皇位继承问题，武则天碰了壁。在男性为中心的社会里，家庭的继承权只能由男性掌握，妇女从属夫家。武则天用行政权力为武氏七祖立庙，但武则天不能令武氏家族为姑母立庙，武氏的帝业只能由李姓家族继承。

否则，则断了香火，不得血食。在世俗习惯、法律制度方面，佛教、道教又不及儒教影响的深远。武则天奋斗了一生，崇道崇佛，信巫祝、机祥，归根到底，又不得不受儒教的约束。

从武氏的一生，可以看到隋唐三教并行，各自发挥其社会作用。如何使三教协调，共同为大一统的封建王朝服务，在整个隋唐时期没有解决好，武则天以妇女身份从政更有其特殊的困难，只好在三教中游移，希望有个归宿，但并没有找到这样的归宿。以“金轮皇帝’之尊，仍然不能摆脱李氏家族的主妇地位。社会力量、历史的惯力，任何英雄豪杰只能在大潮中利用其潮流作些力所能及的事业，但不能超越时代，更不能逆着时代。

1988 年

武则天的皇位继承

武则天是李家的主妇，先当皇后，后当皇太后。亲生的儿子不姓武只能姓李。武则天当了皇帝，为武后先祖立七庙，硬把武氏的祖先追封为皇帝，她用行政命令办到了。企图把以男性为中心改成女性为中心的封建宗法制，社会不认可，就办不成。下一代皇帝姓武还是姓李，武则天对此无能为力。

大臣们（如狄仁杰）向她提出武氏子孙只能奉祀武氏的祖先，不可能给出嫁的姑奶奶立庙奉祀。这就是说，武则天如果一意孤行，背离了社会传统，她死后，她的灵魂将无立锥之地。深受封建传统文化教养，又有浓厚宗教迷信思想的武则天自然不甘心死了以后断了香火——不血食。

武则天在位期间，更换宰相人数最多，任用酷吏残杀亲生儿子，残害大批宗室，贵族，大臣数百家，杀戮宣布的罪名都是“谋反”，可见她虽在高位心里并不踏实。中国历代皇帝改元次数多的也是武则天。从光宅元年（684）废太子为庐陵王起，她掌权期间二十多年间改元十七次，从年号命名不难看出这位老年妇女心虚胆怯的一个侧面。她祈求天下不出乱子（如长寿、如意），求神佛保佑。

武则天雄才大略，有权势，但在男子为中心的封建社会，却无法解除妇女的孤立处境。本领再大，也拗不过社会的大趋势。她有权决定天下百姓生死富贵，却无力实现其传位的意图；贵为天子，富有四海，而无法克服其内心自卑和精神空虚。19 世纪英国女王维多利亚也享有高寿，她统治时间也很长，在位期间也遇到不少麻烦事，但未曾遇到女人当国王不合法的指摘，这一点，她比武则天幸运得多。

说到底，英雄人物的本领再大也没有时代潮流的势力大。能善于顺应时代潮流，干一番力所能及的事业，就算英雄了。

1988 年

韩愈的古文

文学，是社会活动的一面镜子，它对社会生活有反映、描述、评论、宣传多种功能，文学与社会生活相终始，社会不停地前进、发展、创新。社会在前进、文学也在前进。文学如同长江大河，上游水系不断增加进来，增益、丰富、充实着旧水系，而不是加入了新水系旧水系即停止流动。我国最早的文学创作《诗经》多采四言形式，后来五言、七言兴起，丰富了表达方式，而四言诗并未废除。律诗起于古诗以后，当时号为近体诗。近体诗盛行，古体诗并未废除。辞赋起于战国，盛行于两汉，但辞赋经历了两千年之久，直到明清并未消亡。文化变革不同于政权更替。新政权建立之日即旧政权灭亡之时，文化则不能割断，新文化都是在旧文化的基础上产生的。

文学是文化的一个分支。韩愈提倡古文运动，扩大了古文的运用范围，使古文进入文坛，受到社会重视。古文上台，并不意味着骈文下台。唐、宋古文盛行，骈文一直是官方通用文体，凡政府公告、国家任免官吏、官僚政绩考评，甚至一般社交函札，仍用骈体。韩愈的功绩并不是打倒骈文，而在于运用文学本身的魅力，扩大了文学表现领域。

韩愈把散文这个文学工具，运用得出神入化，得心应手，用于墓志碑铭，文辞简雅；用于写事状物，能尽传神之妙；用于发抒胸臆，能无所不达；用于日常生活小品、杂文，能生动活泼，嬉笑怒骂，涉手成趣。他的《进学解》亦庄亦谐，《杂说》以小喻大，《毛颖传》寓苍凉于滑稽，当时有人不理解他，说他太不严肃。其实这是对韩愈的误解。韩愈的散文刚健清新而自然，“唯陈言之务去”，却不留斧凿痕，举重若轻。苏轼也是文学巨匠，而苏轼不免有文人夸大虚浮之气，这一点朱熹早已指出过。

除了散文以外，韩愈的诗也独辟蹊径。韩愈“以文为诗”，古今论者或以为功，或以为过。是功是过，这里不作评论。“以文为诗”，应当认为这是韩愈的特点。他打破了诗只限于抒情的旧传统，拓展诗的表现范围，这是事实。学术界一般认为唐诗宏阔，宋诗深沉。从认识史的角度来看，由宏阔到深沉，是一个发展，表明诗在前进。这一变革，不是一朝一夕之功，也不是一手一足之劳，而是靠众多作家，共同努力，顺着文学发展趋势推动促成的。众多推动者中，韩愈是重要的一员。

天地之大，品类之繁，世态变幻而恢诡，在韩愈眼下，没有不可以入文的，也没有不可以入诗的。语言这个文学工具，简直被韩愈用活了，竟做到无往而不适，无事而不宜。杜甫为诗，超逸绝伦，无愧于诗圣，但杜甫的散文的确不算高明，有时显得很不通顺。说到驾驭语言的功力，韩愈堪称超逸绝伦。

有人说韩愈诗风偏于险怪，认为这是韩愈自以为无法超过李白、杜甫。才力图以险怪取胜。这种评论是不解韩愈，也低估了韩愈的文品。

文学的价值，在于能够通过形象思维，揭示社会现象的本质，要求作家不但有语言技巧，更要看作家对现实生活的感受及理解的深度。照这个标准来衡量韩愈的文学造诣，试把韩愈排在古代伟大作家的行列里比一比，韩愈比先秦诸子、屈原、司马迁、李白、杜甫稍逊。韩愈的文学造诣仍应属上品。

评价历史人物，既要看他在本学科领域中所起的作用，又要看他本人的学术造诣，历史作用和作家本人的造诣，有时一致，有时不一致，不完全是一回事。韩愈的历史地位，有他开创新局面、推动学术发展的功劳，也有他创作的功劳。前者的功绩更大一些，因为他为后世开了风气。

1988 年

书写工具与书法

古代汉字的书写工具是刀、锥、木、竹、帛。钟鼎文字是用刀刻在模具上，范型成器，器物的铭文出于铸工手刻。钟鼎文出现以前有甲骨文，文字刻在牛肩胛骨、鹿头骨，大量的是龟腹甲骨。安阳发现大量甲骨片中有的片上有书写的字迹，尚未用刀刻过。可见甲骨文制作过程是先写后刻的。

考古发现的竹简木牍、帛书字体都不可能过大。书写的用途是为了传播、保存文献记录，目的在于实用。受书写工具的限制，汉字只能小，不能大。

汉代（公元前后）中国发明了造纸术。早期造纸不能制造太大的纸张，但比木牍、竹简提供的书写空间大得多。书写的工具毛笔也有了改进（考古发现公元前三世纪的毛笔很细小，制作工艺很粗糙）。笔头增大，可吸收更多的墨汁，在较大的纸面上写字，大到“榜书”（写匾额）。

1900 年于甘肃敦煌石窟发现大量手写经卷。经卷纸张坚硬光滑，抄写者的书法有的生疏，有的成熟，已具有书写者独特的风格。手写经卷目的在于讽诵、传播，而不在于欣赏其书法。

研究中国传统文化，而不重视中国汉字书法使用的工具（文房四宝）及生活条件（古人席地而坐，今人高桌高椅），也是不全面的。文房四宝随着社会物质生活的现代化，也在发生变化。以墨而论，古人制墨以杵捣碎，清人袁枚制墨精良，号称“随园十万杵”，以示其研制精细。今人书法多用墨汁，很少用人工研磨。砚台的作用仅供盛墨汁，有的只供观赏。所谓端、歙等名砚温润、发墨的优点、特点已无从发挥。古人用墨块，人工磨墨必以人力，康有为善书，他写字用半机械的一种工具“磨墨机”，用手摇动的一种齿轮机，比人工省时省力。近来有了墨汁，既细且标准化，墨、砚越来越不重要，退居次要地位。文房四宝中真正起决定作用的怕只有纸和笔“二宝”。

1996 年

文化思潮与书法风格

书法的发展与当时社会文化思潮息息相关，并非孤立存在。从汉魏以后，佛教传入，道教兴起，与儒教鼎足而立，形成中国传统文化的三大支柱。

魏晋时期，佛道玄学为主流。玄学说“意在言外”，书画家说“意在笔先”；玄学论本末，书画家重“形神”；文学重风骨，书画贵气韵。晋人书法多表现为出世仙佛心态，多飘逸秀美。哲学思潮已由宇宙论进入本体论。南北朝后期哲学思潮由本体论进入心性论。唐代三教都讲心性论。故唐人书法与汉魏书法比，更能表现出作者的心情、性格、个性。

1996 年

"南帖北碑"

南北朝时，南北学风各有特色。史书记载，南人清通简要，北人朴实淳厚；南人活泼，北人凝重；一般而论，大体不差。在书法艺术方面，也有人提出，"南人重帖，北人重碑"，用碑、帖书法的分别来附合南北学风时尚的差别。这种看法似乎有一定道理，但不符合历史实际，不可信。汉魏书家保留下来的遗迹多为碑铭。立碑刻石，出于信仰者对膜拜对象的虔敬，刻在石上的字也要求端庄严整。碑铭以外，由于造纸术的推广，当时人日常生活中的手迹也保存下来不少。除了敦煌写经以外，在南方社会上流传下来的字帖很多，字帖风格比较流畅自然。后人论书法，往往称"北朝重碑，南朝重帖"，用以区别南北书法风格。这种说法颇为流行，并非确论。流畅与典重不是南北朝书法区别的标志，而是两种体制的差别。今天看到南朝保存下来的碑铭，书法也很典重。南朝文人留下的书札柬帖，其内容多为亲友间问候疾病，馈赠酬答之作。书写者并不要求铭于金石，传之后世，信手书写，自然成趣。书札柬帖作者的个性得以自由发抒。《兰亭序》是记录一次朋友宴集的盛会，不同于朝廷的重要集会大典，其风格自然与碑铭殊异。

1996 年

隋唐书法

中国历史的盛世，号称汉唐。汉代由于造纸术尚未普及，书法发展受到局限。唐代书法达到一个新的高峰。唐代与当时东邻新罗、日本有十分频繁的交流，儒家经典、佛教各派系，在国内及东方邻国都有广泛的传播。隋唐的政治统一，文化统一，在哲学、宗教思想以及书法艺术中也有所反映。隋唐佛教开创了众多学派，如天台宗、华严宗、禅宗、法相唯识宗、净土宗，在国内及新罗、日本都有传承。唐代的书法艺术为后来的书法奠定了众多流派的基础。影响中国千年之久的欧、柳、颜等大家，都开创于唐代。书法与时代思潮、政治形势有关，因此，一个时代有一个时代的风格。隋唐是中国历史发展的重要阶段，因为它结束了南北朝两个政权长期对立的局面。思想上、学术上要求统一。唐初编定《五经正义》，汇集南北朝有代表性的经书注释编在一处，作为国家科举取士的教材。要求统一的总趋势，在书体风格上也有所反映。如隋唐有名的书家薛稷、徐浩、虞世南、褚遂良、欧阳询以及较后的颜、柳等人，虽各具风格，但他们的书法明眼人一望而知其出自唐人手笔。

因为隋唐书法共同特征是注意字体结构。唐人写字，凡是两部分拼合的字体。其形体结构均要求左右相让，上下相容。拆开后，不复成形。汉魏碑碣，着力浓重，结构造型不太注意。拆开一个字看，由于笔划构造多少不同，有的太长，有的太扁，不太注意字体的整体造型。有时一个左右拼合的字分开来看，还不失为独立的形体，不似唐人书法结构完整。

书法滥觞于魏晋，盛兴于唐代。除学术发展的内在因素外，还有外在因素。唐代读书人步入仕途，有四条标准，为“身、言、书、判”，书法优劣影响一个读书人作官上进的出路。唐代善书者不可胜数，1949年建国以来，从地下发现大量碑碣及墓志看，不论有名的书家或无名的作者，其书法均端正可观，不失规矩。诗人李白不以书法著名，留下来的短篇书法也超轶尘俗。唐代几乎没有不善书的文人，这是时代风气造成的。

唐代造纸技术比汉魏有所发展，纸质坚实，不晕墨。唐人制笔用紫毫，笔锋较硬（从韩愈《毛颖传》可知当时制笔原料为兔毫）。唐人居室席地而坐，书写时面对矮几必悬肘而书（悬腕自不待言）。凡习书者，必先练腕力，使之不摇不颤，故能运笔有力，挥洒自如。唐人书法，流派纷呈，流利而不呆滞。其书写工具与书写条件对书法不无制约影响。

古人生活的社会去今世遥远，只可从今天保存下来的文献资料及文物遗存中窥见其端倪。今天保存下来的敦煌莫高窟壁画有许多唐代人生活图像。其中有关于建筑、室内装饰、人物服饰、生活用具、社会风俗，弥足珍贵。唐人室内生活，席地而坐，写字凭几而不用高桌，敦煌壁画中提供了实物例证。

1996 年

宋代书法

宋以后的中国文化也发生了新的变化。宋代思想标志着中国古代哲学思想的成熟阶段。宋代朱熹建成了完整的儒教新体系，形成新儒学。新儒学形成以后，统一了中国的思想意识，宋以后，中国有权臣而无篡臣，中国历史上再也没有出现过宫廷政变的方式夺取政权的事件发生，人人都不敢当曹操、司马懿。

中国文学、哲学思想的主流是“心性本体论”。学者用格物致知以穷究天下之理，还要发挥更深层次的心性之学。书法艺术也发生了相应的变革。中国书法发展过程，唐以前是一阶段，宋以后又是一阶段。

宋明时期，中国造纸术进步，能造熟纸（澄心堂纸，即宣纸的前身)。纸张洁白如玉，吸水力强，书法家喜用羊毫笔。笔毫散开能作飞白体。宋明以后，中国人起居用桌椅，不再席地跪坐。写字时坐高椅，作书时双臂有所倚托，故不必悬肘。苏轼书法，其向左撇笔多长，而向右的捺笔较短，当是伏案作书、用笔使然，如悬肘为之，不致有此现象。黄庭坚书体瘦劲而善作波磔。其所用笔当为长锋羊毫而非紫毫，用熟纸而非汉魏硬纸。与苏、黄同时的米芾、蔡襄，字亦丰腴，虽出于秉赋风格，与其所用工具为羊毫、宣纸不无关系。

宋代的四大家“苏、黄、米、蔡”对后世影响深远，直到今天，还有广大的爱好者，受推崇的程度不在唐代几个名家之下。

宋代哲学的“心性论’比唐代更前进了一步，体系更完备，条理更精密。表现在文学方面，唐诗宏阔，宋诗深沉；唐诗胜在言情状物，充分展示广大世界，宋诗富于哲理。这些思想特征在书法艺术上也有所反映。

1996 年

明清以来的书法

明清以来，科举取士，青年时代即开始临池，模仿古人书法，读书人桀骜不驯的性格，经过书法的训练与八股文同时灌输，使之纳入政府要求的规范之内。八股取士的考试制度，从思想到行为，连同书法都受到了约束。后人论书法，多推尊唐以前而菲薄宋明以后，主要在于馆阁体当道，抹煞了作者个性。

书法作为一种中国传统艺术形式，本身也要求发展。我们不能同意中国书法今不如古，越来越倒退的观点。书法与其他艺术一样，其生命在于发展创造而不是模仿。复制的艺术品价值不高，原因也在于此。

为摆脱科举考试给书法带来的桎梏，明清书法家进行了一些突破性努力：

(一) 打破科举培养的馆阁作风，创造标新立异书法，如郑燮中进士后，专工书画艺术，其书法完全摆脱了科举的范式，创造了他的六分半书。

(二) 甲骨金石字体本来用刀刻成。后人用柔软的羊毫表现用刀刻的甲骨文、钟鼎文，从而形成别具一格的书体。清邓石如用毛笔写小篆书，上追秦汉，为书坛开了新生面。近代发现甲骨文后，书法家把甲骨文引入书法。不是用刀刻在坚硬的甲骨上，而是用毛笔书写在柔软的宣纸上。也有用甲骨文篆刻印章，或小字放大成楹联、堂匾的。用甲骨文拼缀成字，别具一格。

（三）元明以来，书法与中国绘画相结合，画不离书，把书法的美与绘画的美融为一体，在书画界已成定式，几乎无画不题字，字画结合，相得益彰。

（四）古代书法，大字小字各有专工，大字用大笔，小字用细笔。书迹的要求也不同，大字贵结密而无间，小字贵宽绰而有余。今天有光学投影技术设备，字体大小可以任意操纵。这是古代书法家所未料到的。

（五）近代书写工具又有广泛改变，日常多用钢笔、圆珠笔，在机器造的硬纸上书写。近十年来硬笔书法逐渐被承认。

1996 年

汤用彤先生尊重史实的治学态度

汤先生的佛教史著作已足以说明他是一位史学家，佛教史也是历史的一部分。汤先生的史学成就受到同行的尊重，有人惊叹其渊博，有人心折其谨严，有人欣赏其考证精审，不论从哪一个方面对汤先生著作感兴趣的人，有一个共同的印象，即认为他的著作使人信得过。好像和一个淳朴忠厚的人交朋友，使人感到他值得信赖，听了他的话不会使人上当。我接触到不少中外治中国佛教史的学者，这些学者来自不同的社会，有不同的国籍，不同的世界观，好像不约而同地对汤先生的著作有类似的感受和评价，这不是偶然的巧合。原因是汤先生的研究著作贯串着尊重历史事实的精神。

研究历史，首先要尊重历史，不能歪曲，不能恣意扯持自己所需要的资料，故意忽略对自己观点不合的资料，更不能任作者的偏好，混淆客观是非。汤先生曾说过，研究历史不能没有自己的看法和想法（看法和想法包括作者对某些历史事件，历史现象的解释、说明、介绍等）。当历史事实与自己的看法和想法不一致的时候，要毫不顾惜地修正自己的看法和想法，而不能修正历史事实，因为历史事实客观地摆在那里是不能修正的。汤先生解放前没有接触过历史唯物主义，也没学过辩证唯物主义哲学，他在哲学体系上是个典型的唯心主义者。但他尊重历史，明确地提出史实与想法不一致时，则修正自己的想法，不修正史实。这一点却是科学的实事求是的态度。

汤先生研究佛教而不信奉佛教，与当时名僧及佛教界名流素不交往，他认为信仰某宗教，必然对它有偏好，有偏好就很难客观地评论其得失。汤先生谨严地、客观地把中国古代佛教这一社会现象当作历史学的一个分支来探讨。

1983 年

汤用彤先生的史学和史识

在旧中国，从事考据之学的，不少人喜欢引用一些别人看不到的材料借以抬高身价，沾沾自喜。汤先生和几位有成就的历史学者，如陈寅恪先生、陈垣先生却不是这样。他们主要依据的是《五经》、《二十四史》、《高僧传》、《资治通鉴》、《大藏经》等，都是摆在大路边上，人人易见的资料。他的立论也平易朴素，从不自诩有什么惊世骇俗的伟大发现。他的著作平实中见工力，经得起时间的考验。《汉魏两晋南北朝佛教史》出版到现在快半个世纪，仍然被学术界所重视。后来外国出版的同类著作，至目前为止，我所看到的，多半是在他原来的间架上有所增益，没有重大的突破，有的作者由于对古汉语的隔阂，还有不少知识性的缺陷。经得起时间考验的学术著作从来是为数不多的。经得起时间考验的主要原因，考订谨严，资料扎实，学术界信得过。汤先生自幼身体不大强壮，三十多岁即满头白发，患高血压，写字手颤，写文章也不像有些作家那样，下笔万言，一挥而就，而是反复斟酌，日积月累，逐渐完成的。内行人都佩服他的文章古朴、厚重、典雅、平实、寓高华于简古，深具汉魏风骨。

汤先生读书十分仔细，他治学谨严，对原始材料一字一句，一个标点也认真考虑，从不轻于放过。他早年写的几篇《大林书评》（收在《往日杂稿》）中对日本一些著名学者的著作提出评论。有根有据，平心静气地说道理，并严肃地指出他们对古代汉籍的断句、标点的错误，从而造成对古人原文意义的误解。作为一个有修养的中国学者，对中国文化遗产的整理，应当有发言权，也应当善于运用我们的发言权，为国争光。这一点，汤先生表现出中华民族的学术骨气。旧中国有些文化人，生就一副奴颜媚骨，在洋人面前不敢争是非，这种恶劣影响今天还有待于肃清。

汤先生十分注意一个学者的史识，他经常说，做学问，除了广泛占有资料外，还要有科学的识见，他经常用 Insight 这个词。没有史识，光是资料的汇集，不能算作史学著作。有意识地运用历史比较法研究中国佛教史，开创者是汤先生。在汤著佛教史以前也有几本中国佛教史，基本上是封建主义的、资料摘录式的介绍，有成就，但他们的成就受到方法的局限，使问题钻研的深度受到一定的限制。汤用彤先生提出，史学者要有史识。他不同于封建史学者。他对西方现代资产阶级唯心主义哲学有较深的理解，具备现代资产阶级的一些思想方法，对佛教思想进行分析比较，比起那些只会用封建的含混不清的叙述，用佛经解释佛经的中世纪办法提高了一个历史阶段。又由于他能把佛教的传播与发展当作一种社会现象来对待，他解放前用的是唯心史观，但比起那些和尚居士们对佛教怀着迷信态度的膜拜，成就自然高得多，这是他能超出封建学者的原因。

1983 年

浩荡为学　高尚做人

熊十力先生冬天室内不生炉火。北京的冬天差不多有四个多月，听课的学生全副冬装，坐着听讲。熊先生开的课是两个学分，也就是两节课。但熊先生讲起来如长江大河，一泻千里，每次讲课不下三四小时，而且中间不休息。他站在屋子中间，从不坐着讲。喜欢在听讲者面前指指划划，讲到高兴时，或者认为重要的地方，随手在听讲者的头上或肩上拍一巴掌，然后哈哈大笑，声振堂宇。有一次和张东荪谈哲学，张在熊先生面前，也成了学生，一巴掌拍在张的肩上，张东荪不得不眨眨眼，逡巡后退，以避其锋芒。抗战时，听郑昕先生说他在天津南开中学求学时，听熊先生讲课，他怕熊先生的棒喝，每次早一点到场，找一个离老师远一点的位子坐下。我才知道熊先生这种讲课方式由来已久。

听熊先生讲课，深感到他是教书又教人，讲“新唯识论”、“佛家名相通释”往往大骂蒋介石东北失陷，不抵抗，卖国投降。熊先生不止传授知识，他那种不媚俗，疾恶如仇的品格，感染了听讲的人。

1988 年

虚往而实归

熊十力先生一生没有积蓄，有时靠亲友的资助，抗战时期有几年很困难。熊先生对他的学生凡是去看他的，他都留下，吃住和他在一起。学生给老师带点礼物，如带只鸡，送点药物，熊先生也不客气，慨然收下，相处如一家人。但是在学问上有错误（对古人的思想理解不对），熊先生也不客气地指出，从不说敷演、客气话。有问必答，甚至问一答十。跟熊先生在一起，令人有虚而往，实而归的感觉。和熊先生相处，好像接近一盆火，灼热烤人，离开了，又使人思念难以忘怀。

1988 年

昂首天外　挥斥八极

北京大学蔡元培当校长时，仿照西方大学的规章，教授要开三门课程。只担任一门课的，聘为专任讲师，外校教授在北大讲授一门课程的，聘为兼任讲师。当年鲁迅就是兼任讲师，我在北大时，清华大学的张申府、金岳霖先生都担任过北大的兼任讲师，林宰平、周叔迦先生也是兼任讲师。熊十力先生经蔡元培先生介绍到北大哲学系，是专任讲师，每月薪水一百二十元。那时蒋梦麟主持北大，熊先生的为人，不会与人俯仰，只是做自己的学问，他这个讲师的名义一直继续到“七七”事变，离开北京为止。他从不参加系里的开学、毕业、迎新送旧的活动。他这个讲师，在任何教授面前屹然而立。不论什么人来访问，他从不和人谈论天气，一谈起来，就是讲学问。除学生们前来请教的以外，在北平常和熊先生来往的，有汤用彤、林宰平、蒙文通、贺麟、张东荪诸先生。都是这些先生到熊先生家，熊先生从不回访。抗战时期在重庆，有不少国民党的达官显宦来访，居正是当年辛亥革命时的朋友，陈铭枢从欧阳竟无先生学过佛学，与熊先生也友好。熊先生住北碚时，陈铭枢请熊先生在一个背山面江风景优美的饭馆吃饭。熊先生朝江面看风景，陈铭枢面对熊先生，背对着江面。熊先生问陈，你为什么不看看风景，陈说，你就是很好的风景。熊先生哈哈大笑，声振堂宇，说：“我就是风景？”熊先生对他们也是讲他的“体用不二”的道理。不论什么人，只要常到熊先生处，听他讲学，不知不觉地就成了他的“学生”了。熊先生有一种气势，或者说有一种“境界”把来访的人慑服了。

我的老朋友韩裕文，曾对我说过，熊先生告诉他，做学问，不能甘居下游，要做学问就要立志，当第一流的学者，没有这个志向，就不要做学问。做学问，要像战场上拼杀一样，要义无反顾，富贵利禄不能动心，妻子儿女也不能兼顾。天才是个条件，但天才不能限制那些有志之士。他还告诫，青年学者，要爱惜精力，他在勉仁中学写了一联赠一青年学者“凝神乃可晋学；固精所以养气”。他对韩裕文讲过像×××，人很聪明，可以成器，他就是爱嫖，这也成不了大器（据说此人现在台湾）。

全国解放后，董必武同志、郭沫若同志函电邀请他到北京来。熊先生路过武汉，当时林彪、李先念主持中南工作，设宴招待他，他还是讲他的唯心主义哲学。到北京后，对人讲，林彪心术不正，怕不得善终。老朋友们劝他不要随便乱说。到北京后，毛泽东同志给他送了几本书，还写了信。熊先生申明，他拥护共产党，爱新中国，一辈子学的是唯心论，无法改变自己的哲学主张。我们的党没勉强他，还出钱帮他出版了好几种唯心主义的著作。他的表里如一，爱国、热爱学术的精神，受到共产党的尊重。

他住在上海，担任全国政协委员，到北京开会，他先说明，我保证“三到”（开幕、闭幕、照像），其余的大小会都不参加。会议期间他有机会去与多少年的老朋友叙叙旧，也很高兴。他与钟泰、张难先、吕秋逸过从。陈毅同志也前往拜访，鼓励他写他的书，帮他出版。解放后，熊先生的心情基本上是舒畅的。

1988 年

伟大而高尚的理想　深挚又悲苦的责任感

从熊十力先生和许多良师益友的身上，使我懂得了应当走的路和如何去走。教训深刻，而又使我铭记不忘的，使我首先想到的是熊先生。

熊先生这个人，以他的存在向人们展示了一种哲学的典型。一生坎坷，没有遗产留给儿孙，家庭关系处理得也不尽妥善。几十年来，没有见他穿过一件像样的考究的衣服。伙食注意营养，却不注意滋味，甚至可以说他吃了一辈子没有滋味的饭，人们认为值得留连的生活方式，对熊先生毫不沾边。熊先生博览群书，不讲究版本，手头藏书很少，可以说没有藏书。我认识的学者中，熊先生是唯一没有藏书的学者。别人也许觉得他贫困，他却显得充实而丰足。别人也许认为他不会安排生活，他却过得很幸福、坦然。他也像普通人一样，有时为了一点小事发脾气，过后，却深自谴责，好像雷阵雨过后，蓝天白云分外清新，他胸中不留纤毫芥蒂，真如古人所说的，如光风霁月。他具有只有他才具有的一种人格美。

我常想，是一种什么力量使他这样？这里面大有学问。我感到熊先生在生命深处埋藏着一个高远的理想，有了这个理想，使他百折不回，精进不已，勇往直前，义无反顾。在四川北碚时，熊先生说他在北平寓所有一副自写的对联："道之将废也，文不在兹乎"。胡世华同学看了想要，熊先生送给了他。前不久遇见胡世华，问起这件事，他说确有此事，还补充说，熊先生取下这副对联，在上面写上"此联吾自悬于座，世华见而索之"。"文化大革命"劫火之后，不知此联是否尚在人间。这十个字，充分说明了熊先生的理想。他孜孜不倦，汲汲遑遑，从南到北，开门授徒，著书立说，无非是为了这个理想。熊先生讲学，不问对象（有学人，也有官僚政客、商人）是否值得讲，听讲者是否真正愿意听，他总是苦口婆心、锲而不舍地讲授。讲述的中心，无非要人们认识中华民族传统文化的价值。他中年以后，建造自己的哲学体系后，“舍佛归儒”。除了在他著作中写出来的，理论上发现的佛教哲学缺失外，还有一个埋藏在他内心深处的“第一因”——对中华民族传统文化的热爱。有了这种深挚的爱，虽长年病躯支离，却肩起振兴中华文化的责任。这种深挚而悲苦的责任感，是20世纪多灾多难的中国爱国的知识分子独有的。对中国传统文化了解得愈深刻，其深挚而悲苦的文化责任感也愈强烈。这就是熊先生理想的动力。

熊先生抽象思维、辨析名相的功力为常人所不及，《因明大疏删注》即是明证。但熊先生的著作中反复申明的，倒不在于抽象思维的训练，而是教人端正学习的态度。他指出学问的精髓不在于言说文字，而在善于体认言说文字之外的中心恻怛的心怀（超乎小我的感情），他一再教人不要把学问当作知解看待，要学会体认心之本体。他在著作中反复叮咛：玄学不同于科学，中国哲学不同于西方哲学。这里不存在抬高中国哲学，贬低西方哲学的意思。熊先生只是提供人们如何正确理解中国传统文化的一把钥匙。因为中国传统文化的核心部分，熊先生称为“玄学”（与西方玄学、形而上学意义不同），它既有思辨之学，又有道德价值观、美学观等更丰厚的内容，这些内容确实是近代西方意义的哲学所包容不进去的。

“道之将废也，文不在兹乎”，这说明进入20世纪，中西文化接触后，引起中国有识之士的广泛而深刻的反省。西方侵略国家挟其船坚炮利的余威，给中国的经济生活以破坏，连带引起社会生活、政治生活、以至家庭生活的变革。面临前所未有的大冲击、震荡，发展下去，必然引起知识分子深刻的世界观的动荡。春秋战国在中国历史上曾被认为是个大变革，它与五四以后的变革相比，简直微不足道。熊先生的哲学的核心问题，与其说它讲的哲学问题，不如说它讲的文化问题、传统文化的前途、出路问题。

熊先生“弃佛归儒”，正是由于儒家传统带有浓重的民族特色，而佛教（特别法相唯识之学）更多思辨特色。思辨精神与中华民族的生死存亡的关系不是那么直接。“为生民立命”，在西方近代哲学家看来，本不是哲学家的事，而中国知识分子则认为责无旁贷。熊先生与欧阳竟无先生的分歧在于：熊先生以佛为妄而舍佛归儒；欧阳竟无先生在抗战前后发表的关于《大学》、《中庸》的论著，以及对孔孟的评价，也有“舍佛归儒”的倾向，只是欧阳先生认为儒家高明博大，佛亦不妄，佛儒交相融摄，更趋向于儒而已。

熊先生为了他的理想，生死以之。他很早就宣称他不能接受马列主义，不能相信唯物论。像他这样一位爱国的知识分子，这是可以理解的。

我和熊先生相处多年，相知甚深。我过去一直是儒家的信奉者。新旧中国相比较，逐渐对儒家的格、致、诚、正之学，修、齐、治、平之道，发生了怀疑。对马列主义的认识，逐渐明确。在1956年，我与熊先生写信说明，我已放弃儒学，相信马列主义学说是真理，“所信虽有不同，师生之谊长在”，“今后我将一如既往，愿为老师尽力”。熊先生回了一封信，说我’诚信不欺，有古人风”。以后，书信往来，就不再探讨学问了。熊先生历年给我的信很多，可惜毁于十年劫灰中!

学马列主义，也不能在言语文字上打转，也要身体力行，这方法和态度还是从熊先生的教诲中得来的。熊先生是我永不能忘的老师。

1988 年

谈学术文章的写作

写学术文章，可以说没有共同的程式，却不能说没有共同的要求。

朱谦之先生治学兴趣广泛，对中西文化交流史、中国哲学史、日本哲学史、朝鲜哲学史、音乐史、戏剧史、宗教史、目录学都有专门著作问世，曾得到国内外学术界的重视。他写文章的特点是快。每天早晨四五点钟开始写作，到八九点钟停止。他写作时，手不停挥，文不加点，一两万字的文章，一挥而就。有时连引文也懒得查对。汉代文学家枚乘，文思敏捷，草拟紧急文书“倚马可待”。枚乘写文章快是快，但不是学术著作，总数量也不多，比朱谦之先生差远了。

冯友兰先生晚年目力不佳，他写文章由自己口授，助手记录，冯先生在记录稿上做些修改，最后整理成书。解放后出版的几部《中国哲学史新编》，都是以这种方式写成的。古人中有下笔成文、出口成章的作家，多半指的诗、赋或即席应酬之作。口授几十万字的学术文章的却不多见。冯先生善于化繁为简，逻辑性强，使人读后印象明确。他的观点别人不一定赞同，但不会由于表达不清楚而使读者误解。这是他的功力之所在。

朱光潜先生写文章，先把必要的材料收集齐备，把文章的大端、纲目列出来，摆在手边。然后按拟定的纲目，逐章逐段地写下去。朱先生的文章条理分明，不蔓不枝，如潺湲山泉，有曲折，有起伏，而说理明畅，沁人心脾，有理论文的清新，又有诗的韵味。

熊十力先生写文章富有批判、论战风格。有时急于下笔，随手抓几张纸（多半用别人来信的信纸背面起草），奋笔疾书，字如狂草。写到会心处，口里不断讽诵。文章写完，他认为最重要的段落加上浓密圈点。有时高兴了圈点的地方占了一半以上，重点反而不明显了。他为文气势磅礴，如长江大河，字句不加雕饰，看似漫不经心，而用字遣词，又十分准确，不可更动。

汤用彤先生写文章，慢条斯理，不以敏捷擅长。中年以后，患高血压，手颤，用毛笔写字很吃力，几千字的文章要断断续续写好几天。写作过程中不断修改，一稿往往修改多次。他的文章虽非一次写成，并没给人以不连贯的感觉。使人读后觉得清通简要，文质得中，寓典丽于高古，深得魏晋风格，却没有魏晋文风虚诞浮华的弊病。

上述几位老先生中，除朱谦之先生属于才子气的写作方式，别人不容易学以外，其他如冯、朱、熊、汤几位先生都有特长。他们的文章，不论长篇巨著，还是札记短笺，讲的都是他们熟悉的东西，不讲他们不熟悉的东西。因而讲起来总是头头是道，如数家珍。鲁迅先生曾说过，章太炎先生晚年社会上尊奉为国学大师，他不讲他熟悉的文字学，却喜欢讲文字学以外的东西。出了范围，他的言论往往不大正确。鲁迅对此，很为章太炎惋惜。这里讲的几位先生文章写得好，受到内行人的尊重，原因是在学术问题上从不“越位”。这一点，值得学习。专家，所专的只不过一个小范围，小范围以外，专家未必专，也许很外行。

现代人写学术文章，不同于古代人。评论学术，分析概念，要求清晰、准确。《庄子·天下篇》是学术论文，用庄子《天下》的写作方式，表达不了当前的百家争鸣局面。写学术文章，要有系统的现代科学方法的训练。上面所举的这几位先生超过乾嘉学者，也超过同时代新学派的学者的地方，就在于他们接受了现代思想方法。

所谓“现代”，并没有一个固定的疆界，现代中最根本的一条标志，即看作者是否熟悉现代的科学的思想方法。有了科学的思想方法，才可以保证我们的学术论文水平不断提高。科学的发展无止境，学术研究的深度、广度也无止境。

学术文章风格因人而异，好比人的性格不能强求一律。所谓“文如其人”，即指文章风格，也指人的品格。写文章离不开技巧，要有基本训练。这是每一个学者在青少年应当学会的本领，这里不去说它。我只说学术论文最要紧的是文章的科学性。如果内容缺乏科学性，就等于人患了软骨病，站不起来，成为不治之症。学术文章，先有“学术”，再谈“文章”，因为文章的支柱是它的学术内容，而不是词藻、结构、章法。旧社会所谓“桐城义法”，写不出学术论文，用“马列义法”装点的文章多短命，有的文章连一两年的寿命也没有维持下来，一点也不奇怪，理应如此，因为文章缺少科学性。

1986 年

充实的伪书与空洞的真品

中华民族文化源远流长，拥有丰富的文物、典籍。有些文物、典籍的内容、作者与产生它的时代不符，称为赝品。典籍中的赝品，学术界称为“伪书”。

伪书的出现，可以有多种情况：有伪造假古董以谋利的（据沈兼士先生讲，甲骨片刚发现时，收藏家潘祖荫喜收集甲骨拓片，琉璃厂书商竟在烤制烧饼的背面拓出纹理冒充甲骨拓片。这是我当年在沈先生文字学课堂亲身听到的掌故）；有的为了传播某种观点，挟古人以自重的（如汉初以黄帝命名的《黄帝内经》、《神农本草》等）；宗教经典多假托得自龙宫、仙山洞府以骗取信徒的（如大乘空宗典籍，道教典籍）。如果揭示出伪书出现的时代，伪书即成为可信的材料。《列子》一书托名列御寇作，经过研究，此书非列御寇作，它出于魏晋时期，反映了魏晋时期的一种流派的思想。从这个意义上说，《列子》一书用作研究魏晋时代思潮，有它不可取代的价值。放在先秦是伪书，放在魏晋就不伪。

与世俗典籍并行的佛教、道教典籍中也有不少“伪经”。持正统观点的信仰者，为了保持宗教的纯洁性，不能容忍“泾渭杂流，龙蛇并进”（晋代名僧道安语）的现象存在。如果抛开正统观点，从客观研究的立场着眼，查明伪经出现的时代、作者（作者可能是某一人或某一流派），用它来说明作伪的时代以论证某时代思潮，找出它流行的地区以了解其传播的范围，其史料价值比号称“真经”的还矜贵。

有幸生为近代人，可以不受古人旧传统的局限，有可能从文化整体的高度来看待一切“伪书”、“伪文献”，从而剖析它、驾驭它，使它为我所用。俘虏兵用好了，和正规军同样发挥战斗作用。好像对待污染环境的废气、废液、废渣三废一样，经过综合治理，收回利用，即可变废为宝。一切物质都在元素周期表中占有自己的位置。谁要说某种元素是有害元素、无用元素，那是无知。

人们习惯所指的伪书、伪经，无非是说它不是所标榜的那种作品。如确凿地指出它的来历，摆在应当安放的位置上，它就是“真书”、“真经”，一点也不伪。《老子》说过：“圣人常善救人，故无弃人；常善救物，故无弃物”（《老子》二十七章）。这是说，只要善于用人，根本没有无用的人（弃人）；只要善于用物，根本没有无用的物（弃物）。弃人和弃物，不过是那些未被认识，未被发现，没有派上用场的人和物罢了。这一层道理，一经说破，不难理解。

伪书之所以引起人们的关注，不在于它的伪，而在于它有充实的内容，这些内容是不可代替的。经历了历史的考验，最后找到归宿，在历史文献中占有一席之地，并从此摘去了伪书的帽子。

历史上有更多的不伪的书，号称学术著作，却没有学术性；号称科学著作，却缺乏科学性。因缘时会，也曾行时过一阵子。时过境迁，便被人遗忘的干干净净，因为这类“真作品”内容空洞，价值不高，不具备充当“伪书”的资格，日后自然无人提起。这种自生自灭的不伪的作品是大量的，它曾大量产生，大批消逝。主持这个淘汰选择的就是广大读者。靠了这个权威最大的裁判者，才使得伪书得以正位，劣而真的作品得以自然消亡。天地间之大公无过于是者。

1991年

知人论世与为人处世

判断一个人的历史功过，主要看他在社会所处的地位和他所发挥的作用。

长期封建社会的最基本的社会关系是三种：君臣、父子、夫妇，古人谓之“三纲”。这三种社会关系，论发生先后，顺序是“有夫妇，然后有父子，有父子然后有君臣”。论轻重，则君臣一纲最重要，其次是父子，再次是夫妇，与自然发生的顺序刚好相反。南宋诗人陆游婚后有一个美好的家庭，只因他母亲不喜欢陆游的妻子，陆游不敢违背孝道，被迫与妻子离异，诗人为此抱憾终身。因为“孝”是封建社会的基本准则，夫妇虽爱不能违背孝道。孝与忠相较，忠又比孝显得更重要。当忠与孝发生冲突时，为了君主，可以牺牲孝道。王陵母告诫王陵，移孝作忠。这是公认的道德准则，已被封建社会接受。

每一个社会成员，根据他所处的社会地位来尽他的职责（或称义务），传统谓之尽伦尽职。伦是秩序、次序。人在社会中生存，必须站在一定的社会位置上。有时同一件事（一种行为），由于行为者的社会位置不同，人们对他的行为可以做不同的评价。

梁武帝信佛教，有极深厚的宗教修养，写过不少佛教经典注释流传，坚持素食，由于营养不良，操劳过度，使他面黄肌瘦。有人奉劝他，作为一个皇帝，职责是使老百姓安居乐业，生活得富足，不在于“辍半日之餐，全一禽之命”。梁武帝如果不在皇帝的位置上，作为一个虔诚的佛教信徒，他的行为值得称赞；作为一个皇帝，他是个亡国之君，不及格。与梁武帝情况类似的还有宋徽宗赵佶，他绘画、书法都是第一流，可以传世，踢球的技术也不错；就是把国家弄得一团糟，成了亡国之君，是个不及格的皇帝。

刘邦与项羽争天下，两军对阵，项羽用刘邦的父亲为人质，胁迫刘邦屈服；如不屈服，就油锅烹死刘邦的父亲。刘邦说，我们曾经结为兄弟，“我父即尔父，若烹太公，幸分我一杯羹。”刘邦为了争天下，可以不管父亲的死活。刘邦成了汉朝开国之君，他的政绩比秦朝好。后人没有深责刘邦的不孝。俄国的彼得大帝是个有为之君，对俄国的发展起过推动作用，他也喜欢乱搞男女关系。但历史学家对他这点采取宽容的态度，未加苛求。

唐朝女皇帝武则天在她丈夫死后，当了皇帝，活到八十多岁。豢养了不少男宠，著名的有僧人薛怀义、张易之、张昌宗等。历史上对武则天的私生活并没有过多的责备，连保守观念较重的司马光写的

《资治通鉴》中说武则天善于用人，“一时英贤竞为之用”。用皇帝的标准来衡量武则天，她在外交、内政、用人，发展生产，安定社会各方面，政绩显著。就私生活而论，她比所有男性皇帝的内宠少得多。

可是同样的行为，比如僧人薛怀义，并没有完成作为一个僧人的职责，如念经、敬佛、传教、持戒，没有任何可以称述的。他一生的主要活动，是充当武则天的男宠。薛怀义和武则天行为相同，在武则天不算什么问题，在薛怀义身上就一无是处。因为薛怀义在社会秩序中所处地位（伦）与武则天大不相同。他是僧人，作为僧人，薛怀义是个不及格的和尚。武则天是个卓越的皇帝。

人们对已经过去的历史人物，可以看主流，对古人的主要贡献、历史作用给以通盘考虑是通常采用的方法。因为时隔多年，古人的小失误已不再发生影响，留存下来的是他们发生社会影响的那一部分。如董其昌为人很不好，横行乡里，民愤极大。几百年后，人们还是承认他的书画的成就。

我们评论当前的人物和言行，都不可以硬套评论历史人物功过的粗略方法。因为目前的小事，关系到社会风气的良窳，特别是负有领导责任的各级官员，更应起着榜样的作用。如果追求享受，脱离群众的监督，胡作妄为，也许自己以为是小节无碍，实际上亏了大节。不必等到百年之后，当前就难逃公论的指责。小节失误，也是失误，社会上的每一个人，如果对当前社会不负责任，就不是一个合格的公民。当时不及格，妄图从后来的评论家笔下得到宽恕，这是不现实的，对社会、对自己有害无益。

1995 年

国子监祭酒与北大校长

从旧北大的校领导人来看，蔡元培先生是个教育家，学者，没有官气。蔡先生以前和以后的校长们有官气的较多。西南联大时期同学们曾议论过北大的蒋梦麟校长和清华大学的梅贻琦校长，认为梅贻琦校长在办教育，蒋梦麟校长在当官，后来竟给宋子文当秘书长去了。有人说，这也许是北大的旧传统太深，“国子监祭酒”非有官气不可吧？太学生关心国事的传统与国子监祭酒当官的传统竟绵延不断地传袭了二千年!

1988 年

北大的“大”

北京大学蔡元培先生曾提出：

> 大学者，囊括大典，网罗众家之学府也。……各国大学，哲学之唯心论与唯物论，文学美术之理想派与写实派……常樊然并峙于其中。此思想自由之通则，而大学之所以为大也。我国承数千年专制之积习，常好以见闻所及，持一孔之论。(《北京大学月刊》发刊词)

这里提出了破除数千年专制之积习，防止“持一孔之论”，容纳不同观点的学说，给各家以争鸣的机会，无疑起了繁荣学术的作用，给五四新文化运动开辟了一条通路。

北大的“大”，不是校舍恢宏，而是学术气度广大。这一无形养成的学风，使北大的后来人能容纳不同的学术观点。我进北大时，蔡元培校长已离任多年，但当年的学风还在。形形色色的教授中，有衣冠楚楚的，也有衣履邋遢的；有口才便捷的，也有语言不清的，有有学历头衔的，也有没有上过大学的，有新人物，也有老秀才。北大教师的总体阵容是壮大的。抗战时期的西南联大，更是呈现了百家争鸣的局面。全国解放后，经历了1952年的全国院系调整（这里有利有弊不可一概而论），北大的教师队伍打破了各校长期隔阻，南北不通气的格局，促成了解放后的新校风。人们在众多流派中各自汲取其要汲取的，取精用宏，不名一家。北大这个“大”的特点，谁能善于利用它，谁就能从中受益；肯学习，就能多受益。不能说其他大学不具备这种“大”的特点，似乎北大给人的印象最深。不知这里是否杂有个人的偏好？

1988年

松公府旧北大图书馆杂忆

抗日战争以前的北京大学，规模不像今天的北大这样大，当时每年招新生约三百人上下，在校学生总共一千多人。清华大学人数和北大差不多。当时的国立大学中，北大和清华都算规模较大的了。

五四时期，北大图书馆设在沙滩红楼的第一层，毛泽东同志曾在图书馆工作过。李大钊同志领导下的盛况，我没有赶上。1934年我考入北大，图书馆设在沙滩松公府的一个四合院内，是一所旧府第庭院。院内古槐参天，每到夏季，浓荫匝地，蝉声悠长，寂若空谷，静若古刹。进入馆内，颇有“苔痕上阶绿，草色入帘青”的感觉。可是到了冬季就不好过了。北平冬季漫长，馆内阅览室方砖铺地，阴冷潮湿，凉气直往上冒。尽管全副冬季装备，坐久了仍觉得腿脚僵冷，手指也不听使唤。一年之中有半年不好使用，我对这个旧图书馆的印象好坏各半。

旧的图书馆馆长是毛准教授，字子水，出身安徽读书家庭，精文史之学。他留学德国时专攻科学史及数学，回国后在历史系开“科学方法论”课程，选课的不限于历史系学生。他讲课时，引用数学公式太多，加上口才不佳，选课者寥寥数人。因为他为人厚道，判分比较宽松，各系的高年级同学临毕业时，有人为了凑足132个学分（文科毕业生的最低学分限度是132个学分），选修这门课的每年也能维持三五个人。毛子水先生平日穿一件旧长衫，衣着不整，名士派头，对图书馆的事不大过问。他是文史专家，精于古籍鉴定，北大图书馆收藏的善本古籍不少是他任期内买进的。新馆建成，聘严文郁先生为馆长，办馆方针仍保持旧传统。

旧北大图书馆也有一套规章制度，借书有数量和期限的规定。学生一般能遵守，教授中有人遵守，也有人不遵守。有人向毛子水先生建议，今后借书应加以限制，怕有遗失。他说，图书馆遗失不是由于借阅，办了借阅手续，不会遗失，借出越多，遗失越少。在这种无为而治的作风下，教授借书也有一两年不还的。

30年代，清华大学有一年招生考试，国文题目中有对对子一项。试题中有“孙行者”，考生答卷有对“祖冲之”的，有对“胡适之”的。这种办法引起了教育界的关注，有人赞成，有人反对。一次在胡适家里，有人提出用“毛子水”这个人名对一个地名，在座的提出不少佳对，胡适的对句为“野人山”。“毛子水”对“野人山”，妙趣横生。事隔多年，其他对句早被遗忘，这一对子还被许多人记住。

日本投降后，北大从昆明迁回北平旧址。馆长仍是毛子水。全国解放前夕，南京政府派飞机接北平各大学的教授们离北平去南方。北大的教授绝大多数留下迎接解放，不愿去南方过逃亡生活。最后一次飞机到达南京时，胡适作为北大校长到机场迎接北大教授，只接到毛子水一个人。事后听说，毛子水与国民党军统头子戴笠小学时是很要好的朋友，他怕解放后他和戴笠的关系讲不清楚，匆忙飞走了。

大学二三年级期间，旧北大的新图书馆落成，地点仍在沙滩松公府，靠近北大西大门。新建的图书馆，采用钢门窗结构，宽敞明亮，一扫旧馆沉闷幽暗的气氛，这个建筑在当时是最先进的。以中文阅览室为例，常用书、工具书如《四部丛刊》、《四部备要》、《二十四史》、《册府元龟》、《说郛》、《通典》、《通志》、《文献通考》、《玉海》等书，沿墙排列了一周，随手查阅，十分方便。同学带来的书，从书库借来的书，都可以摊在阅览桌上。中午出去吃饭，摊开的书可以不收拾，回来接着看。需要剪剪贴贴的，还可以把剪刀浆糊放在手边。历史系有一位陶元珍，经常把《张太岳集》放在中文阅览室，旁边摆着剪刀和浆糊，他后来成了研究张居正的专家。

当时北大校门任人出入，教室任人听课，图书馆阅览室也任人阅读。不管是不是北大的成员，都可以走进来，坐下就看书，无人干涉。写北大校史的人，都提到北大沙滩有不少在北大的旁听生（办过旁听手续的）和偷听生（未办旁听手续的），如丁玲就是偷听生中的一位，传为佳话。其实当年旧北大的图书馆还有“旁阅生”和“偷阅生”（临时铸造的新词，自知不妥，并无贬义）。这一条渠道也曾给一部分社会自学青年提供了读书的方便。这些自由出入图书馆的读者，除了不能从书库借书外，实际享有查阅中西文开架书刊文献的一切方便，与北大正式生没有两样。说来也奇怪，在这种极端开放，几乎无人干预的情况下，没有听说图书丢失事件，只有一次在盥洗间抓获过一个摘取电灯泡的小偷，这与偷书无关，另当别论。

沙滩松公府旧北大图书馆还规定，学生凭借书证可以进书库看书，国外各大学多有这样的规定。我在学校读书时，也深受其益。因为到书库里面，亲手翻一翻，看一看，与查阅书目卡片得来的印象大不相同。根据卡片找书，有按图索骥的方便，有目的性，节约时间。但是，从事研究的人有时无意中翻书，会有想不到的发现，得到新的启发，这种启发是查目录卡片无法替代的。

1993 年

第六编

生平与学术道路

追求——自我小传

我生于山东平原县，四岁以后，随父母在鲁南一带生活读书。九岁以后，在济南省立第一模范小学读书（听说现在改称实验小学）。当时北洋政府提倡尊孔读经，我读《四书》是在上小学时读完的。小学老师曹景黄先生给我打下阅读古汉语的基础，是我永远怀念的第一位老师。

1928 年上初中，1931 年上高中，中学时期有几位国文（现在称语文）老师，任今才（幹忱）、刘伯敭、张希之先生都是北京大学中文系或哲学系毕业的，在他们的影响下，我读过梁启超、胡适、冯友兰几位先生的著作，也读过他们关于老子年代的争论文章。

1934 年考入北大哲学系。旧社会读哲学很难找到合适的职业。那时年轻，不考虑那些，一心想寻找真理，追究人生的归宿。入学时有十几个人，毕业时只剩下三个人，我是其中的一个。

大学三年级，暑假期间发生了“七七”事变，北大南迁。文学院设在湖南衡山脚下。半年后又迁往云南蒙自县。由湖南到云南我参加了学校组织的“湘黔滇旅行团”。徒步旅行，走了两个多月，行程一千三百多公里。有机会看到农村败落和农民贫困景象。靠了他们承载着这个又穷又大的国家；人生的归宿，最后的真理，如何与当前广大贫困的农民和败落的农村发生关系，对我来说一直是个问题，无法解决。我深信探究高深的学问，不能离开哺育我的这块灾难深重的中国土地。从此我带着一种沉重的心情来探究中国传统文化和传统哲学。不但细心阅读了大量的原始著作，甚至还照着去做。那时我只看到中华民族文化积累丰厚，它有生命力，是活着的文化，不同于某些西方学者把中国文化积累看成考古的对象。我们的文化不但活着，还要发展，应对世界有所贡献。但苦于找不到一个令人满意的清理方法。前天、外国人和时贤的著作，我觉得都没讲清楚。

儒、释、道三教是中国传统文化的三大支柱，它深刻而又广泛地影响着我国社会各阶层。从事中国哲学史的教学和研究多年，我力图把中国佛教思想纳入中国哲学发展的主流，看来收到了一定的效果。道教对中华民族文化的重要性不下于佛教，今后还要用科学研究的成果向社会和学术界推荐。因为这一门学科的研究比佛教研究迟了数十年，见成效、被承认，还有待将来更多学者的努力。

学术研究要扎根于这块土地上，要有补于人类的发展和社会的进步。世间没有纯学术，但有一点可以说：我写的，完全是我想通了的，没说别人的话，我反对跟着凑热闹。

全国解放后，开始学习马克思主义，学着用历史唯物主义来观察社会和分析历史现象。初步学到了这个方法，使我十分振奋。回头来再剖析我中华民族的文化，就有了下手处，过去看不清楚的，现在看得比较清楚了。活到老，学到老，还要不断学习，力求有较大的长进。

1991年

学习用马克思主义研究中国哲学史

建国后，党十分关怀知识分子的成长，积极帮助他们学习马克思主义的基本理论。解放初期北京大学、清华大学哲学系的教师和一些马克思主义哲学工作者，定期（每两周一次）举行讨论会。当时北京大学哲学系教师们过去基本上都未曾接触过马克思主义，这样的讨论会是一个很好的学习方式。经常参加的，北京大学有汤用彤、贺麟、郑昕、洪谦、朱光潜、胡世华、齐良骥、任继愈等人，清华大学有金岳霖、冯友兰、张岱年、任华、邓以蛰、王宪钧等人。当时研究马克思主义多年的艾思奇、胡绳、侯外庐、何思敬等同志常来参加，徐特立同志有时也来参加。讨论会人数不多，自由参加，不拘形式，每次都有一人作中心发言，其他人围绕这个中心问题自由发言。金岳霖同志讲过形式逻辑，胡世华同志讲过数理逻辑，郑昕同志讲过康德，贺麟同志讲过黑格尔。发言多的是艾思奇、胡绳、何思敬几位同志。他们除了介绍马克思主义、毛泽东思想外，还给大家解答一些问题。当时我们没有接触过马克思主义，什么是历史唯物主义还很不清楚。通过这样的学习、交流，获益很多。后来，艾思奇、胡绳同志还兼任北京大学哲学系的教授，系统地讲授马克思列宁主义、毛泽东思想。当时，还成立了一个新哲学会，会长是李达同志。在这个学会里分中国哲学史、外国哲学史、逻辑、中国近代思想史、辩证唯物主义与历史唯物主义等几个组。这个组织除了举行大型的报告会外，也为北大、清华两校的哲学系编写教学大纲，编选资料，后来出版的《中国近代思想史资料汇编》，就是这时开始编选的。龚自珍和魏源开始被写进中国哲学史，在这以前对刘逢禄、廖平还有人讲，龚、魏则被忽视。

当时我们的学习，基本上是用从延安带来的办法。马克思主义者从来不采取教训人的态度，一些旧社会过来的唯心主义者，也没有顾忌地提出问题讨论。那时还没有提出过“不戴帽子、不抓辫子、不打棍子”的口号，但大家实际上做到了“三不”。记得艾思奇同志曾主张形式逻辑就是形而上学，但与会的逻辑学教师都提出不同的意见，争执了很久，讨论了若干次。最后艾思奇同志放弃了他的意见，也认为形式逻辑不等于形而上学。

学习马克思主义，光讨论不行，更重要的是必须系统地阅读、钻研马克思主义的经典著作。解放前，在国民党统治区里，这些书是被禁止的，不得公开发行。解放后，学习条件变了，我们有充分的时间，也能够读到马、恩、列、斯的重要著作。那时全集还没有译出来，但也可以读到一些外文本（如英、德、俄文本）。

除了书本的学习，还参加了社会活动，群众工作。经常在京郊参加一些农村的社会活动，还到全国各地参加土地改革运动，上述北大、清华的教师们除年老体弱者外，差不多都参加过这类社会实践活动。作为一个中国哲学史研究者，不了解中国的农民，不懂得他们的思想感情，就不能理解中国的社会；不懂得中国的农民、中国的农村，就不可能懂得中国的历史。我自己深切感到，由于参加了土地改革运动，与农民共同生活在一起，思想感情有了很大的变化，从此真正感到过去儒学家讲的“修身、齐家、治国、平天下”以及“天地万物一体之仁”、“亲亲而仁民，仁民而爱物”都是虚的。即使古人真正这样想的，也救不了天下，救不了人民，只能把旧中国拖向苦难的深渊。解放后不久，我对多年来最敬重的一位教授，也是我的老师说：你讲的儒家、佛教的那套哲学，我不信了，我要重新学习。

1979 年

我对《老子》认识的转变

解放后关于《老子》的争论，我也是参加者之一，当时集中于探讨老子的哲学是唯心主义还是唯物主义。学术界曾一致认为这是个十分重要的问题，这个问题不解决，先秦哲学史就写不下去。各方面参加者争论是热烈的，态度也是认真的。主张老子属于唯心主义的，和主张老子属于唯物主义的，都写了不少文章，结果没有争出个分晓来，任何一方都没有把对方说服。十年动乱以后，学术界又提出了这个问题，第二次开展了关于老子哲学的讨论，由于十年动乱，人们还来不及深入钻研，从发表的文章看，还没有看到有什么重大的突破，只是双方的主张者，从人数方面看，似乎主张老子属于唯物主义的人，比 50 年代第一次讨论时略为增加。

我一向认为老子哲学思想比孔子、孟子都丰富，对后来的许多哲学流派影响也深远。总期望把它弄清楚。1963 年出版的《中国哲学史》教科书认为老子是中国第一个唯物主义者；1973 年出版的《中国哲学史简编》（是四卷本的缩写本），则认为老子属于唯心主义。主张前说时，没有充分的证据把主张老子属于唯心主义者的观点驳倒；主张后说时（《简编》的观点），也没有充分证据把主张老子属于唯物主义者的观点驳倒。好像攻一个坚城，从正面攻，背面攻，都没有攻下来。这就迫使我停下来考虑这个方法对不对。正面和背面两方面都试验过，都没有做出令人信服的结论来，如果说方法不对，问题出在哪里？我重新检查了关于老子辩论的文章，实际上是检查自己，如果双方的论点都错了，首先是我自己的方法错了。

1981 年

我的书斋

顾名思义，书斋应当是读书的地方。古人为了表明自己的爱好、追求，以斋名表明自己的志趣。如“潜揅堂”、“知不足斋”等。在读高中一年级时，发生了“九一八”事变。后来在北京大学读了三年书。当时北大学生们习惯于个人单独活动，宿舍里只有几平方米左右的地盘，也往往用布幔隔开，互不来往。我在北大西斋住了几年，也有一个单独活动的小天地。“九一八”以后，日本军阀连年生事，北平成了边城，华北之大，竟放不下一张平静的书桌。西斋那一间宿舍已被日本兵占去，书籍也全部损失。

抗日战争期间，随学校迁到昆明，开始是当研究生，住集体宿舍，没有自己的书斋。后来留在学校教书，我有了一间书斋，在昆明翠湖边一条小巷子里，住在第三层楼上，面对着西山。在一间斗室里过了七八年——研究所刚成立时，这里住的都是北大文科研究所的师生——这一间房间原是陈寅恪先生的住室。陈先生身体素弱，冬天用纸条把窗户封死。砖木结构的楼房不隔音，难免互相干扰，但大家对陈先生都很尊重，晚上九时以后，他要休息（左右邻居，楼上楼下，研究生的导师如罗常培、郑天挺、姚从吾、汤用彤诸先生都住在这里），大家都不敢高声说笑。有一天，楼下傅斯年、罗常培、郑天挺几位正高谈阔论，陈先生正好在楼上房间，用手杖把楼板捣得咚咚响。傅、罗、郑几位连忙停止了议论，一时变得"四壁悄然"。1941 年后，陈先生赴英国讲学，我也毕业，搬进了陈先生住过的那一间斗室。西山的朝晖夕阴，岫云出没，读书倦了，抬头看看远山，顿觉心情开阔许多。那时生活穷，物价涨，"躲进小楼成一统"，倒也读了不少书。埋头读书，自号书室为"潜斋"有"潜斋笔记"多卷，"文化大革命"中，毁于火。

侵华日军战败投降，1946 年北大迁回北平原址。这时内战已开始，国民党统治区物价飞涨，民不聊生，北平学生运动风起云涌。我在沙滩红楼有一间住房兼书房，有书也读不下去。这几年间教授中国哲学史及中国佛教哲学，所研究的内容与现实脱节，这个矛盾无力解决，心情比较苦闷，直到 1949 年才好转。1952 年，北京大学由城内迁往城外，我住在中关园，自己又有了一间书斋。有机会系统学习马列主义，眼界比过去开阔了，对社会历史与思想的关系看得比过去清楚多了。解放后，社会上对中国古典经籍不大感兴趣，古籍容易收集。我的书斋藏书比过去充实了。又适逢政治清明，物价稳定，又有马列主义为指导，这十年间对我来说，是个读书及研究的好时机。50 年代末开始，阶级斗争的弦越绷越紧，后来又上山下乡，劳动加运动，知识分子不遑宁处。从干校回来，"文化大革命"十年，全国遭难，书房取消了，我已没有书斋，只好睡在书箱叠成的"床"上，右眼失明，在极困难的情况下，勉强从事写作。

1977 年，国家拨乱反正，离开住了二十多年的中关园，搬进了城内；我又有了一个书斋。在这里，给研究生讲课，与学术界的朋友们讨论问题。和“文化大革命”的十年相比，恍如隔世。《中国哲学发展史》、《中国佛教史》、《宗教词典》、《中华大藏经》这几部集体编写的书，都是在这个书斋里开始的。

要做的事还很多，深感力不从心，只好一步一步的前进。在昆明时，书斋为“潜斋”，回到北京，50年代北大的书斋没有名称，通讯地址写作北大中关园宿舍，取其谐音似可称为“中关虚舍”，因为一半虚度了。现在又遇到政清人和的好时光，本可以多做些事，以弥补十年动乱失去的时间，偏偏眼疾缠身，遵医嘱，为保持目力，夜间不看书、不写字，这个书斋姑命之为“眼科病房”，因近年来不再像从前那样夜以继日地工作，有似病房也。

1986年

对我影响最大的书

《居里夫人传》

居里夫人是个普通的人，是普通家庭的普通一员，又是在科学上有光辉成就、对人类做出卓越贡献的人。

科学成就，要有一定的条件，但也不是等待一切条件具备后再干。居里夫人就是一个不等待条件具备，勇于克服困难的科学家。

很多人经受住了失败，经受不住成功；过了艰苦关，过不了荣誉关。居里夫人始终一贯，自强不息。科学成果归属于个人，还是归属于人类，《居里夫人传》明确回答了这个问题——知识分子要把知识奉献给人民。

《呐喊》

鲁迅用严峻的目光、严峻的语言、严峻的要求来剖析中国传统文化。鲁迅对中华民族有深厚的爱，爱之也深，责之也切。今天仍在障碍我们四化的一大堆绊脚石，《呐喊》时代起作用，今天还在起作用，更加使我们认识到除旧布新的紧迫性。《呐喊》值得再读。

1988 年

附录

任继愈先生大事年表

（1916年—2009年）

任继愈先生大事年表

（1916年—2009年）

文明国 编

● **1916 年**

4 月 15 日，出生于山东平原县。

● **1919 年**

4 月 5 日，五四运动爆发。

● **1922 年**

入山东济南第一模范小学。此后六年在该校读书。

● **1928 年**

山东济南第一模范小学毕业。

● **1934 年**

考入北京大学哲学系，学习西方哲学。

● **1937 年**

“七七”事变爆发，北京大学、清华大学和南开大学奉命迁到湖南长沙，组成长沙临时大学。

● **1938 年**

4 月，长沙临时大学又西迁昆明，改称国立西南联合大学。

1939年

考取西南联大北京大学文科研究所第一批研究生，师从汤用彤和贺麟教授，攻读中国哲学史和佛教史。

1941年

毕业并获得硕士学位。留校教学。

1946年

5月4日，西南联大解散，3校分别迁回北京、天津复校。继续在北大哲学系教学。

1949年

10月1日，中华人民共和国成立。

1953年

发表学术论文《何启、胡礼垣的改良主义思想》。

1954年

发表学术论文《孙子兵法中的辩证法因素》。

1955年

担任《北京大学学报》人文科学版编辑。

发表学术论文《韩非的社会思想的几个问题》。

1956年

8月，专著《老子今译》由古籍出版社出版。

本年，加入中国共产党。兼任中国科学院哲学研究所研究员。专著《墨子》、《魏晋玄学中的社会政治思想略论》（与汤用彤合著）由上海人民出版社出版。

● 1959年

5月，参加中国哲学会在京举行的连续三场学术讨论会，就多个哲学问题与与会学者展开讨论。

10月13日，毛泽东主席与先生进行了一次关于宗教问题的谈话。毛泽东主席称先生是宗教研究领域的“凤毛麟角”。

● 1961年

发表学术论文《易经和它的哲学思想》。

● 1962年

发表学术论文《孔子的仁的保守思想中的进步意义》。

3月7日，在北大讲堂主讲“中国佛教哲学概论”。

7月5日，在“孔子哲学思想问题”会议上发言。

● 1963年

本年，专著《汉唐佛教思想论集》由三联书店出版。

● 1964年

5月，参加北京大学宗教问题研究座谈会。同时参会的还有金岳霖、贺麟、季羡林、金克木、马坚、周一良、朱谦之等。

专著《韩非》出版。

受命组建中国社会科学院世界宗教研究所，并出任所长。这是中国第一所宗教研究机构。

● “文化大革命”期间

被送往河南信阳干校接受“教育”。由于种种原因，他的右眼患了严重的眼疾，以致失明，左眼视力也受到了损害。

1972年

回京，受命编《中国哲学史》。

1973年

4月，专著《汉唐佛教思想论集》（增订版）由人民出版社出版。

10月2日，参加建国24周年国庆大型游园联欢。

1974年

10月1日，参加建国25周年国庆招待会。

1975年

10月10日，参加建国26周年国庆招待会。

1977年

10月1日，出席建国28周年国庆招待会。

1978年

3月，专著《老子新译》由上海古籍出版社出版。

9月28日，当选为全国人大代表。

12月，在南京召开的中国无神论学会成立大会上，提出了“儒教是教说”。此后，在世界宗教研究所专门成立了儒教研究室。

1979年

1月28日，出席在北京召开的“中国无神论学术研讨会”，作主题发言。

3月15日，参加在昆明召开的“全国宗教学研究会议”，作主题发言。同时任会上成立的中国宗教学学会理事长。

7月，主编的《中国哲学史》（四卷本）由人民出版社出版。

● 1981年

6月13日，任国务院学位委员会学科评议组学位委员。

专著《中国哲学史论》由上海人民出版社出版。

● 1982年

3月，在“全国古籍整理出版规划会”上，所提“《中华大藏经》整理出版建议”获得通过。8月，《中华大藏经》整理出版工程正式启动。

● 1983年

5月，主编的《宗教词典》由上海辞书出版社出版。11日，当选第六届全国人大代表。

10月，主编的《中国哲学发展史》（先秦卷）由人民出版社出版。

11月，1～2日，参加在北京大学举行的“纪念汤用彤先生诞辰九十周年纪念会”，作纪念发言。

● 1984年

2月10日，参加亚洲议员人口和发展论坛。

9月6日，参加“空海大师圆寂1150周年纪念会”。

10月，参加为期六天的第一次“佛教和民族文化国际会议”，会上宣读题为《佛教与中国文化》的论文。

● 1985年

7月，参加中国社会科学院“联合国教科文组织佛教艺术巡回展专家咨询会议”。

12月2日，与季羡林致信胡启立，谈藏学研究。本月，参加在湖北黄冈召开的“熊十力先生诞辰一百周年国际学术讨论会”，作纪念发言。

专著《老子新译》修订本出版。

1986年

1月1日，在中国文化书院“中外文化比较讲习班”开学典礼上发表讲话。

1987年

11月4日，参加中国社会科学院专家、学者座谈会。

本年，出任国家图书馆馆长。

1988年

1月，参加“中国现代哲学史首届全国学术讨论会”，作主题发言。

3月14日，当选第七届全国人大代表。

4月，主编的《中国佛教史》由中国社会科学出版社出版。

9月11日，参加《现代化》杂志主办的“科学与文化论坛”座谈会，作主题发言。

12月，在《现代化》杂志“科学与文化”论坛座谈会上作主题发言。

1989年

4月2日，《人民日报》发表访问文章《应该提倡“先公后私”》。

1990年

6月，主编的《中国道教史》由上海人民出版社出版。

10月28日，参加“纪念李达百年诞辰”讨论会。

本年，建国以来最大的文化工程《中华大典》由国务院正式批准启动，担任编撰委员会主任。

1991年

6月18—21日，参加在新加坡举办的“汉学研究之回顾与前瞻”国际会议，宣读论文《汉学研究在中国》。

7月，主编的《道藏提要》由中国社会科学出版社出版。

11月，学术文集《任继愈学术论著自选集》由北京师范学院出版社出版。

1992年

2月19日，参加“增强中华民族凝聚力”第二次学术会议。

4月22日，“孙子与齐文化研究会”成立，出任会长。

6月，专著《老子全译》由巴蜀书社出版。

9月6日，主持北京图书馆开馆80周年庆祝会。

本年，《中华大典》编撰工作正式启动。

1993年

2月23日，当选第八届全国人大代表。

3月5日，与季羡林共同出任澳门文化研究会名誉会长。

6月，参加北大中国传统文化研究中心召开的座谈会，讨论成立北大国学院事宜。

10月5日，出席“胡乔木文集、诗集出版座谈会”。

11月，出席“佛教文化景点发展现状研讨会”，作主题发言。

1994年

2月，出席李鹏与科技界、教育界、文化界人士座谈会并发言。

5月，参加《中国文化研究》杂志举行的座谈会，与钟敬文、季羡林、张岱年等就弘扬传统文化、加强文化交流等问题发表见解。26日，参加“纪念《在延安文艺座谈会上的讲话》座谈会”并讲话。

7月，《续修四库全书》出版工程启动，担任学术顾问。

12月，《中华大藏经》编竣。

1995年

3月，出席法门寺唐密曼荼学术研讨会。15日，在第八届全国人大三次会议上作小组发言。

5月19日，出席外文版《大中华文库》座谈会。

11月15日，参加首席社科界、宗教界研究专家座谈会。26日，出席“《四库全书存目丛书》首发式暨专家鉴评会”，作主题发言。

1996年

5月，《任继愈学术文化随笔》由中国青年出版社出版。

1997年

6月，接受《人民日报》记者徐怀谦专访。

7月6日，参加“纪念闻一多教授殉难50周年座谈会”。20日，出席文物出版社建社40周年座谈会。

10月8日，出席《人民日报》、《求是》杂志合办的座谈会并发言。

12月，自述文集《念旧企新》由山西人民出版社出版。

1998年

4月10日，参加《中华活页文选》举办的座谈会。

5月8日，参加汉学研究国际会议并发言。

6月，学术文集《天人之际》由上海文艺出版社出版。5日，出席“《海外中国研究丛书》出版研讨会”并发言。

8月，主编的《宗教大辞典》由上海辞书出版社出版。

11月10日，参加“艺术发展战略研讨会”并发言。

12月，专著《墨子与墨家》由商务印书馆出版。

1999年

2月13日，《人民日报》就《中华大典》出版工程发表访问文章。

6月21日，《人民日报》发表访问文章《坚持不懈的宣传无神论》。

7月16日，在“科学思想传播与无神论宣传”研讨会上发表谈话。

9月9日，出席国家图书馆举行建馆90周年揭牌仪式并讲话。24日，出席“社会科学五十年学术报告会”，致词并发言。

11月9日，出席在北京举行的主题为“21世纪的佛教和佛教研究”中日第八次佛教学术会议。25日，参加“齐文化与中国传统文化暨《齐文化丛书》座谈会”。

本年，当选为国际欧亚科学院院士。

2000年

9月27日，参加北京语言大学“2000年中国传统文化研讨会”。

10月27日，参加“21世纪中华文化世界论坛”首次会议“经济全球化与中华文化走向”。

11月，8日，在中国无神论学会2000年学术年会上作题为《弘扬科学精神，提高民族素质》的学术报告。12日，出席北京师范大学、中国社会科学院历史研究所举办的“陈垣诞辰120周年”学术研讨会，作主题发言。28日，出任南京大屠杀民间对日诉讼援助团团长。

2001年

3月24日，主持中国社会科学院世界宗教研究所召开的儒教问题讨论会。

4月29日，出席在北大图书馆举行的冯友兰塑像揭幕仪式。

5月11日，在国家图书馆“文津讲坛”主讲“唐玄奘取经与《西游记》”。

9月5日，参加《群言》杂志社举行的“重视社会科学，提倡创新思维”座谈会。

10月29日，参加在国家图书馆举行的“于道全诞辰100周年”纪念座谈会。

11月9日，参加“炎帝文化与二十一世纪中国社会发展”研讨会。

本年，担任“保护民族文化遗产公益系列广告”之长城篇形象代言人，文案由其本人亲自审。他的告诫“完美真实地将祖先留下的杰作传给子孙后代，是华夏儿女共同的责任”，震撼着每一个炎黄子孙的心。

2002年

1月，自选集《竹影集》由新世界出版社出版。

5月9日，参加《续修四库全书》座谈会并发言。

7月30日，参加哲学社会科学图书出版工作座谈会。

10月26日，在国家图书馆“文津讲坛”主讲“中国历史的曲折前进”。

12月，主编的《佛教大辞典》由江苏古籍出版社出版。“中华再造善本”第一批32种图书出版。参加《周易》金版出版座谈会。

2003年

1月29日，参加《清史》编纂工作座谈会。

8月31日，参加《大中华文库》（汉英对照）编纂出版座谈会。

10月3日，在国家图书馆“文津讲坛”主讲“今天看诸葛亮”。

2004年

3月13日，在《世界文明大系》出版座谈会上作主题发言。

5月，出席“国立西南联合大学研究书系”筹划座谈会。

8月9日，出席“中国哲学大会”开幕式。大会为期4天，以“新世纪的哲学与中国”为主题，下设“传统与现代”、“东方与西方”、“科技与人文”等三个分议题，以全体大会主题发言和专题论坛两种形式，探讨马克思主义哲学、佛教哲学、欧洲哲学、自然科学哲学、伦理价值观、美学理论、文明与文化、政治哲学、政治文明与精神文明、中国政治哲学、当代东方哲学、生态伦理学、中西传统美学和当代文化等学术课题。

9月5日，在“2004文化高峰论坛”闭幕式上，与另外69位论坛成员共同签署了“甲申文化宣言”。宣言主张文明对话，主张每个国家、民族都有权利和义务保存和发展自己的传统文化；都有权利自主选择接受、不完全接受或在某些具体领域完全不接受外来文化因素；同时也有权对人类共同面临的文化问题发表自己的意见。10日，在国家图书馆建馆95周年庆典大会上发表讲话。24日，参加中国社会科学院世界宗教研究所24日在京举行的庆祝建所40周年大会。

10月8日，参加在北京人民大会堂举行的“纪念孔子诞辰2555周年国际学术研讨会暨国际儒学联合会第三届会员大会”，在会上作主题发言。12日至13日，参加中国社会科学院世界宗教研究所与日本东洋哲学研究所共同主办的“现代文明与宗教对话”中日学术会议，作题为《现代文明与宗教对话》的主题发言。16日，在国家图书馆“文津讲坛”主讲“今天看《周易》”。

12月18日，出席“易学思维与科技”国际易学论坛第一次会议。28日，出席“第六届墨子国际研讨会暨《墨子大全》首发式”。

《国家图书馆藏敦煌遗书》出版立项。

2005年

4月1日，参加在中国社会科学院举行的“为了汉字文化的伟大复兴”学术研讨会。14日，在本人的再三要求下，从担任了18年的国家图书馆馆长任上退下，改任名誉馆长。

4月22日，《人民日报》发表记者施芳的访问记《哲学的性格》。

6月20日，参加“《高亨著作集林》出版暨学术座谈会”，就会议发表谈话。

8月，论文集《任继愈禅学论集》由商务印书馆出版。

10月10日，《人民日报》发表关于《中华再造善本》出版工程的访问。

11月5—7日，出席在北京大学召开的“纪念冯友兰先生诞辰110周年暨冯友兰学术国际研讨会”。

12月1日，在国家图书馆“文津讲坛”主讲“汉字的再认识”。主编的《国家图书馆藏敦煌遗书》第一册由北京图书馆出版社出版。

2006年

1月6日，为国家图书馆古籍馆揭牌。

4月，接受中央电视台《大家》栏目专访。

6月29日，出席在北京人民大会堂举行的“《国家图书馆藏敦煌遗书》”编纂出版座谈会并讲话。

8月24—27日，参加“儒学、儒教与宗教学学术研讨会”，会上发表《继承传统文化精华，迎接文化建设新高潮》的讲话。

10月1日，在国家图书馆“文津讲坛”主讲“今天看科举制度”。本月，接受中央电视台《大家》第二次专访。学术随笔集《皓首学术随笔·任继愈卷》由中华书局出版。

12月12—13日，参加中国无神论学会在北京召开的“科学与宗教”学术研讨会。本月专著《老子绎读》由书目文献出版社出版。

2007年

1月11日，为即将在北京举办的奥运会题词：促进和平，共同发展，广交朋友，共同前进。

6月17日，出席北京大学国学研究生院成立15周年座谈会。

10月1日，在国家图书馆“文津讲坛”主讲“中国哲学的未来”。

11月4日，在“中华大藏经续编编委工作会议”上发表讲话。希望大家群策群力，把这件伟大而浩大的工程做好。

12月，参加北京大学研究生教育90周年庆典并讲话。

2008年

2月24—25日，出席“《中华大典》编纂出版工作会议”并讲话。指出，文化建设是一个艰巨的、长期积累的过程，编辑工作的好坏决定了书的成败。大典是工具书，常销书，要细心做好编辑工作，保证编辑工作质量。

12月26日，出席北京大学研究生教育90周年庆典，发表讲话。

2009年

7月11日，辞世，享年93岁。

原版编后记

承蒙出版社的盛情好意，我们编选了任继愈先生的这部学术随笔。依丛书的统一要求，每篇文章应限制在一千字左右，由于文章本身的性质，或长或短的情况无法避免。

任继愈先生是研治中国传统文化的学者，中国传统文化中的问题，能够用一千字就说清楚的为数极少，任先生也很少有这样的文章，所以本书不得不从先生的全部著作中，摘取那可以独立成意的段落，删去引证，以适应丛书的统一要求。个别篇章，如论禅宗的，在本文中并不独立成段，但文意难舍，只好删去引证，重加拼合。由于文意本身的精辟和逻辑的严密，拼合后还少见斧凿之痕，这是编者感到欣慰的。

全书的分类，既照顾到现代的学术分科，又照顾了中国传统文化的实际以及作者多方面的学术成就。

任继愈先生首先是个哲学家，他用力最勤、成果最多的学术领域，首先也是哲学。他在佛学研究方面所取得的举世公认的成就，也主要是探讨佛教的哲学思想。所有关于哲学的文字，自然要单成一类（第一至第五八节）。

中国哲学资料，散见于各种古代文献之中。单顾这些资料，自然也可独立成说，但此说的深度，甚至可靠度，就有可能要打折扣。任继愈先生的特点，就是不仅仅注意这些纯哲学的资料，而是还顾及这些材料所存在的文化和社会背景，犹如考古学家注意文物的地层及相关情况一样。知人论世、知世论学、知多学而论一学，是任继愈先生治学的重要原则。这样，他就不仅是一位研治中国哲学的专门家，而且是一位全方位的研治中国传统文化的学者。他哲学、宗教、科学兼治，儒教、佛教、道教兼通，并且在每一领域，都作出了独到的贡献。适应这种情况，本书就在哲学之后，次以儒（第五九至第九五节）、佛（第九六至第一四五节）、道（第一四六至第一五八节）三教，各成一类。

近二十年来，对任继愈先生学术主张争论最多的是儒教问题；而主张儒教是宗教，也是先生近二十年来最重要的理论建树。而任继愈先生之所以做出“儒教是宗教”的判断，正是基于他对中国传统文化全方位的深入研究，基于他所具备的中西历史、哲学、宗教学等多学科的深厚功底。“儒教是宗教”说虽然举步维艰，但近年来承认此说者已逐渐增多。笔者相信，今后将会有越来越多的学者接受这个判断，而这个判断将对理解传统文化提供一个新的视角，这个视角将使我们对中国传统文化的理解更为深刻、更为正确、更接近它的本貌，长期困扰人们的历史现象也将迎刃而解，因而也更有利于正确地继承这份五千年来未曾中断的文化遗产。

任继愈先生说过，他从步入学术界那一天起，就怀抱着一种沉重的心情，一种巨大的历史责任感。因此，在他学术生涯的每一步，他都以满腔的热忱关怀着现实的生活，一面努力使自己的学术研究为现实的社会生活服务，一面对各种各样的现实问题直接发表自己的意见。这方面的文章，我们把它归为一类，可称为“杂著”（第一五九至第一九六节）。杂，只是反映了这些文章内容的丰富性和多样性，它们的重要性却一点也不减少。如果说哲学及儒、佛、道三部分是弄清史实，那么，杂著部分则多是如何应用于现实。

在学术和现实之间，多年来难以避免的有两种摇摆：一是为学术而学术，不顾自己的研究有否现实意义和价值；一是在学术为现实服务的口号下牺牲学术本身的严肃性和科学性，使学术研究成为随心所欲的工具，成为现实某种需要的附庸和注脚。其结果，既损害了学术，又淆乱了社会的是非界限。如何坚持为现实服务而又不失学术的严肃性，坚持学术的严肃性又使它不脱离现实，而是现实生活所必需的一部分？从任继愈先生的文章中，我们将会得到有益的启示。

一个学者，特别是像任继愈先生这样的学者，他的生平，他的学术道路，是人们所关心的。所以我们仿照古人，也收了一点（第一九七至第二〇一节）。可惜这部分文字太少。

我追随任继愈先生，已十有八年，但多是忙于自己那狭隘的领域，只是这次编书，才较为全面地了解了先生学术活动的各个方面，由于情势所迫，也极为匆匆，极为浮浅。虽然如此，掩卷之际，心情仍然难以平静。因为从这些文章中，我不仅进一步看到了先生的为学，也进一步看到了先生的为人。为学如何？为人如何？学生虽心知而不敢妄议，世人当不难从中作出自己的结论。学生可说的是：不论这部著作是否合乎时宜，是否合乎人们的口味，它都是一个严肃的学者认真钻研的成果。

参加本书编选的有李申、李劲，后记由李申执笔。

编选者

1997 年 10 月 31 日

编后记

本书《天人之际——任继愈学术思想精粹》，初版于1998年，由李申、李劲二先生编选，上海文艺出版社出版。初版时没有副标题，此次新版，增加副标题“任继愈学术思想精粹”。初版哲学、儒学、佛学、道学、杂著、生平与学术道路等几个部分，书中没有明确区分，此次新版，依照原书编选思路，分为六辑，每辑相对独立，辑中各篇，不再编排序号。

初版之时，任继愈先生仍健在，此次新版，先生遽归道山已有一年。为缅怀先生，聊寄哀思，新版保留先生原版“自序”，以及李申、李劲二先生之原版“编后记”。

本书经由任继愈先生著作权继承人任远教授、任重教授共同授权，谨此致谢。

编　者

2010年7月2日